B2B
디지털마케팅
바이블

디지털과 AI 시대 고객과 매출 증대를 위한 전략적 B2B 마케팅 지침서

B2B 디지털 마케팅 바이블

B2B DIGITAL MARKETING BIBLE

김용한 지음

과거와는 다른 B2B 고객의 구매 여정과 고객 경험
새로운 시대 B2B 마케터들이 알아야 할
B2B 디지털 마케팅 지식을 담았다!

바른북스

시작하며

새로운 시대 B2B 마케팅도
디지털과 AI 활용에 달려 있다!

우리는 지금 디지털 혁명과 인공지능(AI) 기술의 급격한 발전 속에서 살아가고 있다. 이러한 변화는 모든 산업에 걸쳐 근본적인 변혁을 가져왔으며 B2B 마케팅도 예외가 아니다. 과거의 B2B 마케팅은 주로 네트워크, 인적 관계, 전시회, 그리고 직접 판매에 의존한 경향이 컸다. 그러나 오늘날의 B2B 환경에서는 디지털 기술과 AI가 중심에 자리 잡고 있으며, 이들이 제공하는 데이터 분석과 자동화는 마케팅 전략의 필수 요소가 되었다.

특히 디지털 전환(Digital Transformation)은 B2B 마케팅에 있어서 단순한 선택이 아닌 생존의 필수 요건으로 자리 잡았다. 고객은 이제 오프라인에서만 정보를 찾거나 의사결정을 내리지 않는다. 인터넷과 모바일 기기의 보편화로 인해 고객은 언제 어디서든 필요한 정보를 온라인에서 찾고, 다양한 채널을 통해 비교하고, 의사결정을 내린다. 이에 따라 기업은 고객의 디지털 여정을 이해하고, 그 과정에서 최적의 마케팅 전략을 제시해야 한다.

전통적으로 B2B 마케팅은 긴 구매 주기와 복잡한 의사결정 과정을 특징으로 했다. 다단계 의사결정 구조와 큰 금액의 거래가 일반적이었고, 이를 관리하기 위해 영업 팀이 주도적인 역할을 해왔다. 그러나 디지털 시대의 도래와 함께 B2B 고객의 구매 과정도 빠르게 변화하고 있다. 이러한 상황에서 기업은 기존의 수동적인 마케팅 접근 방식에서 벗어나야 한다. 데이터 기반 마케팅을 통해 고객이 원하는 정보와 솔루션을 선제적으로 제공하고, 이를 바탕으로 적극적인 의사소통을 할 수 있어야 한다. 고객 중심의 디지털 혁명이 이뤄지는 지금, 기업이 더 이상 고객의 발걸음을 기다리기만 해서는 경쟁에서 뒤처질 수밖에 없다.

디지털 마케팅의 본질은 데이터를 활용해 고객의 행동을 분석하고, 이를 바탕으로 맞춤형 전략을 설계하는 데 있다. 특히 AI와 머신러닝(ML) 기술은 이러한 데이터 분석 능력을 극대화해 정교한 타기팅과 개인화된 마케팅을 가능하게 한다. AI는 대규모 데이터를 실시간으로 처리하여 고객의 행동 패턴을 파악하고 예측 분석을 통해 고객의 다음 행동을 예측한다. 이를 통해 기업은 각 고객에게 맞춤형 솔루션을 적시에 제공할 수 있다.

또한, AI는 마케팅 자동화를 통해 마케터들의 작업을 더욱 효율적으로 만들어 준다. 이메일 마케팅, 콘텐츠 생성, 리드 관리 등 수작업으로 처리되던 많은 마케팅 활동들이 AI에 의해 자동화하고 있다. 챗봇이나 가상 비서와 같은 AI 도구들은 고객의 질문에 실시간 대응하며 24시간 지원 체계를 가능하게 한다.

오늘날 B2B 마케팅에서 가장 중요한 요소 중 하나는 고객 경험(CX)이다. 고객이 기업과 상호작용 하는 모든 순간이 경험으로 이어지며, 이 경험이 구매 결정에 중대한 영향을 미친다. 특히 디지털 시대에 고객 경험을 최적화하는 것은 기업의 중요한 경쟁력으로 자리 잡았다. 옴니채널 전략을 통해 고객이 다양한 디지털 접점에서 일관된 경험을 할 수 있도록 하는 것이 필수적이다.

디지털 기술과 AI는 고객 맞춤형 경험을 제공하는 데 핵심 역할을 한다. AI는 고객의 행동 데이터를 분석해 개별 맞춤형 콘텐츠와 제품 추천을 제공하며 더 개인화된 경험을 선사한다. 또한, CRM(고객 관계 관리) 시스템과 연계된 AI 도구는 고객과의 상호작용을 분석하여 고객 유지율을 높이고 장기적인 관계를 구축하는 데 기여한다.

ABM(Account-Based Marketing, 계정 기반 마케팅)은 특히 고부가가치 고객을 대상으로 하는 B2B 마케팅 전략에서 중요한 역할을 한다. ABM은 특정 고객사를 하나의 시장으로 간주하고, 그 고객사의 특수한 니즈와 목표에 맞춘 개인화된 마케팅을 제공한다. 디지털 시대의 ABM은 AI와 데이터 분석을 통해 각 고객사의 의사결정 구조와 구매 패턴을 심층 분석하고, 이에 맞는 맞춤형 콘텐츠와 제안을 제공하는 방식으로 진화하고 있다.

디지털과 AI가 주도하는 새로운 시대는 B2B 마케터들에게 새로운 기회를 제공하지만 동시에 도전도 요구한다. 기술의 발전은 마케팅의 효율성과 정확성을 높이고, 데이터 보안과 개인정보 보호에 대한 책임도 강화하고 있다. 기업은 데이터 활용에 있어서 윤리적인 기준을 준수해야 하며 고객의 신뢰를 유지하는 것이 더욱 중요해질 것이다.

미래의 B2B 마케팅은 디지털 전환과 AI 기술을 중심으로 급격하게 변화하고 있으며, 이를 선도하는 기업만이 지속 가능한 경쟁력을 확보할 수 있다. 이 책에서는 B2B 마케팅의 기본 원칙부터 최신 디지털 마케팅 기술까지 디지털 시대에 맞는 마케팅 전략을 제시한다. 새로운 시대의 마케팅은 디지털과 AI 도구들을 얼마나 잘 활용하느냐가 고객과의 지속적인 관계 구축과 지속적인 성과 창출 여부를 결정할 것이다. 디지털과 AI 기반의 B2B 마케팅에 본격적으로 뛰어들어 보자!

| 목차 |

시작하며
새로운 시대 B2B 마케팅도 디지털과 AI 활용에 달려 있다!

1부: B2B 마케팅의 기본

제1장: B2B 마케팅의 개요

B2B 마케팅이란? ······ 15
B2B와 B2C의 차이 ······ 21
B2B 마케팅의 중요성 ······ 28
B2B 고객의 구매 결정 과정 ······ 33

제2장: B2B 마케팅 환경 분석

거시 환경 분석: PEST 분석 ······ 40
미시 환경 분석: 고객, 경쟁사, 공급업체 등 ······ 45
시장 동향 분석 방법론 ······ 51
SWOT 분석을 통한 마케팅 기회 탐색 ······ 58
환경 변화에 따른 마케팅 전략 조정 ······ 65

제3장: B2B 고객 분석

B2B 고객 세그먼트 분석 ······ 72
고객 발굴 전략 ······ 79
고객 페르소나와 고객 여정 분석 ······ 85
고객여정지도를 통한 문제와 고통 수준 확인 ······ 93

제4장: B2B 마케팅 전략 수립

시장 세분화와 타기팅 ······ 102
경쟁 분석과 포지셔닝 ······ 111
고객 문제 해결 중심의 가치 제안 ······ 122
마케팅 믹스(4P)와 B2B 적용 방법 ······ 128

제5장: B2B 마케팅과 세일즈의 통합

마케팅과 세일즈의 역할과 차이 ······ 136
세일즈 퍼널과 리드(Lead) 관리 ······ 142
고객 문제 확인과 해결 중심의 세일즈 전략 ······ 150
마케팅-세일즈 간 협업 체계 구축 ······ 157

제6장: B2B 제안과 보고의 기술

고객 문제에 맞춘 솔루션 제안서 작성 ······ 163
제안서 발표 및 커뮤니케이션 전략 ······ 171
효과적인 보고서 구조와 전달 방법 ······ 178
감동을 불러일으키는 보고의 기술 ······ 186

2부: B2B 디지털 마케팅

제7장: B2B 디지털 마케팅의 이해

B2B 디지털 마케팅의 개념과 특징 ········· 197
디지털 전환과 B2B 마케팅 ········· 204
B2B와 B2C 디지털 마케팅 비교 ········· 210
디지털 시대의 고객 경험 관리 ········· 217

제8장: B2B 콘텐츠 마케팅 전략

B2B 콘텐츠 마케팅의 정의와 역할 ········· 226
고객 문제와 니즈를 반영한 콘텐츠 기획 ········· 233
고객 여정에 맞춘 콘텐츠 전략 ········· 240
다양한 콘텐츠 유형과 활용 방법 ········· 248
챗GPT 등 생성형 AI를 활용한 콘텐츠 생성 ········· 256

제9장: B2B SEO와 SEM 전략

B2B SEO 개요와 활용 ········· 263
고객 문제와 니즈를 반영한 키워드 전략 ········· 270
유료 광고(PPC/CPC)와 검색엔진마케팅(SEM) ········· 277
SEO 및 SEM 성과 분석과 개선 ········· 284

제10장: B2B 소셜 미디어 마케팅

B2B 소셜 미디어의 중요성 ········ 292
소셜 미디어를 통한 고객 발굴과 리드 생성 ········ 300
B2B 소셜 미디어 마케팅 실행 팁과 유의사항 ········ 307

제11장: B2B 이메일과 데이터 기반 마케팅

이메일 마케팅의 효과와 활용 ········ 316
맞춤형 이메일 캠페인과 생성형 AI의 활용 ········ 323
B2B에서의 데이터 활용의 중요성 ········ 329
고객 문제 해결을 위한 데이터 분석과 KPI ········ 335

제12장: B2B 마케팅 트렌드와 미래

인공지능(AI)과 머신러닝(ML) 활용 ········ 343
고객 경험(CX) 최적화를 위한 기술 ········ 347
ABM(Account-Based Marketing) 전략 ········ 351
미래의 B2B 마케팅과 트렌드 ········ 357

- 제1장 B2B 마케팅의 개요
- 제2장 B2B 마케팅 환경 분석
- 제3장 B2B 고객 분석
- 제4장 B2B 마케팅 전략 수립
- 제5장 B2B 마케팅과 세일즈의 통합
- 제6장 B2B 제안과 보고의 기술

1부

B2B 마케팅의 기본

제1장

B2B 마케팅의 개요

B2B 마케팅이란?

B2B DIGITAL MARKETING BIBLE

B2B(Business-to-Business) 마케팅은 기업 간 거래에서 제품 또는 서비스를 판매하는 활동을 말한다. 이는 일반 소비자를 대상으로 하는 B2C(Business-to-Consumer) 마케팅과는 본질적으로 다른 방식과 전략을 요구한다. B2B 마케팅의 주요 목표는 기업, 정부 기관, 비영리 단체, 또는 기타 조직체와 같은 기업 고객을 대상으로 그들의 비즈니스 운영을 개선하거나 문제를 해결할 수 있는 제품 또는 솔루션을 제공하는 것이다.

‖ B2B 마케팅의 핵심 특징

B2B 마케팅은 단순히 거래를 성사시키는 것을 넘어 기업 간의 장기적인 관계 구축과 효율적인 비즈니스 운영을 지원하는 것이 중요하다.

이를 위해 B2B 마케팅은 고객의 요구사항을 깊이 이해하고, 해당 기업이 직면한 문제를 해결할 수 있는 맞춤형 솔루션을 제공하는 데 중점을 둔다. 이러한 관점에서 B2B 마케팅은 일반적으로 다음과 같은 몇 가지 특징을 가진다.

1) 복잡한 의사결정 과정

B2B 거래는 단순한 구매 결정을 내리는 소비자와는 달리 여러 명의 의사결정자가 관여하는 복잡한 과정을 거친다. 대기업의 경우 구매 결정에는 여러 부서가 관여하며 구매 팀, 재무 팀, 기술 팀 등 다양한 부서의 의견이 종합되어야 한다. 이로 인해 의사결정 시간이 길어지고 마케팅 담당자는 각 부서의 요구사항을 충족시킬 수 있는 다양한 정보와 자료를 제공해야 한다.

2) 고객 맞춤형 솔루션

B2B 마케팅에서 제품이나 서비스는 종종 고객의 구체적인 요구에 맞춰 설계된다. 표준화된 상품을 대량으로 판매하는 B2C와 달리 B2B는 각 고객사의 상황에 따라 커스터마이즈된 솔루션을 제공하는 경우가 많다. 예를 들어, ERP 시스템, 산업 장비, 소프트웨어 솔루션 등은 기업의 특정 요구사항을 반영하여 맞춤형으로 제공된다. 따라서 B2B 마케터는 고객사의 니즈를 정확히 파악하고 이에 맞는 제안과 서비스를 제공할 수 있어야 한다.

3) 긴 거래 주기

B2B 거래는 높은 금액이 오가는 경우가 많으며 계약을 체결하기까지

오랜 시간이 걸리는 경향이 있다. 이러한 거래는 종종 수개월 또는 수년의 협상 과정을 거친 후에 성사된다. 특히 고가의 자본재, 산업 장비, 복잡한 소프트웨어 솔루션 등은 테스트, 피드백, 수정 과정을 반복하면서 최종 구매로 이어진다. 이러한 긴 거래 주기 동안 B2B 마케터는 지속적으로 잠재 고객과의 관계를 관리하고 적절한 시점에 맞춰 새로운 정보를 제공해야 한다.

4) 전문적인 커뮤니케이션

B2B 마케팅에서는 기술적이고 전문적인 정보가 중요한 역할을 한다. 구매 담당자들은 제품이나 서비스의 세부 사양, 성능, 비용 절감 효과 등 구체적인 데이터를 바탕으로 결정을 내린다. 따라서 B2B 마케팅 메시지는 신뢰성 있고 정확한 정보를 전달해야 하며, 이는 고객의 의사결정 과정을 지원하는 중요한 요소다. 보고서, 백서, 사례 연구, 웨비나 등과 같은 콘텐츠가 이러한 정보 전달 수단으로 자주 사용된다.

‖ B2B 마케팅의 주요 구성 요소

B2B 마케팅은 다양한 구성 요소로 이루어져 있으며, 이러한 구성 요소들은 기업의 마케팅 목표와 전략에 따라 다르게 활용된다. 그러나 대부분의 B2B 마케팅 활동은 다음의 기본 요소들에 중점을 둔다.

1) 시장 세분화

B2B 마케팅에서는 모든 기업 고객을 동일하게 대하지 않는다. 각 기

업은 그들이 속한 산업, 규모, 위치, 필요에 따라 다른 요구를 가지고 있기 때문에 효과적인 B2B 마케팅은 시장을 세분화하는 것에서 시작된다. 이를 통해 마케터는 특정 세그먼트를 타깃으로 맞춤형 마케팅 전략을 수립할 수 있다. 예를 들어, 제조업체를 대상으로 하는 마케팅 전략과 IT 기업을 대상으로 하는 마케팅 전략은 각기 다를 수 있다.

2) 고객 발굴(Lead Generation)

B2B 마케팅의 핵심 과제 중 하나는 유망한 고객(리드)을 발굴하는 것이다. 이를 위해 마케터는 디지털 마케팅, 이벤트, 네트워킹 등을 통해 잠재 고객을 찾고, 그들의 관심을 끌어내는 활동을 진행한다. 특히 SEO, 소셜 미디어 마케팅, 이메일 마케팅 등 다양한 디지털 채널이 현대 B2B 마케팅에서 중요한 역할을 한다.

3) 고객 문제와 니즈 분석

B2B 마케터는 고객사의 구체적인 문제를 파악하고 이를 해결할 수 있는 솔루션을 제안해야 한다. 이 과정에서 고객의 현재 운영 방식, 기술적 문제, 시장 변화 등에 대한 심층 분석이 필요하다. 이를 통해 고객의 숨겨진 요구를 발견하고, 그에 맞는 제품이나 서비스를 제안하는 것이 성공적인 B2B 마케팅의 핵심이다.

4) 솔루션 제안과 커뮤니케이션

B2B 마케터는 고객사의 문제를 해결할 수 있는 솔루션을 제시할 때 그 솔루션의 장점과 적용 사례를 명확하게 전달해야 한다. 여기에는 구체적인 데이터를 활용한 효과 설명, 투자 대비 수익률(ROI) 분석, 고객

성공 사례 등이 포함될 수 있다. 전문적인 보고서와 제안서가 이러한 커뮤니케이션 과정에서 중요한 역할을 한다.

| B2B 마케팅의 주요 특징과 구성 요소 |

항목	B2B 마케팅의 주요 특징	B2B 마케팅의 주요 구성 요소
1. 의사결정 과정	- 여러 부서의 이해관계자들이 참여하는 복잡한 의사결정 구조 - 의사결정이 길고 다단계로 진행됨	시장 세분화 산업, 기업 규모, 위치 등에 따라 고객을 세분화하고 맞춤형 전략 수립
2. 고객 맞춤형 솔루션	- 고객사의 구체적인 요구사항에 맞춘 맞춤형 솔루션 제공 - 표준화된 상품이 아닌 맞춤형 제공	고객 발굴(Lead Generation) 디지털 마케팅, 이벤트, 네트워킹 등을 통해 리드 생성
3. 긴 거래 주기	- 계약 성사까지 오랜 시간 소요 - 협상 및 테스트 과정을 거쳐야 최종 거래 성사	고객 문제와 니즈 분석 고객의 비즈니스 문제와 요구를 심층 분석하여 해결책 제공
4. 전문적인 커뮤니케이션	- 기술적이고 전문적인 정보 중요 - 보고서, 백서, 사례 연구 등 신뢰성 있는 정보 제공	솔루션 제안과 커뮤니케이션 투자 대비 수익률(ROI), 효과 설명, 고객 성공 사례를 활용한 제안

‖ B2B 마케팅 성공을 위한 전략적 접근

B2B 마케팅은 단순히 제품을 홍보하는 것 이상으로 고객의 비즈니스 문제를 해결하고, 그들이 목표를 달성할 수 있도록 돕는 역할을 한다. 이를 위해 B2B 마케터는 다양한 전략적 접근 방식을 활용한다.

1) 고객 중심 접근법

성공적인 B2B 마케팅은 고객 중심의 사고방식을 기반으로 한다. 이는 고객사의 요구와 문제를 우선시하고, 이를 해결할 수 있는 최적의 솔루션을 제공하는 데 초점을 맞춘다. 고객의 입장에서 그들이 겪고 있는 문제와 필요한 지원을 명확히 이해하는 것이 중요하다.

2) 데이터 기반 의사결정

B2B 마케팅에서는 데이터가 중요한 자산이다. 고객의 행동, 시장 동향, 판매 실적 등을 분석하여 더 나은 마케팅 결정을 내릴 수 있다. 이를 위해 CRM 시스템, 웹사이트 분석 도구, 마케팅 자동화 툴을 활용하여 데이터를 수집하고 분석하는 것이 필수적이다.

3) 장기적인 관계 구축

B2B 거래는 단순한 일회성 거래가 아니라 장기적인 비즈니스 관계를 구축하는 것이 목표다. 따라서 고객과의 신뢰를 쌓고 그들이 지속적으로 비즈니스를 개선할 수 있도록 지원하는 것이 중요하다. 이를 위해서는 지속적인 커뮤니케이션, 사후 관리, 지속적인 가치 제공이 필요하다.

B2B 마케팅은 고객사의 복잡한 비즈니스 문제를 해결하고 그들이 목표를 달성할 수 있도록 돕는 전략적 마케팅 활동이다. 고객 중심의 마케팅을 통해 장기적인 관계를 구축하며 비즈니스 성과를 창출해야 한다.

B2B와 B2C의 차이

B2B DIGITAL MARKETING BIBLE

B2B(Business-to-Business)와 B2C(Business-to-Consumer) 마케팅은 기업이 상대하는 고객의 유형에 따라 본질적으로 다른 마케팅 전략과 접근법을 요구한다. B2B는 기업을 대상으로 하고, B2C는 개인 소비자를 대상으로 하는 마케팅이기 때문에 두 영역은 구매 과정, 의사결정 방식, 관계 관리, 마케팅 채널 등 여러 측면에서 차이가 존재한다. 이러한 차이를 이해하는 것은 효과적인 마케팅 전략을 수립하는 데 필수적이다.

‖ 고객의 본질적 차이

가장 중요한 차이는 바로 고객의 유형이다. B2B 마케팅의 대상은 기업, 정부 기관, 비영리 단체와 같은 조직체이며, 이들은 주로 비즈니스 운영을 개선하고 경쟁 우위를 확보하기 위해 제품이나 서비스를 구매

한다. 반면 B2C 마케팅의 대상은 개인 소비자로 개인의 삶의 질을 향상시키기 위한 제품이나 서비스를 구매한다.

B2B 고객은 논리적, 합리적인 구매를 지향하는 반면 B2C 고객은 개인의 취향, 감정, 편의성 등 감성적인 요인에 영향을 많이 받는다. 따라서 B2B에서는 고객의 문제 해결 능력과 효율성을 강조하는 반면, B2C는 감성적이고 즉각적인 만족감을 제공하는 데 초점을 맞춘다.

∥ 구매 의사결정 과정

B2B와 B2C의 의사결정 과정에는 큰 차이가 있다. B2C에서는 개인 소비자가 혼자 또는 가족의 의견을 반영해 신속하게 결정을 내리지만, B2B에서는 다수의 의사결정자가 참여하는 복잡한 구조를 가진다.

1) B2B 의사결정 과정

B2B 구매 결정은 주로 여러 부서나 팀이 관여하며 각 부서의 목표와 요구사항을 충족시켜야 한다. 예를 들어, IT 솔루션을 구매할 경우 기술 팀, 재무 팀, 경영진 모두가 참여할 수 있으며, 이들은 각각 시스템의 기술적 성능, 비용 효율성, 회사의 전략적 목표와의 적합성을 고려한다.

또한, B2B 구매는 높은 금액이 오가는 경우가 많기 때문에 사전 검토, 실사(Due Diligence), 견적 비교 등 다양한 단계를 거치며 의사결정에 오랜 시간이 걸린다. 이는 B2B 마케터가 각 이해관계자의 요구를 충족시키는 정보를 제공하고 신뢰를 구축하는 긴밀한 관계 관리를 필요로 한다는 것을 의미한다.

2) B2C 의사결정 과정

반면 B2C에서는 소비자가 자신의 필요와 욕구를 기반으로 즉각적인 결정을 내리는 경우가 많다. 예를 들어 식료품, 의류, 전자제품과 같은 상품들은 소비자가 직접 매장에서 비교해 보고 구매 결정을 내린다. B2C에서는 제품의 가격, 브랜드 이미지, 리뷰와 같은 요인이 중요한 의사결정 기준으로 작용하며 충동 구매도 흔히 발생한다.

따라서 B2C 마케터는 고객의 주목을 빠르게 끌어내고 즉각적인 구매를 유도하는 광고와 프로모션을 활용하는 경우가 많다.

‖ 구매 동기

B2B와 B2C 마케팅의 또 다른 중요한 차이는 고객의 구매 동기이다. B2C에서는 주로 개인적인 취향과 필요를 충족시키기 위한 소비가 이루어진다. 감정적 만족감, 편리함, 트렌드에 대한 관심 등이 주요 구매 요인이다. B2C 제품은 개인적인 생활 수준을 높이거나 일상적인 편의성을 제공하는 데 중점을 둔다.

반면, B2B 구매는 주로 비즈니스 목표를 달성하기 위한 투자로 이루어진다. 기업은 비용 절감, 효율성 향상, 생산성 증대, 수익 창출 등 구체적인 비즈니스 문제를 해결하기 위해 제품이나 서비스를 구매한다. 따라서 B2B 마케팅에서는 제품의 성능, ROI(투자 대비 수익률), 장기적인 효용성 등을 중심으로 고객에게 접근하게 된다.

‖ 관계 관리

B2B와 B2C 마케팅은 고객과의 관계 관리에서 중요한 차이가 있다. B2C에서는 주로 단기적인 거래가 이루어진다. 즉, 고객이 필요에 따라 제품을 구매하고 거래가 완료되면 관계가 종료되는 경우가 많다. 물론 브랜드 충성도를 형성하기 위한 고객 관리가 중요하지만, 기본적으로는 개별 구매자의 반복적인 구매를 유도하는 데 초점이 맞춰져 있다.

반면, B2B에서는 장기적인 관계 구축이 필수적이다. 한 번의 계약이 장기간 유지되는 경우가 많고 고객과의 지속적인 소통과 지원이 요구된다. B2B 거래는 복잡하고 고가의 상품이 많이 포함되기 때문에 판매 이후에도 지속적인 서비스, 지원, 유지보수 등이 필요하다. 이는 B2B 마케터가 고객과의 신뢰를 쌓고 긴밀한 협력 관계를 유지해야 한다는 점에서 큰 차이가 있다. 고객의 성공이 곧 자신의 성공으로 연결된다는 인식을 바탕으로 한 상호 이익 구조가 형성된다.

‖ 제품 및 서비스의 특성

B2C와 달리 B2B 제품은 기술적이고 복잡한 특성을 가지는 경우가 많다. 예를 들어, 소프트웨어, 산업 장비, 원자재 등은 고객사의 특정한 요구에 맞춰 맞춤형 솔루션으로 제공된다. 이는 각 기업의 비즈니스 구조와 운영 방식에 맞는 제품이 필요하다는 것을 의미한다. 따라서 B2B 마케팅은 고객의 문제를 정확하게 이해하고, 그 문제를 해결할 수 있는 최적의 솔루션을 제안하는 과정이 중요하다.

반면, B2C 제품은 대중 시장을 겨냥한 표준화된 상품이 많다. 예를 들어, 스마트폰, 가전제품, 의류와 같은 상품은 대부분 공통된 기능과 디자인을 가진다. 이러한 B2C 제품은 대량 생산과 대량 판매가 가능하며 마케팅 메시지는 개인 소비자에게 직접적으로 전달된다.

‖ 마케팅 채널과 커뮤니케이션

B2B와 B2C는 마케팅 채널의 선택과 커뮤니케이션 방식에서도 큰 차이가 있다. B2C 마케팅은 주로 대중 매체를 통해 개인 소비자에게 도달한다. TV 광고, 소셜 미디어, 검색 광고, 이메일 마케팅 등 대규모 소비자층을 겨냥한 마케팅 전략이 사용된다. 이 과정에서 브랜드 인지도, 감성적인 메시지, 가격 프로모션이 중요한 역할을 한다.

B2B 마케팅은 좀 더 직접적이고 전문적인 채널을 통해 이루어진다. B2B 고객은 복잡한 기술적 요구와 높은 전문성을 가진 제품을 구매하는 경우가 많기 때문에 전문적인 콘텐츠를 제공할 수 있는 웹사이트, 백서(White Paper), 기술 자료, 산업 콘퍼런스, 세미나, 웨비나 등이 주요 마케팅 도구로 사용된다. 또한 B2B 마케터는 LinkedIn과 같은 전문 네트워크를 활용해 고객과의 소통을 강화하고 관계를 형성하는 데 집중한다.

‖ 브랜드와 가격의 역할

　B2C 마케팅에서는 브랜드 이미지와 가격이 소비자 구매 결정에 중요한 역할을 한다. 소비자들은 유명 브랜드를 신뢰하고 제품이 제공하는 감성적 만족감을 중시한다. 또한 가격 경쟁이 치열한 시장에서는 세일, 할인, 쿠폰 등 가격 인센티브가 구매를 유도하는 중요한 요소로 작용한다.
　B2B 마케팅에서는 브랜드보다는 신뢰와 전문성이 더 중요한 역할을 한다. 기업은 제품이 제공하는 실질적인 가치, 즉 효율성과 비용 절감 효과를 중시하며 가격보다는 제품이 비즈니스에 미치는 영향력을 고려해 구매 결정을 내린다. 이는 B2B 거래에서 제품의 품질과 장기적인 ROI(투자 대비 수익률)가 매우 중요하다는 것을 의미한다.

　B2B와 B2C 마케팅은 본질적으로 다른 시장과 다른 고객을 대상으로 한다. 이러한 차이를 이해하는 것은 성공적인 마케팅 전략을 수립하는 데 필수적이며, 각각의 시장에서 요구되는 특성과 요구에 맞춘 마케팅 접근법을 통해 효과적인 성과를 창출할 수 있다.

| B2B와 B2C의 비교 |

구분	B2B(Business-to-Business)	B2C(Business-to-Consumer)
고객 유형	- 기업, 정부 기관, 비영리 단체 등 조직체	- 개인 소비자
구매 의사결정	- 여러 이해관계자가 참여하는 복잡한 구조 - 의사결정에 시간이 많이 소요됨	- 소비자가 혼자 또는 가족과 함께 신속하게 의사결정 - 충동구매도 흔히 발생함
구매 동기	- 비즈니스 문제 해결, 비용 절감, 효율성 증대, 수익 창출 등이 주 동기	- 개인의 필요, 취향, 편리함, 감정적 만족 등이 주 동기
제품/ 서비스 특성	- 맞춤형, 기술적, 복잡한 제품 및 서비스 제공 - 각 기업의 요구에 맞춘 솔루션	- 대중 시장을 겨냥한 표준화된 상품 제공 - 스마트폰, 가전제품, 의류 등
관계 관리	- 장기적 파트너십 중요 - 지속적인 지원과 서비스 요구	- 단기적 거래 위주 - 브랜드 충성도 중요하나 주로 반복 구매 유도
구매 결정 요인	- 신뢰, 제품 성능, 투자 대비 수익률(ROI), 서비스 지원 - 비용보다는 장기적 비즈니스 성과 중시	- 가격, 브랜드 이미지, 감정적 만족감, 리뷰 등이 중요한 결정 요소
마케팅 채널	- 백서(White Paper), 기술 자료, 산업 콘퍼런스, 웨비나, LinkedIn 등 전문 채널 활용	- 소셜 미디어, 검색 광고, TV 광고, 이메일 마케팅, 인플루언서 마케팅 등 대중 매체 활용
의사결정 속도	- 구매 과정이 길고 여러 단계 거침 - 실사(Due Diligence), 견적 비교 필요	- 빠르고 단순한 의사결정 - 주로 개인의 필요와 즉각적인 만족감에 의해 결정
브랜드와 가격의 역할	- 신뢰와 전문성이 중요 - 장기적 ROI(투자 대비 수익률) 중시	- 브랜드 이미지와 가격이 중요한 요소 - 세일, 할인 등의 프로모션이 구매 유도에 중요한 역할
콘텐츠 유형	- 기술 자료, 사례 연구, 제품 비교, ROI 분석 등 전문적이고 논리적인 정보	- 광고, 소셜 미디어 콘텐츠, 제품 리뷰, 감성적 스토리 중심의 콘텐츠

B2B 마케팅의 중요성

B2B DIGITAL MARKETING BIBLE

B2B(Business-to-Business) 마케팅은 기업 간 거래에서 중요한 역할을 하는 전략적 활동으로 기업이 성공적으로 비즈니스를 운영하고 성장하는 데 핵심적인 요소이다. B2B 마케팅은 단순한 제품 판매를 넘어 기업 고객의 문제를 해결하고, 고객의 비즈니스 목표를 달성하는 데 필수적인 솔루션을 제공하는 역할을 한다. 오늘날 경쟁이 치열한 시장 환경에서 B2B 마케팅의 중요성은 그 어느 때보다도 크며, 그 이유는 여러 측면에서 설명될 수 있다.

‖ 복잡한 구매 결정에 미치는 영향

B2B 거래는 대개 복잡하고 여러 명의 의사결정자가 관여하는 긴 의사결정 과정을 거친다. 이는 제품이나 서비스의 성능, 비용, 장기적인

가치, 기술적 적합성 등을 종합적으로 고려하는 과정을 수반한다. B2B 마케팅은 이러한 복잡한 구매 결정 과정에서 중요한 역할을 한다.

B2B 마케터는 고객이 직면한 문제와 요구사항을 정확하게 파악하고 고객의 비즈니스 목표를 달성할 수 있는 맞춤형 솔루션을 제시해야 한다. 이를 통해 고객의 신뢰를 얻고 의사결정에 필요한 정보와 자료를 제공함으로써 구매 결정을 긍정적으로 이끌어 낼 수 있다. 이러한 과정에서 B2B 마케팅은 기업이 경쟁 우위를 확보하고 잠재 고객을 실제 고객으로 전환하는 데 필수적인 역할을 한다.

‖ 고객 관계 강화와 장기적 파트너십 구축

B2B 마케팅의 또 다른 중요한 역할은 장기적인 고객 관계를 형성하고 강화하는 것이다. B2B 거래는 단순한 일회성 판매가 아니라 장기간에 걸친 협력과 파트너십을 통해 이루어지는 경우가 많다. 제품을 구매한 후에도 유지보수, 업그레이드, 추가 구매 등의 상황이 지속적으로 발생하며, 이러한 과정에서 고객과의 신뢰를 쌓고 장기적인 관계를 유지하는 것이 중요하다.

B2B 마케터는 이러한 관계를 강화하기 위해 지속적인 커뮤니케이션과 고객 지원을 제공해야 한다. 예를 들어, 고객에게 정기적으로 유용한 정보나 산업 트렌드를 제공하거나, 신제품이나 업그레이드 소식을 알리는 등의 활동은 고객과의 관계를 더욱 강화하는 데 기여한다. 또한, 고객의 피드백을 바탕으로 문제를 해결하고 서비스를 개선하는 과

정에서 고객과의 신뢰는 더욱 공고해진다.

  이러한 장기적인 관계는 단순한 판매 수익을 넘어 기업의 성장과 고객 충성도 강화에 기여한다. 이를 통해 고객이 지속적으로 회사의 제품과 서비스를 선택하게 되며 궁극적으로 기업의 수익성과 경쟁력을 높이는 데 중요한 역할을 한다.

‖ 시장에서의 차별화

  B2B 시장은 대개 경쟁이 치열하며 다수의 경쟁업체가 유사한 제품과 서비스를 제공한다. 이러한 환경에서 차별화는 B2B 기업의 생존과 성공에 결정적인 요소로 작용한다. 단순히 가격 경쟁에 의존하는 것보다는 고객의 문제를 해결하는 데 있어 더 나은 가치를 제공할 수 있는 방안을 모색하는 것이 중요하다.

  B2B 마케팅은 이러한 차별화를 실현하는 데 핵심적인 역할을 한다. 마케팅 활동을 통해 기업은 자사의 제품과 서비스가 어떻게 고객의 문제를 해결하고 경쟁사 대비 어떤 장점을 제공하는지 명확히 전달해야 한다. 예를 들어, 제품의 성능, 유지보수의 용이성, 기술적 지원, 사용자 경험 등 다양한 측면에서 경쟁력을 강조함으로써 고객에게 차별화된 가치를 전달할 수 있다.

  또한, B2B 마케팅은 브랜드 이미지를 구축하고 기업의 전문성을 고객에게 각인시키는 데 중요한 역할을 한다. 전문적이고 신뢰할 수 있는 브랜드 이미지는 고객이 기업의 제품을 선택하는 데 긍정적인 영향을 미치며, 이는 궁극적으로 시장에서의 경쟁 우위를 확보하는 데 기여한다.

∥ 새로운 시장 기회 창출

B2B 마케팅은 새로운 시장 기회를 탐색하고 창출하는 데 중요한 역할을 한다. 시장 환경은 끊임없이 변화하며 기술 발전, 경제 상황, 규제 변화 등 다양한 외부 요인에 따라 기업의 기회와 위협이 바뀔 수 있다. B2B 마케팅은 이러한 변화에 능동적으로 대응하고 새로운 시장에서의 기회를 포착하는 데 중요한 역할을 한다.

예를 들어, 기술 발전으로 인해 새로운 제품이나 서비스가 출시될 때 B2B 마케터는 고객에게 이 기술이 어떻게 비즈니스 효율성을 개선하고 경쟁 우위를 제공할 수 있는지 설명하는 역할을 한다. 또한, 변화하는 규제나 정책에 맞춰 제품을 개선하거나 새로운 솔루션을 개발하여 시장의 요구에 부응하는 것이 중요하다.

B2B 마케팅은 이러한 새로운 기회를 탐색하고 기업이 경쟁에서 앞서 나가도록 지원하는 중요한 전략적 도구로 작용한다.

∥ ROI(투자 대비 수익률) 극대화

B2B 마케팅은 단순한 광고나 프로모션 활동을 넘어서 투자 대비 수익률(ROI)을 극대화하는 데 중요한 역할을 한다. B2B 마케팅 활동은 고객의 요구를 깊이 이해하고 그들의 비즈니스 성과를 개선할 수 있는 솔루션을 제공하는 데 중점을 둔다. 이로 인해 고객사는 제품이나 서비스에 대한 투자로 실질적인 비즈니스 이익을 얻을 수 있으며, 이러한 가치는 장기적으로 기업의 수익성으로 이어진다.

또한, B2B 마케팅은 데이터를 기반으로 한 정확한 성과 측정이 가능하다. 웹사이트 방문자 수, 리드 생성, 전환율, 고객 유지율 등의 데이터를 분석하여 마케팅 활동의 효과를 평가하고, 이를 통해 지속적으로 마케팅 전략을 개선할 수 있으며, 기업은 마케팅 예산을 효과적으로 활용하고 최대한의 ROI를 달성할 수 있다.

B2B 고객의 구매 결정 과정

B2B DIGITAL MARKETING BIBLE

B2B(Business-to-Business) 고객의 구매 결정 과정은 복잡하고 다단계의 절차를 거친다. 이는 B2C(Business-to-Consumer)와는 다르게 조직 내 다양한 이해관계자가 관여하고 의사결정이 신중하게 이루어지기 때문이다. B2B 고객의 구매 결정 과정은 여러 단계로 나뉘며 각 단계에서 B2B 마케터의 역할이 매우 중요하다.

‖ B2B 고객의 구매 결정 프로세스

1) 문제 인식

B2B 고객의 구매 과정은 문제 인식에서 시작된다. 기업은 특정 문제나 비즈니스 목표를 달성하는 데 장애물이 생겼을 때 솔루션을 찾기 시작한다. 이러한 문제는 기존 시스템의 비효율성, 생산성 저하, 비용 증

가 또는 새로운 기회 창출에 대한 필요성 등 다양한 형태로 나타날 수 있다.

예를 들어, 제조업체는 공정의 자동화를 통해 생산성을 향상시키거나 새로운 법규에 대응하기 위해 기존 시스템을 업그레이드할 필요성을 인식할 수 있다. 이때 B2B 마케터는 고객이 겪고 있는 문제를 인식하도록 돕거나 그 문제를 명확하게 이해하는 데 필요한 정보와 인사이트를 제공하는 역할을 한다.

2) 정보 탐색

문제가 인식되면 B2B 고객은 문제를 해결할 수 있는 솔루션을 찾기 위해 정보를 탐색한다. 이 단계에서 고객은 다양한 제품, 서비스, 공급업체에 대한 정보를 조사하며 해결책에 대한 신뢰할 수 있는 자료를 수집한다.

정보 탐색 과정은 주로 온라인에서 이루어진다. 고객은 웹사이트, 백서(White Paper), 기술 보고서, 사례 연구, 웨비나 등을 통해 공급업체가 제공하는 솔루션의 세부 사항을 파악한다. 또한, 업계 전문가의 조언이나 리뷰를 통해 신뢰할 수 있는 정보를 얻기도 한다.

이 과정에서 B2B 마케터는 콘텐츠 마케팅을 통해 고객이 필요로 하는 정보에 접근할 수 있도록 지원해야 한다. 특히, 검색엔진최적화(SEO), 소셜 미디어 마케팅, 이메일 캠페인 등을 통해 고객이 적절한 시기에 필요한 정보를 쉽게 찾을 수 있도록 돕는 것이 중요하다.

3) 대안 평가

정보 탐색 후 고객은 여러 가지 솔루션을 비교하고 평가하는 대안 평가 단계에 들어간다. 이 단계에서 구매 결정에 관여하는 다양한 부서(예: 기술 부서, 재무 부서, 운영 부서)가 각각의 요구사항을 충족할 수 있는 최적의 솔루션을 찾기 위해 협력한다.

대안 평가는 주로 제품의 기술적 적합성, 비용 효율성, 서비스 품질, 지원 가능성, 공급업체의 신뢰도 등을 기준으로 이루어진다. 이때 고객은 공급업체의 과거 성과, 고객 성공 사례, 기술 지원 능력 등을 중점적으로 평가한다. 따라서 B2B 마케터는 자사의 제품이 경쟁사 대비 어떤 강점을 가지고 있는지 명확하게 전달해야 한다. 기술적 사양, 투자 대비 수익률(ROI), 유지보수 서비스 등 구체적인 데이터를 제공함으로써 고객이 자사의 제품을 신뢰할 수 있도록 해야 한다.

또한, B2B 구매는 의사결정자의 숫자가 많고 각 부서의 요구가 상이할 수 있기 때문에 맞춤형 제안서와 프레젠테이션이 중요한 역할을 한다. 각 부서의 관심사와 우선순위에 맞춘 정보를 제공함으로써 대안 평가 과정에서 긍정적인 평가를 이끌어 낼 수 있다.

4) 구매 결정

대안 평가 후 B2B 고객은 최종적으로 구매 결정을 내리게 된다. 이 단계에서 고객은 공급업체와의 계약 조건, 가격 협상, 결제 방식, 서비스 수준 협약(SLA) 등의 세부 사항을 논의하며 거래를 성사시킨다.

B2B 구매 결정은 단순히 가격에 의해 좌우되지 않으며 공급업체와의 신뢰 관계, 서비스 지원 능력, 장기적인 파트너십 가능성 등 다양한 요소가 영향을 미친다. 따라서 B2B 마케터는 거래 성사 이후에도 고객과의 관계를 지속적으로 유지하고 장기적인 협력 관계를 구축하기 위해 노력해야 한다.

또한, 이 단계에서 구매 결정을 촉진할 수 있는 추가적인 지원이나 인센티브를 제공하는 것도 효과적이다. 예를 들어, 고객 맞춤형 솔루션 제안, 초기 도입 지원, 사후 관리 서비스 등을 통해 고객이 최종 결정을 내리도록 유도할 수 있다.

5) 구매 후 평가 및 피드백

구매 결정 후 고객은 제품이나 서비스가 실제로 기대한 성능을 제공하는지, 비즈니스 문제를 해결하는 데 효과적인지 평가하는 구매 후 평가 단계를 거친다. 이 단계에서 고객은 제품의 품질, 서비스의 적시성, 공급업체의 지원 능력 등을 평가하며 향후 거래에 대한 결정을 내린다.

B2B 거래는 장기적인 관계가 중요하기 때문에 구매 후 평가 단계에서 긍정적인 피드백을 얻는 것이 매우 중요하다. 만약 고객이 만족하지 못할 경우, 향후 재구매나 추가 계약이 이루어지지 않을 뿐만 아니라 다른 잠재 고객에게 부정적인 영향을 미칠 수 있다.

따라서 B2B 마케터는 고객의 만족도를 지속적으로 모니터링하고 구매 후 지원을 철저히 제공해야 한다. 정기적인 피드백을 수집하고 고객이 겪는 문제를 신속하게 해결함으로써 긍정적인 관계를 유지할 수 있다. 또한, 고객이 제품이나 서비스에 만족할 경우, 이를 기반으로 성공 사례를 만들어 다른 잠재 고객에게 활용할 수 있는 마케팅 자료로 활용하는 것도 중요하다.

| B2B 고객의 구매 결정 과정과 마케팅 접근 팁과 전략 |

단계	내용	마케팅 채널	접근 전략 및 팁
1. 문제 인식	- 고객이 비즈니스 문제를 인식하고 해결책을 모색하는 단계 - 기존 시스템의 비효율성, 비용 증가, 새로운 기회 창출 필요성 등으로 솔루션 탐색 시작	- 블로그, 소셜 미디어 - 온라인 광고 - 웹사이트 콘텐츠	- SEO 최적화된 콘텐츠 제공으로 고객이 문제를 인식하도록 돕기 - 교육적 콘텐츠로 고객에게 신뢰를 구축
2. 정보 탐색	- 고객이 솔루션을 탐색하고 다양한 제품, 서비스, 공급업체에 대한 정보를 조사하는 단계 - 신뢰할 수 있는 자료 수집을 통해 해결책 탐색	- 백서 (White Paper) - 사례 연구 - 기술 보고서 - 웹사이트 SEO - 소셜 미디어	- 구체적 데이터 제공(사례 연구, 백서) - 콘텐츠 마케팅을 통해 고객에게 정보 제공 - 검색엔진에서 상위 노출로 정보 접근성 향상
3. 대안 평가	- 여러 솔루션을 비교하고 평가하는 단계 - 기술적 적합성, 비용, 서비스 품질, 공급업체 신뢰도 등을 평가	- 비교 자료 - 웨비나 - 맞춤형 제안서 - 고객 프레젠테이션	- 맞춤형 제안서로 각 부서 요구에 맞춘 솔루션 제공 - 성공 사례 및 ROI 자료 제공하여 신뢰 확보
4. 구매 결정	- 최종 구매 결정을 내리는 단계 - 계약 조건, 가격 협상, 결제 방식, SLA 논의	- 데모 영상 - 고객 후기 - 상담 서비스	- 유연한 가격 정책 추가 지원 (사후 관리, 맞춤형 솔루션) 제공 - 라이브 데모로 실질적 해결책 강조
5. 구매 후 평가	- 제품 및 서비스 성능 평가 - 문제 해결 여부 확인 및 피드백 수집 - 만족도 평가를 통해 향후 재구매 여부 결정	- 고객 지원 서비스 - 고객 설문조사 - 추가 자료 제공 (교육 자료 등)	- 피드백 수집 및 문제 신속 해결 - 정기적 고객 관리 성공 사례로 마케팅 자료 활용 - 장기적 관계 구축을 위한 지원 제공

‖ B2B 구매 결정 과정에서 마케터의 역할

　B2B 구매 결정 과정에서 마케터의 역할은 고객의 각 단계를 지원하고 그들이 필요한 정보를 적시에 제공하는 것이다. 고객이 문제를 인식하고 솔루션을 찾기 시작하는 초기 단계부터 구매 후 평가에 이르기까지 마케터는 다양한 방식으로 고객과 소통해야 한다.

　특히, 고객의 요구사항에 맞춘 맞춤형 마케팅 전략과 세부적인 정보 제공이 중요하다. 예를 들어, 대안 평가 단계에서는 기술적 세부 사항과 성능 데이터를 제공해야 하며, 구매 후 평가 단계에서는 고객이 겪는 문제를 신속히 해결할 수 있는 지원 시스템을 마련해야 한다. 이를 통해 고객은 제품이나 서비스에 대한 신뢰를 쌓고 장기적인 파트너십을 유지할 수 있다.

제2장

B2B 마케팅 환경 분석

거시 환경 분석: PEST 분석

B2B DIGITAL MARKETING BIBLE

　B2B 마케팅에서 거시 환경 분석은 기업이 마케팅 전략을 수립하고 시장에서 성공적인 활동을 전개하기 위해 필수적인 단계다. 거시 환경은 기업이 직접적으로 통제할 수 없는 외부 요인들로 구성되며, 기업의 활동에 큰 영향을 미친다. 이를 효과적으로 분석하는 방법 중 하나가 PEST 분석이다. PEST는 정치적(Political), 경제적(Economic), 사회적(Social), 기술적(Technological) 요인을 통해 기업 외부의 거시적 환경을 평가하는 분석 도구다. 이러한 요소들은 B2B 시장에서 제품이나 서비스의 수요, 고객의 행동, 경쟁의 강도 등에 영향을 미치기 때문에 마케터는 이 분석을 통해 환경 변화를 이해하고 적절한 대응 전략을 수립할 수 있다.

‖ 정치적 요인(Political Factors)

정치적 요인은 정부의 정책, 법률, 규제 등이 기업 활동에 미치는 영향을 의미한다. 이는 B2B 마케팅에서 매우 중요한 요소로 작용한다. 국가 간 무역 정책, 세금 정책, 규제 법안, 산업 보호 정책 등은 기업의 시장 진입 가능성, 운영 효율성, 비용 구조 등에 직간접적으로 영향을 미친다. 특히 B2B 기업의 경우 해외 시장으로 진출할 때 각국의 무역 규정, 수입 관세, 현지화 요구사항 등을 고려해야 한다.

예를 들어, 특정 국가의 환경 보호 법규가 강화되면 해당 국가에서 사업을 하는 기업은 새로운 환경 규제에 맞는 친환경 제품을 개발하거나 기존 제품을 개선해야 할 수 있다. 또한, 데이터 보호와 관련된 법적 규제도 중요한 정치적 요인이다. 유럽연합의 GDPR(General Data Protection Regulation)과 같은 규정은 기업이 고객 데이터를 처리하는 방식에 큰 영향을 미치며, 이를 준수하지 않을 경우 막대한 벌금이 부과될 수 있다. B2B 마케터는 이러한 법적 변화에 주의 깊게 대응해야 하며 기업의 제품이나 서비스가 해당 규제를 충족하도록 마케팅 전략을 조정할 필요가 있다.

‖ 경제적 요인(Economic Factors)

경제적 요인은 기업의 마케팅 전략에 직접적인 영향을 미치는 요소로 국가의 경제 상황, 금리, 환율, 인플레이션, 경제 성장률 등을 포함한다. B2B 기업의 매출과 수익성은 경제적 요인에 크게 좌우되며, 경기 불황이나 경제 성장 둔화는 B2B 고객의 구매력과 투자 결정을 억제할 수 있다.

예를 들어, 금리 상승은 기업의 자본 조달 비용을 높이고, 이는 B2B 고객이 신규 프로젝트에 대한 투자를 줄이거나 비용 절감 전략을 우선시하는 상황을 초래할 수 있다. 환율 변동 또한 해외 거래가 많은 B2B 기업에 큰 영향을 미친다. 환율이 불안정하면 기업 간 수출입 비용이 변동하게 되고 이는 제품 가격 경쟁력에도 영향을 미친다.

경제적 상황은 산업에 따라 다르게 작용하기 때문에 B2B 마케터는 자사 산업이 경제적 변화에 어떻게 반응하는지 파악해야 한다. 예를 들어, IT 솔루션이나 소프트웨어 제공업체는 경기 변동에도 꾸준히 성장할 수 있지만 제조업이나 건설업과 같은 자본 집약적 산업은 경제 불황 시 타격을 받을 가능성이 크다. 따라서 경제적 요인에 대한 분석을 통해 마케팅 예산, 가격 책정, 판매 목표 등을 조정하는 전략이 필요하다.

‖ 사회적 요인(Social Factors)

사회적 요인은 인구 통계, 문화, 가치관, 소비자 행동 등의 변화를 포함하며 B2B 시장에서 고객의 요구와 구매 의사결정에 직접적인 영향을 미친다. 예를 들어, 인구 구조의 변화는 특정 산업의 성장 기회와 시장 수요에 큰 변화를 일으킬 수 있다. 고령화 사회에서는 의료 기기, 건강관리 솔루션, 고령 인구를 위한 자동화 기술의 수요가 증가할 수 있다.

또한, 소비자와 기업 모두에서 지속 가능성에 대한 관심이 높아지면서 친환경 제품과 사회적 책임을 다하는 기업에 대한 선호도가 커지고 있다. 많은 B2B 기업들은 ESG(Environmental, Social, Governance) 기준을 준수하고, 자사의 지속 가능성 노력을 강조하는 마케팅 활동을 전개하고 있다. 이는 특히 글로벌 시장에서 중요한 요소로 많은 다국적 기업들이 지속 가능성 목표를 달성하기 위해 친환경 공급망 구축과 같은 전략을 채택하고 있다.

사회적 요인은 또한 기업 문화와 직업 환경에도 영향을 미친다. 원격 근무의 확산, 유연 근무제 도입, 디지털 전환 가속화 등은 B2B 기업의 운영 방식에 변화를 가져왔고, 이로 인해 소프트웨어 솔루션, 클라우드 서비스, 협업 도구와 같은 제품의 수요가 증가했다. 이러한 사회적 변화를 이해하고 적절히 대응하는 것이 B2B 마케팅 전략의 성공을 결정짓는 중요한 요소가 된다.

‖ 기술적 요인(Technological Factors)

기술적 요인은 B2B 기업의 경쟁력과 마케팅 전략에 가장 직접적으로 영향을 미치는 요소 중 하나다. 기술 혁신은 새로운 제품 개발, 기존 서비스 개선, 프로세스 효율성 증대 등을 가능하게 하며, 이는 B2B 시장에서 기업 간 경쟁 우위를 확보하는 데 필수적이다.

예를 들어, 인공지능(AI)과 빅데이터 분석은 B2B 기업이 고객의 행동을 더 잘 이해하고 예측 분석을 통해 맞춤형 마케팅 전략을 수립하는 데 중요한 역할을 하고 있다. 또한, 사물인터넷(IoT), 클라우드 컴퓨팅, 블록체인 등 새로운 기술은 제조, 물류, 금융 등 다양한 B2B 산업에 걸쳐 혁신을 주도하고 있다. 이러한 기술적 발전을 빠르게 받아들이고, 이를 활용한 혁신적인 제품이나 서비스를 제공하는 기업은 시장에서 더 큰 성공을 거둘 가능성이 높다.

또한, 기술적 요인은 B2B 기업의 고객과의 소통 방식에도 변화를 가져왔다. 디지털 마케팅과 마케팅 자동화 도구를 활용한 실시간 커뮤니케이션, 맞춤형 콘텐츠 제공, 고객 관리의 효율성 증대는 B2B 마케팅에서 기술이 필수적인 요소로 자리 잡았음을 보여준다. 이에 따라, 마케터는 최신 기술 트렌드를 지속적으로 파악하고, 이를 마케팅 활동에 적극 반영해야 한다.

| 'ERP SaaS 솔루션 서비스' B2B 마케팅 PEST 분석 사례 |

요인	환경 분석	기회/위험 요인
정치적 (Political)	- 데이터 보안 및 개인정보 보호 규제 강화 - 각국의 무역 규제 및 법률 차이 - 세금 정책 및 법적 규제 변화	기회: 강력한 **데이터 보안 및 규제 준수**는 마케팅에서 신뢰성을 강조할 수 있는 기회 위험: 국가별 규제 차이와 무역 장벽이 해외 시장 진출 시 비용과 복잡성을 증가시킬 수 있음
경제적 (Economic)	- 경제 성장률 변동과 경기 침체 가능성 - 환율 변동에 따른 수익성 영향 - 기업의 IT 예산 축소 또는 확장	기회: **클라우드 기반 ERP 솔루션**의 비용 효율성(초기 투자 비용 절감)은 경기 침체 시 수요 증가 기회 위험: 경제 불황 시 IT 지출 축소로 인해 서비스 구매 감소 위험
사회적 (Social)	- 원격 근무 확산과 디지털 전환 가속화 - 지속 가능성 및 ESG 경영의 중요성 증가 - 클라우드 서비스에 대한 긍정적 인식 확산	기회: 원격 근무와 디지털 전환에 맞춘 **언제 어디서나 접속 가능한 ERP 서비스** 수요 증가 기회 위험: 기업이 ESG 목표 달성을 위해 SaaS 도입 시 클라우드 서비스의 **친환경성 강화 필요**
기술적 (Technological)	- 인공지능(AI), 머신러닝(ML)의 발전으로 ERP 시스템의 기능 고도화 - 클라우드 컴퓨팅 기술의 지속적 혁신 - 데이터 분석 및 자동화 기술 발전	기회: AI와 머신러닝을 결합한 **예측 분석 및 자동화 ERP 솔루션**은 차별화된 마케팅 포인트로 작용 가능 위험: 빠르게 변화하는 기술 트렌드에 적응하지 못할 경우 경쟁열위 위험

미시 환경 분석: 고객, 경쟁사, 공급업체 등

B2B DIGITAL MARKETING BIBLE

　미시 환경 분석은 기업의 활동에 직접적으로 영향을 미치는 요소들을 분석하는 과정이다. 미시 환경은 기업이 통제할 수 있는 범위 내의 요소들로, B2B 마케팅 전략을 수립하고 실행하는 데 중요한 역할을 한다. 이 요소들은 고객, 경쟁사, 공급업체, 유통 채널, 그리고 기타 이해관계자로 구성되며, 기업이 성공적으로 시장에서 경쟁하고 성장하기 위해서는 이들 요소에 대한 깊이 있는 분석이 필수적이다.

‖ 고객 분석

　B2B 마케팅에서 고객 분석은 가장 중요한 요소 중 하나다. 고객은 제품이나 서비스의 최종 수요자로서 기업이 제공하는 솔루션의 성패를 결정한다. 특히, B2B 환경에서 고객은 단순한 소비자가 아니라 비즈니

스 성과를 위해 투자를 결정하는 기업이므로 고객 분석은 더욱 복잡하고 전략적이어야 한다.

1) 구매 의사결정 과정 분석

B2B 고객의 구매 의사결정 과정은 다수의 의사결정자(Decision Maker)가 포함되며 구매 결정에 시간이 많이 소요된다. 구매자는 경영진, 기술팀, 재무팀, 운영팀 등 다양한 부서의 의견을 반영하여 제품이나 서비스를 선택한다. 따라서 마케터는 이 각기 다른 부서의 요구사항을 분석하고, 그에 맞춘 맞춤형 메시지를 제공해야 한다.

2) 고객 세분화

B2B 마케터는 고객을 세분화하여 맞춤형 마케팅 전략을 수립해야 한다. 고객을 산업군, 기업 규모, 매출 규모, 지역 등으로 세분화할 수 있으며, 고객 세분화는 특정 세그먼트의 요구를 충족시키는 데 중요한 도구다. 예를 들어, 대기업 고객과 중소기업 고객의 요구사항과 예산은 크게 다를 수 있다. 대기업은 복잡한 솔루션과 고급 서비스를 요구할 가능성이 높고, 중소기업은 비용 효율성과 사용 편의성을 중시할 수 있다. 이를 고려해 맞춤형 마케팅 전략을 수립하는 것이 중요하다.

3) 고객 관계 관리(CRM)

B2B 고객 관계는 장기적인 관계로 발전하는 경향이 강하다. CRM 시스템을 통해 고객의 과거 구매 이력, 현재 요구사항, 미래의 비즈니스 기회 등을 추적하고 분석하는 것은 마케팅의 핵심 요소다. CRM은 고객이 원하는 시점에 적절한 솔루션을 제안할 수 있도록 도와주며, 고객

만족도를 높이고 충성도를 강화하는 데 중요한 역할을 한다.

ⅠⅠ 경쟁사 분석

경쟁사 분석은 기업이 시장에서 차별화된 가치를 제공하기 위해 필수적인 과정이다. 경쟁사를 깊이 있게 분석하면 자사가 경쟁에서 차별화될 수 있는 기회를 찾고 경쟁사의 강점과 약점을 이해하여 이를 전략적으로 활용할 수 있다.

1) 경쟁사의 제품 및 서비스 분석

경쟁사가 제공하는 제품과 서비스는 B2B 마케터가 반드시 분석해야 할 요소다. 특히, 기술적 사양, 가격 구조, 서비스 수준, 고객 지원 등 다양한 요소를 비교, 분석해야 한다. 이를 통해 자사의 제품이 어떤 면에서 경쟁사보다 우수한지, 또는 어떤 부분에서 개선이 필요한지를 파악할 수 있다. 경쟁사의 강점은 학습의 기회로, 약점은 자사가 이를 보완하여 경쟁 우위를 확보할 수 있는 기회로 볼 수 있다.

2) 가격 정책 분석

가격은 B2B 시장에서 중요한 경쟁 요소다. 경쟁사의 가격 전략을 분석함으로써 자사의 가격 경쟁력을 평가하고 적절한 가격 정책을 수립할 수 있다. B2B 거래는 단순히 저가 전략이 아닌 가치 기반 가격 책정(Value-based Pricing)이 중요하다. 이는 자사의 제품이나 서비스가 고객에게 제공하는 가치를 기반으로 가격을 책정하는 방식으로 경쟁사의 가격보다 더 높은 가격을 설정하더라도 더 나은 가치를 제공한다면 고객이 이를 수용할 가능성이 크다.

3) 경쟁사의 마케팅 전략

경쟁사가 사용하는 마케팅 채널, 콘텐츠 전략, 광고 메시지 등을 분석하면 자사의 마케팅 전략을 개선할 수 있는 힌트를 얻을 수 있다. 특히, 디지털 마케팅 시대에서는 경쟁사의 SEO 전략, 소셜 미디어 활용, 콘텐츠 마케팅 접근법 등을 분석하여 자사에 적용할 수 있는 부분을 찾아야 한다. 또한, 경쟁사의 고객 후기와 평판을 분석하면 그들이 잘하고 있는 점과 놓치고 있는 부분을 파악할 수 있다.

‖ 공급업체 분석

B2B 기업은 제품이나 서비스를 제공하기 위해 다양한 공급업체와 협력한다. 공급업체는 기업의 원자재, 기술, 서비스 품질 등에 직접적인 영향을 미치므로 공급업체 분석은 기업의 경쟁력을 강화하기 위한 중요한 단계다.

1) 공급업체의 안정성 및 신뢰성

공급업체의 안정성은 기업의 운영 효율성과 서비스 품질에 직접적인 영향을 미친다. 공급망의 불안정은 제품 생산이나 서비스 제공에 차질을 빚을 수 있으며, 이는 고객 만족도와 매출에 부정적인 영향을 미친다. 따라서 공급업체의 재정적 안정성, 납품 시간, 품질 관리 능력 등을 철저히 분석해야 한다. 안정적이고 신뢰할 수 있는 공급업체와의 관계를 구축하는 것은 B2B 기업의 성공을 위한 필수 요소다.

2) 공급업체와의 협력 관계

B2B 시장에서는 공급업체와의 협력 관계가 단순한 거래 관계를 넘어 장기적인 파트너십으로 발전하는 것이 중요하다. 공급업체와 긴밀한 협력 관계를 유지함으로써 기술 혁신을 도모하거나 비용 절감 효과를 극대화할 수 있다. 또한, 공급업체와의 협업을 통해 더 나은 솔루션을 개발하고 이를 고객에게 제공함으로써 경쟁 우위를 확보할 수 있다.

3) 비용 구조 및 협상력

공급업체가 제공하는 원자재나 서비스의 비용은 기업의 전체 비용 구조에 큰 영향을 미친다. 공급업체의 가격 책정 방식, 시장 상황에 따른 비용 변동성 등을 분석하여 자사의 이익을 극대화할 수 있는 협상력을 확보해야 한다. 특히, 공급업체와의 장기 계약을 통해 더 나은 조건을 확보하거나 다수의 공급업체를 두어 가격 경쟁력을 유지하는 전략도 고려해야 한다.

‖ 기타 이해관계자 분석

미시 환경에는 고객, 경쟁사, 공급업체 외에도 다양한 이해관계자들이 존재한다. 예를 들어, 정부 규제 기관, 미디어, 산업 협회, 금융 기관 등도 B2B 기업의 활동에 영향을 미칠 수 있다.

1) 규제 기관

B2B 시장에서는 다양한 법적 규제를 준수해야 한다. 데이터 보안, 환경 보호, 제품 안전 등의 규제를 감독하는 정부 기관과의 관계는 중요하며 기업은 이를 철저히 준수해야 한다. 마케터는 이러한 규제 사항을 이해하고 고객에게 자사의 제품이나 서비스가 규제 요구사항을 준수하고 있다는 점을 명확히 전달해야 한다.

2) 산업 협회 및 네트워크

B2B 기업은 산업 협회나 네트워크에 가입함으로써 시장 정보를 공유하고 최신 트렌드를 파악할 수 있다. 이를 통해 산업 내에서의 위치를 강화하고 협력을 통해 기술 혁신이나 시장 진입에 유리한 조건을 확보할 수 있다.

미시 환경 분석은 B2B 마케팅 전략 수립에 있어서 필수적인 과정이다. 고객, 경쟁사, 공급업체와 같은 주요 요소를 분석함으로써 기업은 경쟁 우위를 확보하고 변화하는 시장 환경에 유연하게 대응할 수 있다. 특히, B2B 시장에서는 고객의 요구와 구매 의사결정 과정이 복잡하기 때문에 고객 분석을 기반으로 한 맞춤형 전략 수립이 중요하다. 동시에 경쟁사의 강점과 약점을 파악하고 공급업체와의 긴밀한 협력을 통해 안정적인 제품 및 서비스를 제공함으로써 시장에서의 성공 가능성을 높일 수 있다.

시장 동향 분석 방법론

B2B DIGITAL MARKETING BIBLE

B2B 마케팅에서 시장 동향 분석은 현재 시장의 상태와 변화를 이해하고, 이를 바탕으로 전략을 수립하는 중요한 과정이다. 시장 동향은 기업이 경쟁에서 우위를 점할 수 있는 기회를 발견하고 잠재적인 위협을 사전에 인식하는 데 필수적이다. 시장이 어떻게 변화하고 있는지를 분석하는 방법론은 다양한 데이터를 기반으로 하며, 이를 통해 기업은 보다 효과적인 마케팅 활동을 전개할 수 있다. B2B 시장은 복잡하고 세분화되어 있기 때문에 시장 동향 분석은 더욱 정교한 방법론이 요구된다.

‖ 정량적 데이터 분석(Quantitative Analysis)

정량적 데이터 분석은 객관적인 수치 데이터를 바탕으로 시장의 규모, 성장률, 시장 점유율 등의 요소를 분석하는 방법이다. 이는 B2B 시장의 동향을 이해하는 데 있어 필수적인 접근 방식으로 시장의 전반적인 흐름과 수요를 파악할 수 있다.

1) 시장 규모 및 성장률 분석

시장 규모는 특정 산업이나 분야에서 발생하는 총매출을 의미하며, 시장 성장률은 해당 시장이 연간 얼마나 성장하는지를 나타낸다. 이를 분석하기 위해선 시장 조사 보고서, 정부 통계, 산업 보고서 등 다양한 출처에서 데이터를 수집해야 한다. 예를 들어, 클라우드 ERP(Enterprise Resource Planning) 솔루션 시장의 성장률을 분석한다면 글로벌 및 지역별 데이터를 수집하고, 이를 기반으로 특정 솔루션의 수요 변화를 예측할 수 있다.

2) 수요 예측

수요 예측은 시장의 향후 수요를 예측하는 과정으로, 이를 통해 기업은 제품의 생산량을 조절하고 마케팅 활동의 초점을 설정할 수 있다. B2B 기업의 경우 기업 고객의 구매 패턴, 경제 동향, 산업 변화 등을 기반으로 수요를 예측할 수 있다. 수요 예측은 제품의 주기적인 수요 변동을 파악하는 데 유용하며, 이를 통해 재고관리나 생산 계획의 효율성을 높일 수 있다.

3) 경쟁사 점유율 분석

경쟁사 점유율을 분석하는 것은 시장에서 자사의 위치를 파악하는 데 필수적이다. 경쟁사의 판매 실적, 주요 고객층, 제품 포트폴리오 등을 분석하여 자사가 경쟁사에 비해 어떤 위치에 있는지를 파악할 수 있다.

이를 통해 시장에서 더 많은 점유율을 확보하기 위한 전략적 결정을 내릴 수 있다.

‖ 정성적 데이터 분석(Qualitative Analysis)

정성적 데이터 분석은 수치 데이터뿐만 아니라 시장 참여자의 의견, 트렌드, 인식을 분석하는 방법이다. 이는 시장의 심리적, 감성적 요소를 파악하는 데 중요한 역할을 하며 특히 B2B 시장에서는 고객과의 관계, 제품에 대한 인식 등이 구매 결정에 큰 영향을 미치기 때문에 이를 이해하는 것이 필요하다.

1) 고객 인터뷰 및 설문조사

B2B 시장에서 고객 인터뷰나 설문조사는 시장 동향을 파악하는 중요한 방법이다. 실제 고객이나 잠재 고객이 특정 제품이나 서비스에 대해 어떻게 생각하는지, 그들의 구매 결정에 영향을 미치는 요인이 무엇인지를 이해할 수 있다. 이를 통해 고객의 요구와 기대에 맞춘 제품 개발과 마케팅 전략 수립이 가능하다.

2) 전문가 의견 및 포커스 그룹

산업 전문가의 의견이나 포커스 그룹(Focus Group)을 활용한 시장 조사도 매우 유용하다. 전문가의 의견은 산업의 기술적 진보, 새로운 규제, 시장 내 도전 과제 등에 대한 깊이 있는 인사이트를 제공하며, 포커스 그룹은 특정 제품이나 서비스에 대한 실사용자의 피드백을 통해 개선점을 도출할 수 있다. 예를 들어, ERP 소프트웨어 도입 시 IT 전문가들의 의견을 반영해 기능 개선 및 사용자 경험 향상을 위한 인사이트를 얻을 수 있다.

3) 트렌드 분석

정성적 분석의 중요한 부분 중 하나는 트렌드 분석이다. 트렌드 분석은 시장에서 장기적으로 나타나는 변화와 새로운 흐름을 파악하는 것이다. 이는 기술 발전, 규제 변화, 소비자 행동 변화 등 여러 요인을 포함한다. 예를 들어, 클라우드 기술의 발전과 함께 SaaS(Software as a Service) 모델이 급격히 성장하는 것은 B2B 시장에서 새로운 기회를 제공하는 트렌드다. 이를 분석하여 자사의 제품과 서비스가 해당 트렌드에 부합하는지, 또는 어떻게 발전시킬 수 있는지를 판단할 수 있다.

‖ 경쟁 환경 분석(Competitive Landscape Analysis)

경쟁 환경 분석은 시장 내에서 경쟁사와의 관계를 이해하고 자사의 경쟁 우위를 확보할 수 있는 전략을 수립하는 데 중요한 역할을 한다. 경쟁 환경을 분석할 때는 단순히 경쟁사의 제품만을 분석하는 것이 아니라 경쟁사의 마케팅 전략, 유통 채널, 고객 관계 관리 등을 종합적으로 분석해야 한다.

1) 경쟁사의 강점과 약점 분석

경쟁사의 강점과 약점을 분석함으로써 자사가 경쟁에서 차별화할 수 있는 기회를 찾을 수 있다. 예를 들어, 경쟁사가 가격에서 우위를 점하고 있는 반면 서비스 품질이 떨어진다면 자사는 서비스 품질을 강화하는 전략을 통해 시장 점유율을 높일 수 있다. 또한, 경쟁사의 약점을 파악하면 이를 마케팅 메시지에 반영하여 경쟁 우위를 강조할 수 있다.

2) 경쟁사의 마케팅 활동 분석

경쟁사의 마케팅 전략은 자사의 마케팅 계획을 세우는 데 중요한 참고 자료가 된다. 경쟁사가 사용하는 마케팅 채널, 프로모션 방법, 콘텐츠 전략 등을 분석하여 자사에 적용할 수 있는 점을 찾아야 한다. 특히 B2B 시장에서는 SEO(검색엔진최적화), 콘텐츠 마케팅, 소셜 미디어 활용 등이 중요한 요소로 작용할 수 있다.

3) 시장 진입 장벽 분석

경쟁 환경에서 중요한 요소 중 하나는 시장 진입 장벽이다. 이는 신규 경쟁사가 시장에 진입하는 것을 막는 요소로 기업이 현재 시장에서의 우위를 유지하는 데 기여할 수 있다. 진입 장벽은 기술적 우위, 규모의 경제, 규제 요건 등 다양한 형태로 나타난다. 예를 들어, ERP 솔루션과 같은 복잡한 소프트웨어는 높은 초기 개발 비용과 전문 기술을 필요로 하기 때문에 진입 장벽이 높다.

∥ 산업 구조 분석(Industry Structure Analysis)

산업 구조 분석은 특정 산업 내에서 기업들이 어떻게 경쟁하는지를 이해하는 데 초점을 맞춘다. 포터의 5 Forces(Porter's Five Forces) 모델은 산업 구조를 분석하는 대표적인 방법이다. 이 모델은 산업 내 경쟁 강도, 신규 진입자의 위협, 대체재의 위협, 공급업체의 교섭력, 구매자의 교섭력 등을 분석하여 기업이 경쟁에서 살아남을 수 있는 전략을 수립하도록 돕는다.

1) 경쟁 강도

산업 내 경쟁 강도는 시장 내에서 얼마나 많은 기업이 경쟁하고 있는지를 의미한다. 경쟁이 치열할수록 가격 경쟁이 심화되고 마케팅 비용이 증가할 수 있다. B2B 시장에서는 특히 가격, 기술적 우위, 고객 관계 등이 중요한 경쟁 요소가 된다.

2) 신규 진입자 및 대체재 위협

신규 진입자가 진입할 가능성은 산업의 진입 장벽에 따라 결정되며, 대체재는 현재의 제품이나 서비스가 더 저렴하거나 효율적인 방식으로 대체될 가능성을 의미한다. 예를 들어, 클라우드 ERP 솔루션은 기존의 온프레미스(On-premise) ERP 시스템을 대체하는 강력한 대체재로 작용하고 있다. 이를 통해 새로운 기술에 대한 적응과 혁신이 필요한 시점을 파악할 수 있다.

3) 공급업체 및 구매자의 교섭력

공급업체와 구매자의 교섭력은 기업의 비용 구조와 수익성에 영향을 미친다. 공급업체가 독점적인 자원을 제공하거나 대체가 어려운 경우 공급업체의 교섭력이 강해진다. 반면, 구매자의 교섭력이 강할 경우 가격 인하 압력을 받을 수 있다. 이러한 분석은 기업이 비용 절감과 수익성 개선을 위한 전략을 수립하는 데 도움이 된다.

시장 동향 분석은 마케팅 활동뿐만 아니라 제품 개발, 가격 전략, 고객 관계 관리 등 다양한 비즈니스 결정에 중요한 영향을 미치며 변화하는 시장 환경에 유연하게 대응할 수 있도록 도와준다.

| 여행사 ERP/CRM 솔루션 시장의 5 Forces(Model 분석 사례) |

분석 요소	내용	영향 및 전략
1. 경쟁 강도 (Industry Rivalry)	- 여행사 ERP/CRM 솔루션 시장에는 다수의 중소기업 및 대형 ERP/CRM 솔루션 제공업체가 존재 - 기존 기업들은 다양한 기능을 통해 차별화 전략을 펼치고 있으며, **가격 경쟁도 치열함**	- **차별화된 기능**(고객 맞춤형 서비스, 클라우드 기반 솔루션 등)을 제공해 경쟁우위 확보 - **고객지원 서비스 강화**로 고객 관계 유지 및 신뢰 확보
2. 신규 진입자의 위협 (Threat of New Entrants)	- 클라우드 기반 ERP/CRM 솔루션의 등장으로 초기 진입 장벽이 낮아져 신규 진입자들이 쉽게 시장에 진입 가능 - SaaS 모델을 통해 비용이 절감되고 중소 규모 기업도 진입 가능성 증가	- **기술 혁신 및 지속적인 업그레이드**로 기존 솔루션의 경쟁력 강화 - **고객 유지 프로그램**(장기 계약 할인, 추가 기능 제공) 강화 필요
3. 대체재의 위협 (Threat of Substitutes)	- 기존의 ERP/CRM 시스템을 대체할 수 있는 저비용의 **클라우드 기반 솔루션**이나 **AI 기반의 자동화 도구**가 대체재로 부상 - 여행사들은 **맞춤형 ERP 도구** 대신 **단순 관리 소프트웨어**로 전환 가능	- **클라우드 및 AI 기반 기능을 솔루션에 통합**해 대체재에 대비 - ERP/CRM 솔루션의 **고급화 및 특화된 기능**(고객 분석, 실시간 지원) 제공
4. 공급업체의 교섭력 (Bargaining Power of Suppliers)	- ERP/CRM 소프트웨어의 **핵심 기술 제공자** 및 클라우드 인프라 제공업체의 교섭력이 큼 - 한정된 **고급 기술데이터 센터 인프라**의 경우 대체 공급업체가 많지 않음	- **멀티 클라우드 전략**을 통해 공급업체 의존도를 분산 - **오픈소스 기술**을 도입하여 공급업체 교섭력 약화
5. 구매자의 교섭력 (Bargaining Power of Buyers)	- 대형 여행사들은 다수의 ERP/CRM 솔루션 제공업체 간 경쟁으로 인해 강한 협상력을 가짐 - 중소 여행사도 다양한 SaaS 옵션을 고려할 수 있어 구매자의 선택권이 확대되고 있음	- **고객 맞춤형 솔루션 유연한 가격 정책**을 제공하여 구매자 협상력 약화 - 고객이 쉽게 솔루션을 테스트하고 평가할 수 있는 **무료체험 프로그램** 제공

SWOT 분석을 통한 마케팅 기회 탐색

— B2B DIGITAL MARKETING BIBLE —

SWOT 분석은 기업의 내·외부 환경을 종합적으로 평가하여 마케팅 전략을 수립하는 데 매우 유용한 도구다. SWOT은 강점(Strengths), 약점(Weaknesses), 기회(Opportunities), 위협(Threats)의 약자로 기업 내부의 강점과 약점을 파악하고, 외부 환경에서의 기회와 위협을 분석함으로써 효과적인 마케팅 전략을 도출할 수 있다. B2B 마케팅에서 SWOT 분석은 특히 중요한데, 복잡한 고객 요구와 경쟁 환경에서 기업의 경쟁력을 강화하고 새로운 시장 기회를 찾아내기 위해 필수적인 과정이기 때문이다.

강점(Strengths) 분석

강점 분석은 기업 내부의 자산, 자원, 역량 등 경쟁 우위를 제공하는 요소들을 파악하는 단계다. B2B 마케팅에서는 강점을 잘 활용해 차별화된 마케팅 메시지를 전달하고 고객에게 신뢰를 구축하는 것이 중요하다.

1) 제품의 차별화 요소

기업이 제공하는 제품이나 서비스가 시장에서 다른 경쟁 제품과 비교해 가지는 기술적 우위, 품질, 성능 등이 강점으로 작용할 수 있다. 예를 들어, ERP 솔루션을 제공하는 B2B 기업의 솔루션이 타사 제품보다 더 빠른 구현 시간이나 맞춤형 기능을 제공한다면, 이를 강점으로 활용해 마케팅 전략을 수립할 수 있다. 이러한 강점을 강조함으로써 고객의 관심을 유도하고 경쟁 제품과의 차별화를 이룰 수 있다.

2) 브랜드 신뢰성

B2B 시장에서는 신뢰가 매우 중요한 구매 결정 요소 중 하나다. 고객이 특정 기업의 제품이나 서비스를 선택할 때 그 기업이 신뢰할 만한 브랜드인지 여부가 큰 영향을 미친다. 오랜 업력, 성공적인 고객 사례, 산업에서의 명성 등이 강점으로 작용할 수 있다. 예를 들어, 오랜 경험과 다수의 성공 사례를 가진 기업은 고객에게 더 신뢰를 줄 수 있으며, 이를 마케팅 메시지에 반영해 브랜드 신뢰도를 강조할 수 있다.

3) 강력한 고객 네트워크

B2B 기업이 기존에 구축한 고객 네트워크는 중요한 강점이다. 장기적인 고객 관계를 유지하고 고객이 기업을 신뢰하며 재구매를 이어가는 경우 이는 강력한 경쟁력으로 작용한다. 이러한 고객 네트워크는 추천 마케팅이나 고객 성공 사례로 활용할 수 있다. 고객의 긍정적인 경

험을 공유하고, 이를 바탕으로 잠재 고객을 확보하는 것은 마케팅에서 매우 효과적인 방법이다.

‖ 약점(Weaknesses) 분석

약점 분석은 기업 내부의 부족한 자원이나 역량을 파악하는 단계다. 약점은 기업의 성장을 저해하거나 마케팅 전략이 제대로 실행되지 못하게 하는 요소로, 이를 파악하고 개선 방안을 찾는 것이 중요하다.

1) 제품 또는 서비스의 제한

제품 기능의 한계나 경쟁 제품에 비해 떨어지는 성능은 약점으로 작용할 수 있다. 예를 들어, B2B 기업이 제공하는 소프트웨어가 경쟁 제품보다 기술적 기능이 부족하거나 업데이트가 느린 경우, 이는 고객의 만족도를 낮출 수 있다. 이 경우 마케터는 이러한 약점을 보완하기 위한 로드맵을 마련하고 고객에게 향후 개선 계획을 명확히 전달함으로써 신뢰를 유지할 수 있다.

2) 마케팅 역량 부족

B2B 기업 중 일부는 마케팅 자원이나 역량이 부족한 경우가 많다. 특히 기술 중심의 기업은 마케팅 전문 인력이 부족하거나 마케팅 활동이 일관되지 않게 진행되는 경우가 있다. 이는 시장에서 인지도를 높이고 잠재 고객을 확보하는 데 어려움을 줄 수 있다. 이러한 약점을 극복하기 위해 기업은 외부 마케팅 파트너와 협력하거나 내부 마케팅 팀을 강

화하는 전략을 고려해야 한다.

3) 디지털 전환의 부족

디지털 시대에서 디지털 마케팅 도구와 플랫폼 활용의 부족은 중요한 약점으로 작용할 수 있다. 많은 B2B 기업이 전통적인 방식에 의존하여 디지털 전환을 충분히 실행하지 못하고 있는데, 이는 경쟁사와의 격차를 벌릴 수 있는 요소다. 이를 극복하기 위해 B2B 마케터는 SEO, 콘텐츠 마케팅, 소셜 미디어 마케팅 등의 디지털 전략을 적극 도입하고 활용해야 한다.

‖ 기회(Opportunities) 분석

기회 분석은 외부 환경에서 발생하는 유리한 상황을 파악하는 과정이다. 이를 통해 기업은 새로운 시장 진출, 제품 혁신, 고객 확보 등의 기회를 찾을 수 있다.

1) 기술 발전

기술 발전은 B2B 기업에 새로운 기회를 제공한다. 예를 들어, 인공지능(AI), 클라우드 컴퓨팅, 사물인터넷(IoT) 등의 신기술은 B2B 솔루션의 효율성과 성능을 크게 개선할 수 있으며, 이를 통해 기업은 기존 고객에게 더 나은 서비스를 제공하거나 새로운 고객을 확보할 수 있다. 마케팅에서는 이러한 기술적 혁신을 강조함으로써 기업의 경쟁력을 부각시킬 수 있다.

2) 글로벌 시장 진출

글로벌화는 B2B 기업에 새로운 시장에 진출할 기회를 제공한다. 특히 디지털 플랫폼을 활용하면 물리적인 거리의 제약 없이 전 세계의 고객에게 접근할 수 있다. 예를 들어, SaaS(Software as a Service) 모델은 클라우드를 기반으로 하기 때문에 글로벌 고객을 대상으로 서비스 제공이 가능하다. 이를 통해 기업은 새로운 시장에서 성장 기회를 찾을 수 있으며 마케팅 전략도 현지화된 콘텐츠와 글로벌 전략을 병행해 수립할 수 있다.

3) 변화하는 규제와 정책

규제와 정책 변화는 때로는 위협이 될 수 있지만 잘 활용하면 기회로 작용할 수 있다. 예를 들어, 환경 규제가 강화되면서 친환경 기술과 솔루션에 대한 수요가 증가하고 있다. 이러한 상황에서 친환경 기술을 가진 기업은 새로운 기회를 창출할 수 있다. B2B 마케터는 이러한 외부 규제 변화를 모니터링하고 이를 기회로 전환할 수 있는 전략을 수립해야 한다.

‖ 위협(Threats) 분석

위협 분석은 외부 환경에서 기업의 성장을 저해하는 요인을 파악하는 단계다. 이러한 위협은 기업이 통제할 수 없는 경우가 많기 때문에 이를 미리 인식하고 대비하는 것이 중요하다.

1) 경제적 불확실성

B2B 시장에서 경제적 불확실성은 중요한 위협 요인이다. 경제 침체나 금리 상승, 환율 변동 등은 고객사의 예산 축소로 이어질 수 있으며, 이는 B2B 거래의 감소로 이어진다. 마케팅 전략에서는 경제적 위협을 대비하여 고객에게 더 나은 비용 절감 솔루션을 제공하거나 계약 조건을 유연하게 조정하는 방법을 고려할 수 있다.

2) 경쟁사 증가

신규 경쟁사의 시장 진입은 기존 B2B 기업에 큰 위협이 될 수 있다. 특히 기술 발전과 글로벌화로 인해 경쟁사는 더욱 많아지고 있으며, 이로 인해 가격 경쟁이 치열해질 수 있다. 기업은 경쟁사의 움직임을 지속적으로 모니터링하고 차별화된 마케팅 전략을 통해 경쟁 우위를 유지해야 한다.

3) 기술 변화의 속도

기술 변화가 빠르게 진행될수록, 적응하지 못하는 기업은 도태될 위험이 있다. B2B 시장에서 최신 기술을 활용하지 못하면 고객의 기대를 충족시키지 못하거나 경쟁사에게 뒤처질 수 있다. 따라서 기술 변화의 속도에 맞춰 빠르게 적응하고, 이를 마케팅 메시지에 반영하는 것이 중요하다.

| SWOT 분석을 통한 마케팅 기회 탐색 |

항목	내용	예시 및 마케팅 전략
강점	- **제품의 차별화 요소**: 기술적 우위, 성능, 품질 등 경쟁사 대비 차별화된 제품/서비스 제공 - **브랜드 신뢰성**: 오랜 업력과 성공 사례를 기반으로 신뢰성 높은 브랜드 이미지 구축 - **강력한 고객 네트워크**: 장기적인 고객 관계 및 추천 마케팅 활용	- 차별화된 **기술적 우위**를 강조하여 고객 신뢰 확보 - **브랜드 신뢰성**을 기반으로 성공 사례를 활용한 마케팅 메시지 강화 - **고객 네트워크**를 활용해 고객 추천 및 사례 공유
약점	- **제품 또는 서비스의 제한**: 경쟁 제품 대비 기능이나 성능의 부족 - **마케팅 역량 부족**: 전문 인력이나 자원 부족으로 인한 마케팅 실행의 어려움 - **디지털 전환의 부족**: 디지털 마케팅 전략의 미흡과 전통적인 마케팅 방식에 의존	- **제품 개선 로드맵**을 제시해 신뢰 유지 - **외부 마케팅 파트너**와 협력하여 마케팅 역량 보강 - **SEO 및 디지털 마케팅** 채널 강화로 디지털 전환 촉진
기회	- **기술 발전**: AI, 클라우드, IoT 등의 신기술 활용으로 제품/서비스 혁신 - **글로벌 시장 진출**: 디지털 플랫폼을 통한 글로벌 고객 접근 가능 - **변화하는 규제와 정책**: 친환경 기술 및 솔루션 수요 증가	- **AI 및 클라우드** 기술 활용을 강조하여 혁신적인 솔루션 제공 - **글로벌 확장 전략**으로 새로운 시장 진입 - **규제 변화**에 따른 친환경 솔루션 홍보
위협	- **경제적 불확실성**: 경기 침체, 금리 상승, 환율 변동 등으로 인한 고객 예산 축소 - **경쟁사 증가**: 새로운 경쟁사 등장으로 가격 경쟁 심화 - **기술 변화의 속도**: 기술 적응의 어려움으로 도태 위험	- **비용 절감 솔루션**을 제시하여 경제적 위협 완화 - 경쟁사와의 **차별화된 마케팅 메시지**로 경쟁 우위 유지 - 빠른 **기술 변화 적응**을 통해 최신 기술 반영 및 고객 기대 충족

환경 변화에 따른 마케팅 전략 조정

B2B DIGITAL MARKETING BIBLE

B2B 마케팅 환경은 기술 발전, 경제적 변화, 경쟁 상황, 그리고 규제 변화 등 다양한 요인에 의해 빠르게 변화하고 있다. 이러한 외부 환경 변화에 대응하기 위해서는 기업이 기존의 마케팅 전략을 정기적으로 재평가하고, 필요한 경우 전략을 조정하는 것이 필수적이다. 특히, B2B 기업은 장기적인 고객 관계와 복잡한 구매 결정 과정을 기반으로 하기 때문에 변화하는 환경에 유연하게 대처할 수 있는 전략적 마케팅 조정이 필요하다.

∥ 경제적 변화와 그에 따른 전략 조정

경제적 변화는 B2B 마케팅에 큰 영향을 미친다. 경기 호황기에는 기업들이 기술 및 서비스에 대한 투자를 확대할 가능성이 크지만 경기 침체기에는 투자 축소와 비용 절감이 우선된다. 이러한 경제적 변화에 따라 B2B 마케팅 전략을 조정하는 방법은 다음과 같다.

1) 경제 침체기에 맞춘 마케팅 조정

경기 침체가 발생하면 기업 고객들은 예산을 줄이고 비용 절감을 우선시하는 경향이 있다. 이러한 상황에서 B2B 마케터는 고객의 예산을 고려하여 비용 효율적인 솔루션을 강조하는 전략을 구사해야 한다. 예를 들어, 클라우드 기반 서비스나 구독형 모델(SaaS)은 초기 도입 비용이 낮고 장기적인 비용 절감 효과가 있을 수 있기 때문에 경제 불황기에도 유리하게 작용할 수 있다. 이때, 마케팅 메시지는 고객이 얻을 수 있는 비용 절감 효과와 투자 대비 수익률(ROI)에 집중해야 한다.

2) 가격 책정 및 계약 조건의 유연성

경기 침체기에는 고객이 한정된 예산으로 더 많은 가치를 얻기 위해 노력한다. 이럴 때 유연한 가격 책정과 계약 조건을 제공하는 것이 중요하다. 예를 들어, 일시불 구매 대신 월간 또는 연간 구독 방식으로 변환하거나 초기 설치 비용을 낮추고 성과 기반으로 요금을 청구하는 방식을 고려할 수 있다. 또한, 추가 서비스나 업그레이드를 제공함으로써 고객이 얻는 가치를 높이는 것이 전략적으로 유리할 수 있다.

‖ 기술 변화와 마케팅 전략 조정

기술의 발전은 B2B 시장의 경쟁 구도를 변화시키고, 새로운 기회를 창출한다. 특히, 디지털 전환(Digital Transformation), 인공지능(AI), 빅데이터, 클라우드 컴퓨팅 등 혁신적인 기술은 B2B 마케팅 전략의 핵심 요소로 작용하고 있다.

1) 기술 변화에 대한 적응과 혁신

새로운 기술이 도입되면 기존의 제품이나 서비스가 빠르게 구식이 될 수 있다. 따라서 B2B 마케터는 기술 혁신을 반영한 마케팅 전략을 개발해야 한다. 예를 들어, AI 기반의 예측 분석 솔루션을 제공하는 기업은 이를 통해 고객의 비즈니스 성과를 극대화할 수 있는 가능성을 강조해야 한다. 또한, 기존 제품에 신기술을 통합하거나 기존 솔루션을 업그레이드함으로써 기술 변화에 신속히 대응할 수 있는 능력을 보여줘야 한다.

2) 디지털 마케팅 도구 활용

디지털 마케팅 도구와 채널의 활용은 기술 변화에 따라 필수적이다. B2B 마케터는 마케팅 자동화 도구, CRM 시스템을 활용해 고객 데이터를 분석하고 맞춤형 마케팅 캠페인을 제공할 수 있다. 기술 기반의 솔루션은 고객의 행동 패턴을 분석해 고객이 필요로 하는 정보를 적시에 제공하고 구매 전환율을 높이는 데 기여한다. 또한, 소셜 미디어와 콘텐츠 마케팅을 통해 기술 혁신의 혜택을 고객에게 전달할 수 있는 새로운 방식을 도입해야 한다.

‖ 경쟁 환경 변화에 따른 전략 조정

경쟁 환경의 변화는 B2B 기업이 마케팅 전략을 재조정하는 중요한 이유 중 하나다. 새로운 경쟁자가 시장에 진입하거나 기존 경쟁사가 혁신적인 제품을 출시하면 B2B 기업은 즉각적인 대응이 필요하다.

1) 차별화된 가치 제안 개발

경쟁이 심화될수록 B2B 기업은 차별화된 가치 제안(Value Proposition)을 강조해야 한다. 경쟁 제품보다 기술적으로 우수한 점이나 고객에게 제공할 수 있는 독창적인 혜택을 부각시키는 것이 중요하다. 예를 들어, 더 나은 기술 지원, 맞춤형 서비스 또는 높은 ROI를 제공할 수 있다는 점을 강조할 수 있다. 이를 통해 고객이 자사 제품을 선택할 이유를 명확하게 전달하는 것이 필요하다.

2) 경쟁사 분석을 통한 신속한 대응

경쟁사가 새로운 기술을 도입하거나 가격 경쟁을 강화하는 경우 B2B 마케터는 이를 신속히 분석하고 대응 전략을 수립해야 한다. 예를 들어, 경쟁사가 가격 인하를 단행할 경우 자사는 부가가치 서비스를 제공함으로써 가격 경쟁에 참여하지 않으면서도 고객에게 더 큰 가치를 제공할 수 있다. 경쟁사의 약점을 파악하고 이를 극복할 수 있는 차별화 전략을 세우는 것이 중요하다.

‖ 규제 변화와 그에 따른 마케팅 전략 조정

B2B 기업은 종종 정부 규제나 정책 변화에 큰 영향을 받는다. 특히 특정 산업(예: 금융, 의료, 제조업)에서는 법률과 규제가 기업의 제품 설계, 서비스 제공 방식에 중요한 영향을 미친다. 규제가 강화되거나 새로운 법이 도입될 때 기업은 그에 맞춰 마케팅 전략을 재조정해야 한다.

1) 규제 준수 강조

법적 요구사항이 강화될 경우, 이를 철저히 준수하는 것은 B2B 마케팅에서 매우 중요한 요소가 된다. 예를 들어, 개인정보 보호 규정(GDPR)이나 환경 규제가 강화되면 기업은 자사 제품이 해당 규정을 완벽히 준수하고 있음을 강조해야 한다. 고객은 규제 준수를 신뢰할 수 있는 파트너를 찾기 때문에 이를 마케팅 메시지에 반영함으로써 경쟁 우위를 확보할 수 있다.

2) 새로운 규제에 대한 빠른 대응

규제 변화는 종종 제품 혁신과 마케팅 메시지의 변화로 이어질 수 있다. 예를 들어, 환경 규제 강화로 인해 친환경 제품이 시장에서 더 높은 가치를 얻게 될 경우 기업은 친환경 기술이나 지속 가능한 솔루션을 강조하는 전략을 채택해야 한다. 또한, 새로운 법적 요구사항을 반영해 제품을 신속하게 개선하고 이를 시장에 알리는 것이 중요하다.

‖ 사회적 변화에 따른 마케팅 전략 조정

사회적 변화는 B2B 마케팅에도 큰 영향을 미친다. 기업 고객의 가치관, 문화적 변화, 인구 통계 변화 등은 새로운 수요를 창출하거나 기존 수요를 변화시키는 요인으로 작용할 수 있다.

1) 지속 가능성 및 ESG 마케팅

최근 기업들이 환경, 사회, 지배구조(ESG) 요소를 중시하면서 B2B 마케터도 이에 맞춘 전략을 수립해야 한다. 고객 기업들이 지속 가능성 목표를 달성하려고 할 때, 자사의 제품이나 서비스가 환경적으로 책임 있는 선택임을 강조하는 마케팅 메시지를 통해 기회를 창출할 수 있다. 예를 들어, 에너지 효율적인 기술, 재활용 가능 자원 사용 등을 마케팅의 주요 포인트로 내세울 수 있다.

2) 직원 및 고객 행동의 변화

원격 근무, 디지털 전환 가속화 등의 사회적 변화는 B2B 마케팅 전략에도 변화를 요구한다. 원격 근무가 늘어나면서 클라우드 기반 협업 도구나 보안 솔루션에 대한 수요가 증가하는 것처럼, 사회적 트렌드에 맞춘 제품을 제공하고 이를 효과적으로 마케팅하는 것이 중요하다. 또한, 고객이 정보를 탐색하고 구매 결정을 내리는 방식이 변화하고 있음을 감안해 디지털 콘텐츠와 온라인 커뮤니케이션 채널을 적극적으로 활용해야 한다.

제3장

B2B 고객 분석

B2B 고객 세그먼트 분석

B2B DIGITAL MARKETING BIBLE

B2B 고객 세그먼트 분석은 고객을 특정 기준에 따라 구분하여 각 세그먼트에 맞는 맞춤형 마케팅 전략을 수립하는 과정이다. B2B 시장은 B2C와는 달리 고객의 구매 의사결정 과정이 더 복잡하고 다수의 이해관계자가 관여한다는 점에서 차별화된 접근이 필요하다. 따라서, 기업은 고객의 특성에 맞춘 세분화를 통해 더욱 정교하고 효과적인 마케팅 활동을 펼칠 수 있다. B2B 고객 세그먼트 분석은 기업이 고객의 요구와 특성을 이해하고 각 고객 집단에 적합한 제품이나 서비스를 제공하는 데 필수적인 도구이다.

‖ B2B 고객 세분화의 필요성

B2B 시장에서 모든 고객이 동일한 요구를 가지지는 않는다. 각 기업

은 다른 산업, 규모, 위치, 성장 단계 등에 따라 서로 다른 요구와 과제를 가지고 있다. 이러한 상황에서 모든 고객에게 동일한 메시지나 솔루션을 제공하는 것은 비효율적이며 마케팅 비용 대비 성과도 떨어질 수 있다.

고객 세분화는 효율적인 마케팅 리소스 배분과 맞춤형 솔루션 제공을 가능하게 하며, 이를 통해 고객 만족도를 높이고 장기적인 관계를 구축하는 데 기여한다. 특히, B2B 고객은 단순한 제품 구매자가 아니라 비즈니스 문제 해결을 위해 솔루션을 찾는 파트너이므로, 세분화를 통해 더욱 적합한 솔루션을 제안하는 것이 중요하다.

‖ B2B 고객 세그먼트 분석 기준

B2B 고객을 세분화하는 기준은 다양하며 각 기업의 산업 특성이나 비즈니스 목표에 따라 다를 수 있다. 일반적으로 B2B 고객 세분화는 다음과 같은 요소를 기준으로 한다.

1) 산업(Sector/Industry)

가장 일반적인 세분화 기준은 산업군이다. 예를 들어, 제조업, 금융, IT, 헬스케어 등 산업별로 고객의 요구가 다르기 때문에 각 산업에 맞는 맞춤형 솔루션을 제공하는 것이 중요하다. 제조업 고객은 생산성 향상과 원가 절감에 중점을 둘 수 있으며 헬스케어 산업은 데이터 보안과 규제 준수가 중요할 수 있다. 이와 같이 각 산업의 특성을 분석하여 각 세그먼트에 적합한 제품과 마케팅 메시지를 제공할 수 있다.

2) 기업 규모(Company Size)

기업의 규모는 그들이 필요로 하는 솔루션의 복잡성과 범위를 결정하는 중요한 요소다. 중소기업(SMB)은 단순하고 비용 효율적인 솔루션을 선호하는 반면, 대기업은 더 복잡하고 맞춤형 솔루션을 필요로 할 수 있다. 예를 들어, ERP 시스템의 경우 중소기업은 클라우드 기반의 간단한 ERP를 선호할 수 있지만, 대기업은 내부 시스템과의 통합이 가능한 맞춤형 솔루션을 요구할 수 있다. 따라서 기업의 규모에 따라 제품의 유형과 제공 방식을 다르게 설정하는 것이 필요하다.

3) 지역(Location)

B2B 고객은 지리적 위치에 따라도 세분화될 수 있다. 글로벌 기업이라면 각 지역의 시장 특성, 규제 요건, 문화적 차이에 맞춰 마케팅 전략을 다르게 설정해야 한다. 예를 들어, 북미, 유럽, 아시아 시장은 각기 다른 법적 규제와 비즈니스 관행을 가지고 있으므로 이를 반영한 맞춤형 접근이 필요하다. 또한, 현지 언어로 된 자료 제공, 현지 영업 팀 운영 등을 통해 고객의 신뢰를 얻을 수 있다.

4) 구매 주기(Buying Cycle)

고객의 구매 주기 또는 구매 단계에 따라 세분화하는 방법도 효과적이다. 일부 고객은 이미 문제를 인식하고 솔루션을 모색하는 단계에 있을 수 있지만, 다른 고객은 문제를 인식하지 못했거나 구매 결정을 내리기 전 초기 단계에 있을 수 있다. 구매 주기에 따라 마케팅 메시지와 접근 방식이 달라져야 한다. 예를 들어, 문제 인식 단계에 있는 고객에게는 문제 해결을 위한 교육적 콘텐츠가 효과적일 수 있으며, 구매 결정 단계에 있는 고객에게는 제품의 구체적인 혜택과 ROI(투자 대비 수익률)를 강조하는 것이 중요하다.

5) 기술적 요구사항(Technical Requirements)

B2B 고객의 기술적 요구사항도 중요한 세분화 기준이다. 예를 들어, IT 기업 고객은 특정 기술 스택이나 시스템 통합을 필요로 할 수 있으며, 제조업 고객은 특정 산업 장비나 자동화 솔루션이 필요할 수 있다. 이러한 기술적 요구사항을 바탕으로 고객을 세분화하고 맞춤형 솔루션을 제안함으로써 고객의 기대를 충족시킬 수 있다.

‖ B2B 고객 세분화의 장점

고객 세분화는 다양한 이점을 제공하며, 이를 통해 기업은 더 효과적으로 마케팅 자원을 활용하고 성과를 극대화할 수 있다.

1) 맞춤형 마케팅 전략 수립

세분화를 통해 각 고객 그룹에 맞춘 맞춤형 마케팅 전략을 수립할 수 있다. 예를 들어, 기술 중심의 고객에게는 제품의 기능적 우수성을 강조하고 예산 중심의 고객에게는 비용 효율성과 ROI를 강조하는 마케팅 메시지를 전달할 수 있다. 이는 마케팅 메시지의 정확성과 효과성을 높여 고객의 반응을 유도하고 전환율을 증가시키는 데 기여한다.

2) 고객 만족도 및 충성도 강화

고객의 요구를 정확히 이해하고 그에 맞춘 솔루션을 제공하면 고객 만족도가 높아진다. 세분화된 접근을 통해 고객은 자신이 필요로 하는 제품이나 서비스를 제공받고 있다는 느낌을 받으며, 이는 장기적으로 고객 충성도를 강화하는 데 기여할 수 있다. 고객 충성도는 B2B 시장에서 재구매와 장기 계약으로 이어질 가능성이 높다.

3) 효율적인 자원 배분

세분화는 기업이 제한된 마케팅 자원을 가장 효과적으로 사용할 수 있도록 돕는다. 모든 고객에게 동일한 마케팅 활동을 펼치는 대신, 가장 큰 가치를 창출할 수 있는 고객 세그먼트에 집중함으로써 자원을 최적화할 수 있다. 예를 들어, 특정 산업이나 지역에서 큰 성과를 낼 가능성이 높은 고객에게 집중하여 효율성을 극대화할 수 있다.

‖ 고객 세분화를 위한 데이터 수집 방법

고객 세분화를 위해서는 다양한 데이터를 수집하고 분석하는 과정이 필요하다. 이를 위해 기업은 여러 소스에서 데이터를 수집할 수 있다.

1) CRM 시스템

CRM(Customer Relationship Management) 시스템은 고객 데이터를 수집하고 분석하는 데 중요한 도구다. CRM 시스템을 통해 고객의 구매 이력, 상호작용 기록, 문제점 등을 분석하여 각 세그먼트의 특성을 파악할 수 있다. 이를 기반으로 고객의 요구에 맞춘 맞춤형 솔루션을 제공할 수 있다.

2) 설문조사 및 인터뷰

고객과의 설문조사나 인터뷰를 통해 직접적인 피드백을 얻을 수 있다. 이를 통해 고객의 구체적인 요구, 기대, 문제점 등을 파악할 수 있으며, 이 데이터를 기반으로 세분화된 마케팅 전략을 개발할 수 있다.

3) 웹사이트 및 소셜 미디어 분석

웹사이트 방문자 데이터를 분석하거나 소셜 미디어 활동을 모니터링하여 고객의 관심사와 행동 패턴을 파악할 수 있다. 이는 고객의 구매 의사결정 단계나 관심 있는 주제를 세분화하는 데 유용한 정보를 제공한다.

B2B 고객 세그먼트 분석은 기업이 각 고객의 요구와 특성에 맞춘 마케팅 전략을 수립하는 데 중요한 역할을 한다. 이를 통해 기업은 맞춤형 솔루션을 제공하고, 자원을 효율적으로 배분하며, 고객 만족도와 충성도를 높일 수 있다. 또한, 고객 세분화를 통해 기업은 시장 변화에 유연하게 대응할 수 있으며 경쟁에서 우위를 점할 수 있는 전략적 기반을 마련할 수 있다.

| B2B 고객 세그먼트 사례: 마케팅 자동화 솔루션 |

세그먼트 기준	세그먼트 1: 중소 제조업체	세그먼트 2: 대형 IT 기업	세그먼트 3: 금융 서비스 기업	세그먼트 4: 헬스케어 스타트업
산업	제조업	IT 및 소프트웨어 개발	금융 서비스	헬스케어 및 의료 기술
기업 규모	직원 수 50~300명 미만	직원 수 1,000명 이상	직원 수 500~1,000명	직원 수 10~50명
주요 과제 및 요구사항	- 영업 리드 생성 및 관리 자동화 - 이메일 캠페인 최적화	- 고객 데이터 분석 및 맞춤형 캠페인 - 다양한 채널 통합	- 고객 개인정보 보호 - 규제 준수 기반 마케팅 자동화	- 제한된 자원으로 최대 효과 - 리드 생성 및 추적 자동화
필요 기능	- 이메일 마케팅 자동화 - 리드 관리 및 추적	- AI 기반 데이터 분석 - 다채널 마케팅 통합	- 규제 준수 기능 (GDPR 등) - 보안이 강화된 CRM 기능	- 간편한 사용성과 비용 효율성 - 자동 리포트 생성
마케팅 목표	- 영업 기회 확대 - 고객 유지율 증대	- 개인화된 고객 경험 제공 - 고객 생애 가치 극대화	- 규제 준수 마케팅 - 고신뢰성 고객 확보	- 빠른 리드 확보 - 비용 최소화
주요 마케팅 채널	- 이메일 마케팅 - 전화 영업	- 소셜 미디어 광고 - 이메일, SMS 통합 마케팅	- 이메일 마케팅 - 고객 포털	- SNS 마케팅 - 검색 광고
특화된 마케팅 메시지	- 자동화로 영업 성과 증대 - 효율적인 리드 관리	- 고객 데이터를 활용한 개인화 마케팅 - 최신 AI 통합	- 규제 준수와 보안을 모두 충족하는 마케팅 솔루션	- 간편한 리드 관리로 빠른 성과 - 스타트업 맞춤 솔루션
사용 가능한 제품/ 솔루션	- 중소기업 맞춤형 마케팅 자동화 플랫폼	- 대규모 데이터 처리와 분석이 가능한 엔터프라이즈 솔루션	- 금융 산업 전용 마케팅 자동화 솔루션	- 스타트업을 위한 저비용 마케팅 자동화 플랫폼

고객 발굴 전략

B2B DIGITAL MARKETING BIBLE

고객 발굴(Lead Generation)은 B2B 마케팅의 핵심 전략 중 하나로 기업이 잠재 고객을 식별하고 그들과의 관계를 구축하는 과정을 의미한다. 특히, B2B 마케팅에서는 긴 의사결정 과정과 여러 이해관계자가 관여하는 복잡한 구조로 인해 잠재 고객을 발굴하고 그들을 실제 고객으로 전환하는 전략이 매우 중요하다. 효과적인 고객 발굴 전략을 통해 기업은 더 많은 잠재 고객을 유치하고 그들을 적절한 시점에 구매로 이끌어 낼 수 있다.

‖ 고객 발굴의 중요성

B2B 마케팅에서 고객 발굴은 제품이나 서비스를 필요한 고객에게 도달시키는 첫 번째 단계다. 고객 발굴을 잘하면 그다음 단계인 고객 전

환과 관계 관리를 성공적으로 진행할 수 있다. B2B 거래는 구매 주기가 길고 고객이 심사숙고한 후 의사결정을 내리므로 고객 발굴은 단순한 관심 유도 이상으로 지속적인 관계 형성에 중점을 둔다. 이때, 고객 발굴의 성공 여부는 잠재 고객이 얼마나 회사와 솔루션에 대한 신뢰를 갖게 되는가에 따라 좌우된다.

‖ 고객 발굴 전략의 주요 요소

B2B 고객 발굴 전략은 여러 단계로 구성되며 각 단계에서 적절한 도구와 방법을 사용하는 것이 중요하다. 아래는 효과적인 고객 발굴 전략을 구성하는 주요 요소들이다.

1) 이상적인 고객 프로파일(ICP: Ideal Customer Profile) 설정

고객 발굴의 첫 단계는 이상적인 고객 프로파일(ICP)을 설정하는 것이다. ICP는 이상적인 고객을 정의하고, 그들의 특성, 행동 패턴, 비즈니스 요구사항 등을 상세히 파악하는 과정이다. ICP는 산업, 기업 규모, 위치, 매출, 기술 스택 등 다양한 기준에 따라 설정될 수 있으며, 이를 통해 보다 정확한 타깃 고객에게 접근할 수 있다.

예를 들어, 마케팅 자동화 솔루션을 판매하는 B2B 기업이라면 ICP는 '연간 매출 500억 원 이상, 자체 CRM 시스템을 운영하는 제조업체'와 같은 형태로 정의될 수 있다. 이를 통해 잠재 고객을 찾는 과정을 더 체계적으로 진행할 수 있다.

2) 콘텐츠 마케팅을 통한 고객 유치

B2B 고객 발굴에서 콘텐츠 마케팅은 매우 효과적인 전략이다. 기업이 제공하는 콘텐츠는 고객이 문제를 인식하고 해결책을 찾는 과정에서 중요한 정보를 제공한다. 백서(White Paper), 사례 연구(Case Study), 블로그 게시물, 웨비나(Webinar) 등의 콘텐츠를 통해 고객의 신뢰를 얻을 수 있다.

예를 들어, IT 솔루션 기업이 '디지털 전환을 위한 필수 가이드'라는 제목의 백서를 제공하면, 이는 디지털 전환을 고려 중인 기업에 유용한 자료가 될 수 있다. 이 과정에서 고객은 백서를 다운로드하며 이메일 주소를 남기고 이를 통해 잠재 고객 발굴이 이루어진다. 콘텐츠 마케팅은 고객이 자발적으로 기업과 소통하게 하는 중요한 역할을 한다.

3) SEO와 SEM을 통한 리드 유입

구글, 네이버 등 검색엔진최적화(SEO)와 검색엔진마케팅(SEM)은 고객 발굴을 위한 중요한 디지털 마케팅 전략이다. 많은 B2B 구매자가 제품이나 서비스를 찾기 위해 온라인 검색을 활용하기 때문에 검색 결과에서 상위에 노출되는 것은 잠재 고객을 발굴하는 데 매우 효과적이다.

SEO는 웹사이트와 콘텐츠가 검색엔진에서 높은 순위를 차지할 수 있도록 최적화하는 작업이다. 키워드 연구를 통해 고객이 자주 검색하는 단어를 분석하고, 그에 맞는 콘텐츠를 제작함으로써 자연스럽게 트래픽을 유도할 수 있다. SEM은 네이버 파워링크와 같은 유료 광고로 특정 키워드에 대한 검색 결과 상단에 광고를 배치하는 방식으로 고객이 검색하는 순간 광고를 통해 관심을 유도할 수 있다.

4) 소셜 미디어 마케팅

B2B 기업은 소셜 미디어를 통해 잠재 고객과의 접점을 확장할 수 있다. 특히, LinkedIn과 같은 전문 네트워크는 B2B 고객 발굴에 매우 효과적이다. LinkedIn을 통해 업계 전문가와의 연결을 구축하거나 특정 기업의 담당자와 직접 소통할 수 있다. 또한, 소셜 미디어 광고를 통해 특정 타깃 그룹에 맞춤형 광고를 노출시켜 리드를 유입할 수 있다.

예를 들어, SaaS 솔루션을 판매하는 기업은 LinkedIn 광고를 통해 IT 담당자나 의사결정자에게 솔루션의 장점을 전달할 수 있다. 이를 통해 B2B 구매 결정권자가 광고를 클릭하고 웹사이트를 방문하거나, 제품 데모를 신청하도록 유도할 수 있다.

5) 이메일 마케팅을 통한 리드 육성

이메일 마케팅은 리드 육성(Lead Nurturing) 과정에서 매우 중요한 도구로 활용된다. 리드가 고객으로 전환되기까지는 시간이 필요하며, 이 기간 동안 지속적으로 기업과의 접촉을 유지하는 것이 중요하다. 이메일 마케팅을 통해 고객에게 맞춤형 콘텐츠, 제품 업데이트, 이벤트 정보를 제공하여 관심을 유지시키고 구매 결정을 유도할 수 있다.

자동화된 이메일 마케팅 도구를 사용하면 특정 행동을 취한 리드에게 맞춤형 메시지를 자동으로 전송할 수 있다. 예를 들어, 제품 데모를 요청한 리드에게는 제품의 주요 기능을 소개하는 이메일을, 다운로드한 백서와 관련된 후속 자료를 제공하는 등 맞춤형 이메일 캠페인을 전개할 수 있다.

6) 이벤트와 네트워킹을 통한 리드 확보

오프라인과 온라인에서의 이벤트와 네트워킹은 B2B 고객 발굴에서 중요한 방법이다. 기업이 주최하는 세미나, 콘퍼런스, 트레이닝 세션 등을 통해 잠재 고객과 직접적으로 소통할 수 있다. 특히, 웨비나(Webinar)는 최근 디지털 시대에 각광받고 있는 고객 발굴 도구로 온라인에서 많은 잠재 고객을 효과적으로 유치할 수 있다.

이러한 이벤트는 고객이 자사 제품이나 서비스를 직접 체험할 기회를 제공하며 전문가와의 질의응답을 통해 신뢰를 구축할 수 있는 장점이 있다. 또한, 참가자의 연락처 정보를 수집하여 이후 맞춤형 마케팅 캠페인을 전개할 수 있다.

‖ 고객 발굴 전략의 데이터 분석 및 최적화

효과적인 고객 발굴을 위해서는 데이터 기반의 분석과 최적화가 필수적이다. 마케팅 자동화 도구와 CRM 시스템을 활용하여 고객 발굴 과정에서 얻은 데이터를 분석함으로써 어떤 전략이 가장 효과적인지 파악할 수 있다. 이를 통해 마케팅 캠페인을 지속적으로 최적화하고 더 높은 전환율을 달성할 수 있다.

1) 리드 스코어링(Lead Scoring)

리드 스코어링은 각 잠재 고객의 관심도와 구매 가능성을 점수화하는 방법이다. 고객의 웹사이트 방문 횟수, 이메일 클릭 여부, 제품 데모 요청 등의 행동 데이터를 기반으로 점수를 매기고, 이를 통해 리드의 우선순위를 정할 수 있다. 높은 점수를 받은 리드는 영업팀이 우선적으로 접근하여 구매 가능성을 높일 수 있다.

2) A/B 테스트

A/B 테스트는 여러 마케팅 전략을 실험하고 어떤 방법이 가장 효과적인지 비교하는 데 사용된다. 예를 들어, 동일한 이메일 캠페인에서 두 가지 서로 다른 제목을 사용해 어떤 제목이 더 높은 클릭률을 가져오는지 분석할 수 있다. 이러한 데이터를 바탕으로 마케팅 메시지, 콘텐츠, 타기팅 전략을 지속적으로 최적화할 수 있다.

‖ 지속적인 리드 육성과 관계 구축

고객 발굴 후에도 리드가 실제 고객으로 전환되기까지는 시간이 필요하다. 따라서 B2B 마케터는 리드 육성과 지속적인 관계 구축을 통해 잠재 고객의 관심을 유지하고 구매로 이어지도록 해야 한다. 이를 위해 개인 맞춤형 콘텐츠와 정기적인 커뮤니케이션이 중요하며 고객의 구매 여정에 맞춘 접근이 필요하다.

고객 페르소나와 고객 여정 분석

B2B DIGITAL MARKETING BIBLE

고객 페르소나와 고객 여정 분석은 B2B 마케팅에서 필수적인 전략적 도구로 고객의 특성과 구매 과정을 깊이 있게 이해하고 이를 바탕으로 맞춤형 마케팅 전략을 수립하는 데 중요한 역할을 한다. 고객 페르소나는 이상적인 고객을 구체적으로 묘사한 가상 인물이며, 고객 여정 분석은 고객이 제품이나 서비스를 알게 되고, 구매를 결정하는 과정에서 거치는 단계를 체계적으로 분석하는 것이다. 이 두 가지 도구를 통해 B2B 기업은 보다 정교한 마케팅 활동을 전개할 수 있다.

‖ 고객 페르소나란?

고객 페르소나(Customer Persona)는 이상적인 B2B 고객의 특성을 반영한 가상의 인물을 정의하는 것이다. 이는 고객의 행동, 요구, 목표, 문제점 등을 구체적으로 파악하기 위해 사용되며, 마케팅, 영업, 제품 개발 등 모든 단계에서 기업의 전략을 수립하는 데 중요한 기준이 된다. B2B 고객 페르소나는 고객이 속한 산업, 기업의 규모, 역할, 직무, 의사결정 과정 등을 기반으로 정의된다.

1) 고객 페르소나의 구성 요소

고객 페르소나를 구성하는 주요 요소는 다음과 같다.

- **직무 및 역할**: 고객이 회사에서 맡고 있는 역할과 직무를 파악한다. 예를 들어, IT 부서의 관리자는 기술적 요구사항을 중점적으로 고려하지만 재무 부서 담당자는 예산과 비용 절감을 우선시한다.
- **비즈니스 목표**: 고객의 비즈니스 목표와 해결하려는 문제를 파악한다. B2B 고객은 제품을 구매할 때 주로 회사의 운영 효율성, 비용 절감, 매출 증대 등 구체적인 목표를 염두에 둔다.
- **의사결정 과정**: B2B 고객의 구매 결정은 여러 이해관계자에 의해 이루어진다. 따라서 고객 페르소나를 정의할 때 해당 고객이 의사결정 과정에서 어떤 역할을 하는지 파악해야 한다.
- **고통점(Pain Points)**: 고객이 겪고 있는 문제점이나 고통을 구체적으로 정의한다. 예를 들어, 제조업체의 경우 생산성 저하나 원가 상승이 주요 고통점일 수 있다.
- **정보 탐색 행동**: 고객이 어떤 경로를 통해 정보를 수집하고 구매 결정을 내리는지를 분석한다. B2B 고객은 백서, 사례 연구, 웨비나 등을 통해 정보를 얻는 경우가 많다.

2) 고객 페르소나의 필요성

고객 페르소나는 마케팅과 영업 전략을 더욱 타기팅할 수 있게 도와준다. B2B 고객은 복잡한 의사결정 과정을 거치며 각기 다른 부서와 이해관계자가 관여하기 때문에 페르소나를 통해 각 역할에 맞는 맞춤형 메시지를 전달할 수 있다. 예를 들어, 기술 담당자에게는 제품의 기술적 강점을 강조하고, 재무 담당자에게는 비용 절감 효과를 설명하는 방식으로 접근할 수 있다. 이를 통해 고객의 관심을 효과적으로 끌어내고, 구매 결정에 긍정적인 영향을 미칠 수 있다.

| B2B 고객 페르소나 사례 |

항목	페르소나 1: IT 담당자	페르소나 2: 재무 담당자	페르소나 3: 마케팅 담당자
이름	마이클(IT 매니저)	홍길동(재무 관리자)	제시카(마케팅 디렉터)
직무 및 역할	기업의 IT 인프라 관리 및 기술 도입 결정자	기업의 예산 관리 및 비용 절감 전략 수립자	마케팅 전략 및 캠페인 기획, ROI 분석 책임자
기업 규모	직원 500명 이상의 중견 제조업체	직원 1,000명 이상의 대기업	직원 300명 규모의 IT 서비스 기업
비즈니스 목표	- 기술적 효율성 향상 - IT 운영 비용 절감	- 비용 절감 및 수익성 증대 - 예산 내 구매 결정	- 디지털 마케팅 성과 극대화 - 마케팅 자동화 도입
고통점 (Pain Points)	- 구형 시스템 유지 비용 증가 - 보안 문제 발생	- 예산 제약으로 인한 솔루션 도입 어려움 - 높은 유지 비용	- 마케팅 캠페인 성과 분석의 어려움 - 데이터 통합 문제
정보 탐색 경로	- 기술 블로그 - IT 관련 백서 및 웨비나	- 재무 및 투자 보고서 - 업계 통계 자료	- 디지털 마케팅 보고서 - 마케팅 자동화 성공 사례
구매 의사결정 요인	- 기술적 성능 - 보안 및 통합성	- 비용 대비 효율성 - ROI(투자 대비 수익률)	- 마케팅 성과 개선 - 데이터 분석 및 활용 가능성

항목	페르소나 1: IT 담당자	페르소나 2: 재무 담당자	페르소나 3: 마케팅 담당자
의사결정 과정에서의 역할	- 기술적 검토 및 최종 선택에 영향력 행사	- 구매 예산 승인 및 재정 관리	- 솔루션 도입 결정에 직접 관여 - 마케팅 도구 선택
마케팅 메시지	- 보안이 강화된 최신 IT 솔루션으로 비용 절감	- 효율적인 비용 구조로 예산 내에서 솔루션 제공	- 마케팅 자동화로 성과 측정 및 ROI 향상 가능
중요한 콘텐츠 유형	- 제품 백서 - 기술 블로그 - 웨비나	- ROI 분석 자료 - 사례 연구	- 디지털 마케팅 성공 사례 - 마케팅 툴 비교 분석
고려하는 구매 옵션	- 기술적 지원이 우수한 클라우드 솔루션	- 초기 비용이 낮고 유지 비용이 적은 솔루션	- 마케팅 자동화 및 CRM 통합이 가능한 플랫폼

‖ 고객 여정 분석(Customer Journey Analysis)

고객 여정 분석은 고객이 제품이나 서비스를 알게 되고 구매를 결정하는 데 이르는 전체 경로를 분석하는 과정이다. B2B 고객은 보통 긴 의사결정 과정을 거치며, 여러 단계를 통해 제품을 탐색하고 평가한 후 최종 결정을 내린다. 고객 여정 분석은 이러한 과정을 체계적으로 이해함으로써 각 단계에서 적절한 마케팅 메시지와 지원을 제공할 수 있도록 돕는다.

1) 고객 여정의 주요 단계
B2B 고객 여정은 일반적으로 다음과 같은 4단계로 나뉜다.

- **인지 단계(Awareness)**: 고객이 자신이 해결해야 할 문제를 인식하

거나, 특정 솔루션에 대한 필요성을 느끼기 시작하는 단계다. 이 때 고객은 주로 문제의 본질을 파악하고, 이를 해결할 방법을 찾기 위해 다양한 정보를 탐색한다. B2B 마케팅에서는 이 단계에서 고객에게 교육적 콘텐츠를 제공해 문제 해결의 중요성을 강조해야 한다. 예를 들어, 백서, 블로그 포스트, 웨비나 등을 통해 문제와 해결 방안에 대한 정보를 제공할 수 있다.

- **고려 단계(Consideration)**: 이 단계에서 고객은 다양한 옵션을 비교하고 평가하며 자신에게 가장 적합한 솔루션을 찾으려고 한다. 고객은 여러 공급업체의 제안과 제품을 비교하고 제품의 기술적 사양, 비용, ROI 등을 분석한다. 이 단계에서는 제품의 구체적인 이점과 성공 사례를 제공하는 것이 효과적이다. 사례 연구(Case Study)나 제품 데모를 통해 고객이 해당 솔루션이 자신에게 맞는지 판단할 수 있도록 돕는다.

- **결정 단계(Decision)**: 고객이 최종 결정을 내리는 단계로, 여기서 중요한 것은 신뢰와 가치 제안이다. 고객은 이 단계에서 공급업체의 신뢰성을 확인하고 가격 협상과 계약 조건 등을 검토하게 된다. B2B 마케팅에서는 고객이 최종 결정을 내릴 수 있도록 명확한 가이드라인을 제공하고 구매를 유도하는 맞춤형 제안을 제시해야 한다.

- **구매 후 단계(Post-purchase)**: 구매 후 단계에서 고객은 제품이나 서비스를 실제로 사용하며 만족도를 평가한다. B2B 기업은 이 단

계에서 지속적인 지원과 고객 성공 프로그램을 통해 고객이 제품을 잘 활용하고 긍정적인 경험을 얻을 수 있도록 해야 한다. 고객이 만족하면 재구매나 추가 구매로 이어질 가능성이 높아지므로, 이 단계도 매우 중요하다.

2) 고객 여정의 각 단계에서의 마케팅 전략

고객 여정의 각 단계에서 고객의 요구와 관심사는 다르기 때문에 이를 반영한 맞춤형 마케팅 전략이 필요하다.

- **인지 단계**에서는 고객에게 문제의 본질을 인식시키고, 이를 해결하기 위한 정보와 자료를 제공하는 것이 중요하다. 이 단계에서는 브랜드 인지도 향상을 위한 콘텐츠 마케팅과 SEO 최적화가 중요한 역할을 한다.
- **고려 단계**에서는 고객이 솔루션을 비교하고 평가하는 과정에서 신뢰할 수 있는 자료를 제공해야 한다. 제품의 장점, 고객 성공 사례, 구체적인 데이터와 통계 등을 제시하여 고객의 관심을 끌고 신뢰를 쌓아야 한다.
- **결정 단계**에서는 고객의 최종 결정을 도와주는 자료와 지원을 제공해야 한다. 구매 결정에 필요한 모든 정보를 제공하고 고객이 갖는 우려를 해결하기 위한 빠른 답변과 맞춤형 제안이 효과적이다.
- **구매 후 단계**에서는 고객이 제품을 효과적으로 사용하도록 지원하며, 사후 관리와 추가 구매 유도를 위한 커뮤니케이션을 강화하는 것이 중요하다. 이 단계에서는 고객 성공 사례를 바탕으로 고객 충성도를 높일 수 있는 전략을 펼쳐야 한다.

‖ 고객 페르소나와 고객 여정의 통합

고객 페르소나와 고객 여정 분석은 독립적으로 사용될 수 있지만, 두 가지를 통합하여 활용할 때 가장 큰 효과를 발휘할 수 있다. 각 페르소나별로 고객 여정을 분석하면 보다 정교하고 맞춤화된 마케팅 전략을 수립할 수 있다.

1) 페르소나별 맞춤형 고객 여정

예를 들어, 기술 담당자가 페르소나라면, 인지 단계에서는 기술적 문제 해결을 위한 교육적 콘텐츠를 제공하고, 고려 단계에서는 제품의 기술적 장점을 강조하는 세부 자료를 제공하는 식으로 접근할 수 있다. 반면, 재무 담당자에게는 비용 절감 효과와 ROI를 강조하는 자료를 제공해야 한다. 이러한 접근을 통해 각기 다른 페르소나가 고객 여정에서 겪는 고통점과 요구사항에 맞춘 맞춤형 솔루션을 제시할 수 있다.

2) 통합된 데이터 활용

CRM 시스템과 마케팅 자동화 도구를 활용해 페르소나별 행동 데이터를 수집하고 분석함으로써, 고객이 여정의 어느 단계에 있는지를 정확히 파악할 수 있다. 이를 통해 고객의 행동에 맞춘 자동화된 마케팅 메시지와 맞춤형 콘텐츠를 제공할 수 있으며 궁극적으로 구매 전환율을 높일 수 있다.

| B2B 고객 여정 분석 사례 |

고객 여정 단계	세부 여정	고객 행동 및 니즈	마케팅 전략
1. 인지 단계	- 현재 시스템 성능에 문제가 발생함 - 개선 필요성 인식	- 기존 시스템의 보안 문제 및 운영 비용 증가에 대한 우려 - 해결책 탐색	- 기술 블로그, 백서, 웨비나로 **문제 해결의 중요성** 강조
2. 정보 탐색 단계	- 시장에서 최신 IT 솔루션 검색 - 다양한 공급업체 정보 비교	- **보안 강화비용 효율성**이 높은 솔루션 탐색 - 업계 사례 탐색	- SEO 최적화된 콘텐츠로 검색 노출 - 웨비나 및 사례 연구 제공
3. 고려 단계	- 솔루션 후보군 도출 - IT 팀과 논의하여 성능 및 기술 평가	- 여러 솔루션의 **기술적 적합성 통합성** 평가 - 다른 부서 의견 수렴	- 제품 데모, 상세 기술 자료 제공 - 제품의 **통합성** 강조
4. 평가 및 검증 단계	- 선택한 솔루션의 보안 및 비용 분석 - 공급업체와 미팅 진행	- 솔루션의 ROI 분석 - 공급업체의 **기술 지원** 능력 확인	- ROI 계산기, 고객 성공 사례 제공 - **무료 데모 및 기술 상담** 지원
5. 결정 단계	- 최종 의사결정권자에게 보고 및 예산 승인 요청	- 솔루션 도입 시 예상 비용 및 운영 효율성 설명 - 최종 구매 결정 준비	- **맞춤형 제안서** 제공 - 구매결정 시점에 **추가 혜택** 제공
6. 구매 후 단계	- 솔루션 도입 및 초기 설정 - 기술 지원 및 유지 보수 요구	- 솔루션 설정 시 발생하는 문제 해결 - 안정적인 운영을 위한 기술 지원	- **고객 지원** 팀을 통한 실시간 지원 - **고객 성공 프로그램** 운영
7. 관계 유지 및 재구매	- 솔루션 사용 중 성능 모니터링 - 업그레이드 및 추가 기능 요청	- 장기적 사용을 통한 솔루션의 **업그레이드 필요성** 인식	- 정기적인 **업데이트 안내** 및 업그레이드 제안 - 고객 유지 캠페인

고객여정지도를 통한 문제와 고통 수준 확인

B2B DIGITAL MARKETING BIBLE

고객여정지도(Customer Journey Map)는 고객이 제품이나 서비스를 인지하고, 탐색하며, 구매하고, 사용하면서 겪는 전 과정을 시각적으로 표현한 도구다. 특히 B2B 시장에서는 고객의 구매 의사결정 과정이 길고 복잡하며, 여러 부서와 이해관계자가 관여한다. 따라서 고객여정지도는 고객이 어떤 접점에서 문제를 겪고 있는지, 어떤 고통점(Pain Point)을 경험하는지를 분석하여 마케팅 전략을 최적화하는 데 중요한 역할을 한다.

‖ 고객여정지도의 개념과 필요성

고객여정지도는 고객이 특정 목표를 달성하기 위해 어떤 경로를 통해 움직이는지를 나타내는 시각적 프레임워크다. B2B 시장에서는 고객의 의사결정 과정에서 다양한 접점이 존재하며, 각 접점에서 고객이 경험하는 불편함과 고통을 파악하는 것이 중요하다. 고객여정지도는 각 단계에서의 고객 경험을 시각적으로 표현함으로써 기업이 고객의 실제 문제를 인식하고 개선 방안을 찾는 데 도움을 준다.

고객여정지도를 통해 다음과 같은 이점을 얻을 수 있다.

- **고객 관점에서의 문제 파악**: 고객의 구매 과정에서 발생하는 어려움을 명확히 이해할 수 있다.
- **고통 수준 확인**: 고객이 겪는 주요 고통점을 파악하고, 이를 해결하기 위한 전략을 수립할 수 있다.
- **개선 우선순위 설정**: 고객 경험이 가장 중요한 접점을 찾아 우선적으로 개선할 수 있다.

‖ 고객여정지도의 주요 구성 요소

고객여정지도를 효과적으로 구성하기 위해서는 다음과 같은 주요 요소를 포함해야 한다.

1) 고객 페르소나

고객여정지도는 특정 고객 페르소나를 기반으로 설계된다. B2B에서는 고객의 역할에 따라 다른 여정이 있을 수 있으며 IT 담당자, 재무 담당자, 마케팅 담당자 등 다양한 페르소나별로 여정지도가 다르게 작성될 수 있다. 각 페르소나는 각기 다른 니즈와 고통점을 가지고 있기 때문에 페르소나에 맞춘 여정지도가 필요하다.

2) 여정 단계

고객 여정은 일반적으로 5단계로 나뉜다.
- **인지 단계**: 고객이 문제를 인식하고 해결책을 찾기 시작하는 단계
- **탐색 단계**: 고객이 다양한 솔루션을 비교하고 평가하는 단계
- **결정 단계**: 고객이 특정 제품이나 서비스를 선택하는 단계
- **구매 후 단계**: 고객이 제품을 도입하고 사용하면서 지원을 받는 단계
- **관계 유지 단계**: 고객이 제품을 장기적으로 사용하고 추가 구매나 재구매를 고려하는 단계

3) 고객의 행동

각 단계에서 고객이 어떤 행동을 취하는지 분석해야 한다. 예를 들어, 고객이 탐색 단계에서 웹사이트를 방문하거나 백서를 다운로드하는 행동을 할 수 있다. 이러한 행동을 파악함으로써 각 단계에서 고객이 필요로 하는 정보나 지원을 제공할 수 있다.

4) 고객의 감정과 경험

고객이 각 단계에서 느끼는 감정과 경험을 분석한다. 예를 들어, 탐색 단계에서 고객이 기대하는 정보가 웹사이트에 충분히 제공되지 않으면 좌절감을 느낄 수 있다. 고객의 감정 변화는 고통 수준을 이해하는 데 중요한 요소이며, 이를 기반으로 고객 경험을 개선할 수 있다.

5) 고통점(Pain Point)

각 단계에서 고객이 겪는 고통점을 구체적으로 파악한다. B2B 고객

은 복잡한 요구와 문제를 해결하기 위해 특정 솔루션을 찾고 있기 때문에 고통점을 해결하는 것이 구매 결정에 중요한 영향을 미친다. 예를 들어, IT 담당자가 솔루션의 기술적 통합 과정에서 어려움을 겪는다면 이는 주요 고통점으로 작용할 수 있다.

‖ 고객여정지도에서 고통점(Pain Point) 확인 방법

고객여정지도를 통해 고객이 겪는 고통점을 구체적으로 파악하는 방법은 다음과 같다.

1) 데이터 기반 분석

고객여정지도는 데이터 분석을 기반으로 작성된다. 웹사이트 방문 데이터, 고객 문의, 제품 사용 패턴 등 다양한 데이터를 활용하여 고객이 어떤 접점에서 문제를 겪고 있는지 확인할 수 있다. 예를 들어, 특정 페이지에서 이탈률이 높다면 그 페이지가 고객에게 혼란을 주거나 원하는 정보를 제공하지 못하고 있을 가능성이 있다.

2) 고객 피드백 수집

고객이 직접적으로 경험한 문제를 설문조사나 인터뷰를 통해 파악하는 것도 중요하다. 고객은 어떤 점에서 불편을 느꼈고, 어떤 정보를 추가로 필요로 했는지에 대해 구체적인 피드백을 제공할 수 있다. 이러한 피드백을 바탕으로 고객여정지도를 구체화하고 개선해야 할 접점을 찾아낼 수 있다.

3) 구매 여정의 단계별 분석

각 단계별로 고객이 겪는 문제를 세부적으로 분석한다. 예를 들어, 고려 단계에서 고객이 다양한 솔루션을 비교하기 어려워하는 경우 이를 해결하기 위한 명확한 비교 자료나 기술적 설명을 제공해야 한다. 구매 후 단계에서는 제품 사용 중 발생하는 기술적 문제에 대한 빠른 지원이 요구될 수 있다.

‖ 고객 여정에서 발생하는 주요 고통점과 해결 전략

B2B 고객 여정에서 발생할 수 있는 주요 고통점과 이를 해결하기 위한 전략은 다음과 같다.

1) 인지 단계: 정보 부족

고객이 문제를 인식하는 초기 단계에서 충분한 정보가 제공되지 않으면 문제 해결의 중요성을 느끼지 못하고 관심을 잃을 수 있다. 특히, B2B 고객은 교육적 콘텐츠를 통해 문제의 심각성과 해결의 필요성을 인식해야 한다.
- **해결 전략**: 블로그, 백서, 웨비나와 같은 콘텐츠 마케팅을 활용하여 고객이 문제를 명확히 인식하도록 돕는다. 고객이 자주 검색하는 키워드에 맞춘 SEO 최적화 콘텐츠로 문제 해결의 필요성을 강조한다.

2) 탐색 단계: 복잡한 솔루션 비교

B2B 솔루션은 기술적 세부 사항이 많고 다양한 공급업체가 존재하기 때문에 고객이 각 옵션을 비교하는 데 어려움을 겪을 수 있다. 이 과정에서 고객이 선택에 혼란을 느끼면 구매 의사를 잃을 수 있다.

- **해결 전략**: 비교 차트나 제품 데모를 제공하여 고객이 각 솔루션의 차이점을 쉽게 이해할 수 있도록 돕는다. 기술적 사양을 명확히 설명하고 고객의 요구에 맞춘 맞춤형 솔루션을 제안하는 것도 효과적이다.

3) 결정 단계: 의사결정 지연

B2B 고객은 여러 부서의 의사결정자와 협의해야 하기 때문에 결정을 내리는 데 시간이 걸릴 수 있다. 이 과정에서 중요한 정보나 지원이 부족하면 의사결정이 지연될 수 있다.

- **해결 전략**: 맞춤형 제안서와 ROI 계산기를 제공하여 구매 결정을 지원한다. 또한, 신속한 피드백과 추가 정보 제공을 통해 고객이 의사결정을 빠르게 내릴 수 있도록 돕는다.

4) 구매 후 단계: 기술 지원 부족

구매 후 고객이 제품을 도입하고 사용하는 과정에서 기술적 문제나 지원 부족으로 인해 불만을 가질 수 있다. 특히, 기술 통합이 중요한 B2B 솔루션에서는 이 단계에서의 지원이 매우 중요하다.

- **해결 전략**: 고객 지원 팀을 통해 실시간 지원을 제공하고 고객 성공 프로그램을 운영하여 제품 사용에 대한 교육과 기술 지원을 강화한다.

| B2B 고객여정지도 사례 |

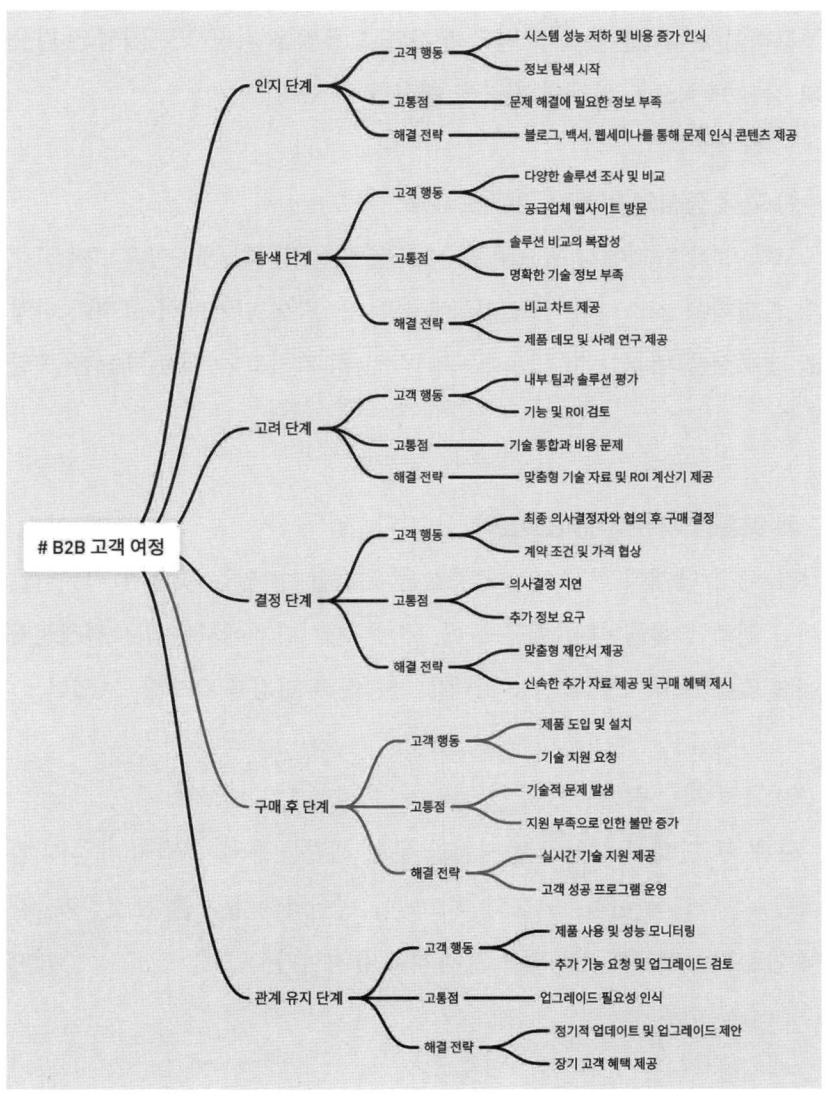

자료: 윔지컬 활용 작성

‖ 고객여정지도를 활용한 마케팅 개선

고객여정지도를 통해 확인된 문제와 고통점을 바탕으로 기업은 다음과 같은 방식으로 마케팅 전략을 개선할 수 있다.

1) 고객 중심의 마케팅 콘텐츠 제공

고객이 각 단계에서 필요로 하는 콘텐츠를 정확히 제공함으로써 고객의 불편함을 최소화할 수 있다. 예를 들어, 탐색 단계에서 고객이 다양한 솔루션을 비교할 수 있도록 구체적인 비교 자료와 제품 데모를 제공한다.

2) 맞춤형 커뮤니케이션 전략

각 여정 단계에서 고객의 고통점을 해결할 수 있는 맞춤형 커뮤니케이션 전략을 실행한다. 예를 들어, 구매 결정 단계에서는 의사결정권자에게 맞춘 ROI 자료와 성공 사례를 제공하여 결정을 유도할 수 있다.

3) 고객 지원 강화

구매 후 단계에서의 기술 지원과 문제 해결을 통해 고객이 제품에 만족할 수 있도록 한다. 고객의 피드백을 반영하여 문제를 해결하고, 재구매로 이어지도록 지속적으로 관계를 유지한다.

제4장

B2B 마케팅 전략 수립

시장 세분화와 타기팅

B2B DIGITAL MARKETING BIBLE

시장 세분화(Segmentation)와 타기팅(Targeting)은 B2B 마케팅 전략 수립의 핵심 요소로, 기업이 다양한 고객군을 보다 효과적으로 공략할 수 있도록 하는 과정이다. B2B 시장은 B2C에 비해 고객 규모가 작고, 구매 과정이 복잡하며, 다양한 이해관계자가 관여하기 때문에 고객을 세분화하고, 그중에서 핵심 타깃을 설정하는 것이 매우 중요하다. 이를 통해 기업은 고객의 요구에 맞춘 맞춤형 마케팅 전략을 수립하고, 자원을 효율적으로 활용할 수 있다.

‖ 시장 세분화(Segmentation)란?

시장 세분화는 특정 시장을 여러 하위 그룹으로 나누는 과정이다. 각 그룹은 공통된 특성, 요구, 또는 행동을 기반으로 구분되며, B2B에서는 주로 기업의 산업, 규모, 위치, 구매 패턴, 기술적 요구 등에 따라 세분화된다. 세분화된 각 그룹에 맞는 맞춤형 전략을 수립함으로써 기업은 더 정교한 마케팅 활동을 전개할 수 있다.

1) 산업별 세분화

산업별 세분화는 B2B 마케팅에서 가장 흔히 사용되는 방법이다. 각 산업군은 고유한 운영 방식과 요구사항을 가지고 있기 때문에, 산업별로 고객의 문제를 해결할 수 있는 맞춤형 솔루션을 제공해야 한다.

예를 들어, 제조업 고객은 공급망 관리와 생산 효율성을 중요시할 수 있으며, IT 서비스 기업은 기술적 혁신과 데이터 보안을 우선시할 것이다. 따라서 각 산업군에 맞춘 특화된 마케팅 메시지와 솔루션을 제공하는 것이 중요하다.

2) 기업 규모에 따른 세분화

기업의 규모는 그들이 필요로 하는 솔루션의 복잡성이나 예산 규모에 영향을 미친다. 중소기업(SMB)과 스타트업은 비용 효율성과 사용 편의성을 중시하는 반면, 대기업은 복잡한 시스템 통합과 맞춤형 솔루션을 요구할 수 있다.

예를 들어, ERP(Enterprise Resource Planning) 솔루션을 제공하는 회사는 중소기업에는 간단하고 빠르게 구현할 수 있는 클라우드 기반 ERP를 제안할 수 있지만, 대기업에는 복잡한 인프라와 통합할 수 있는 맞춤형 ERP 솔루션을 제안해야 한다. 이처럼 기업 규모에 따라 마케팅 전략을 달리해야 한다.

3) 지리적 세분화

B2B 시장에서도 지리적 위치에 따른 세분화는 중요한 요소다. 각 지역의 규제, 비즈니스 환경, 문화적 차이가 기업의 의사결정에 영향을 미칠 수 있기 때문이다. 글로벌 시장에서 활동하는 B2B 기업은 각 국가나 지역의 특성에 맞춘 맞춤형 마케팅 전략을 개발해야 한다.

예를 들어, 유럽에서는 GDPR과 같은 개인정보 보호법이 엄격하게 적용되므로, 클라우드 서비스 제공업체는 데이터 보안과 법적 준수를 강조한 마케팅 메시지를 내세워야 한다. 반면, 아시아 시장에서는 비용 효율성이나 기술 지원의 중요성을 더 부각할 수 있다.

4) 행동 기반 세분화

행동 기반 세분화는 고객의 구매 패턴, 서비스 사용 빈도, 제품 선호도 등을 기준으로 세분화하는 방식이다. 고객의 과거 행동 데이터를 분석하여, 그들이 어떤 솔루션에 관심을 보였는지, 어떤 제품을 자주 사용하는지를 파악하고, 이를 바탕으로 맞춤형 전략을 수립할 수 있다.

예를 들어, IT 장비를 자주 업그레이드하는 고객은 최신 기술에 민감할 가능성이 크므로, 신제품 출시 시 이에 대한 정보를 우선적으로 제공하는 전략을 활용할 수 있다. 이러한 행동 데이터를 기반으로 한 세분화는 고객의 실질적인 요구를 더욱 잘 반영할 수 있게 해준다.

∥ 타기팅(Targeting)이란?

타기팅은 세분화된 고객 그룹 중에서 가장 높은 잠재적 가치를 가진 그룹을 선정하고, 해당 그룹을 대상으로 마케팅 활동을 집중하는 과정이다. 모든 세그먼트를 동일하게 공략하는 대신, 기업의 자원을 효율적으로 사용하기 위해 특정 타깃 그룹을 선정하고, 그들의 요구를 충족하는 맞춤형 솔루션을 제안하는 것이 타기팅의 핵심이다.

1) 타깃 그룹 선정 기준

타깃 그룹을 선정할 때는 다음과 같은 요소들을 고려해야 한다.

- **시장 규모**: 타깃 그룹이 충분히 큰 규모를 가지고 있어야 한다. 너무 작은 그룹을 타깃으로 설정하면 마케팅 활동의 ROI(투자 대비 수익률)가 낮아질 수 있다. 대규모 시장을 대상으로 마케팅 활동을 전개하면, 더 많은 리드를 확보하고 잠재 고객 전환율을 높일 수 있다. 반면, 작은 시장에 집중하면 효과적인 자원 배분이 어려울 수 있으므로, 시장 규모는 타깃 그룹 선정의 중요한 기준이다.
- **성장 가능성**: 해당 세그먼트가 성장할 가능성이 있는지, 또는 향후 더 큰 비즈니스 기회를 제공할 수 있는지 분석해야 한다. 산업 성장률, 기술 발전, 규제 변화 등 외부 요인을 고려해 타기팅 전략을 설정해야 한다. 성장 가능성이 큰 타깃 그룹은 장기적인 수익 창출이 가능하므로, 빠르게 성장하는 산업군을 타깃으로 삼는 것이 바람직하다.
- **경쟁 상황**: 경쟁이 심하지 않거나 자사가 경쟁 우위를 차지할 수 있는 세그먼트를 타깃으로 설정하는 것이 유리하다. 경쟁이 치열한 시장에서는 차별화된 가치 제안을 통해 경쟁사보다 앞서 나갈 수 있는 전략을 고민해야 한다. 경쟁사의 강점과 약점을 분석해

자사가 강점을 발휘할 수 있는 영역을 공략하는 것이 중요하다.

- **수익성**: 타깃 그룹이 회사에 충분한 수익을 가져다줄 수 있는지 평가해야 한다. 단순히 매출만 고려하는 것이 아니라, 고객 유치 및 유지 비용까지 함께 평가하는 것이 중요하다. 초기 도입 비용이 높거나 유지 관리 비용이 많이 드는 고객군은 높은 매출을 올리더라도 수익성이 떨어질 수 있다. 따라서 고객 생애가치(Lifetime Value)와 유지 비용을 고려한 종합적인 수익성을 분석해야 한다.

- **구매 주기**: 타깃 그룹의 구매 주기가 짧으면 빠르게 리드를 전환할 수 있어 영업 활동의 효율성이 높아진다. 반면, 구매 주기가 긴 고객군은 의사결정 과정이 복잡하고 시간이 오래 걸리므로, 이를 지원하기 위한 리드 육성 전략이 필요하다. 또한, 구매 주기가 짧은 고객군은 반복적인 구매 가능성이 높아 장기적인 관계 구축에도 유리하다.

- **기술 요구**: 타깃 그룹의 기술적 요구사항을 고려해야 한다. 기술적 요구가 복잡한 경우, 자사가 이를 충족시킬 수 있는 능력이 있는지 평가하는 것이 중요하다. 예를 들어, IT나 제조업처럼 높은 수준의 기술적 지원과 통합이 필요한 고객군은 그에 맞는 기술력과 지원 능력을 요구한다. 기술적으로 까다로운 타깃 그룹은 충족하기 어렵지만, 성공적으로 대응할 경우 높은 고객 충성도를 확보할 수 있다.

| B2B 타깃 그룹 선정 사례 |

선정 기준	타깃 그룹 1: 중소 제조업체(SMB)	타깃 그룹 2: 대형 금융기관	타깃 그룹 3: 글로벌 IT 서비스 기업
시장 규모	- 중소 제조업체는 각 지역에 다수 존재 - 시장 규모가 크고, 지역 기반이므로 접근 용이	- 대형 금융기관은 소수이지만, 거래 규모가 큼 - 대규모 프로젝트 제공 가능	- 글로벌 IT 서비스 기업은 전 세계에 다수 존재 - 시장이 크고 확장 가능성 높음
성장 가능성	- 중소기업은 디지털 전환 및 자동화 솔루션에 대한 수요 증가 - 성장 잠재력이 큼	- 금융 기술(Fintech) 도입 증가로 성장 가능성 큼 - 규제 대응을 위한 솔루션 필요	- 디지털 혁신을 통해 지속적으로 성장 중 - 클라우드 및 데이터 관리 수요 지속 증가
경쟁 상황	- 소규모 업체 간 경쟁이 존재하지만 기술적으로 차별화 가능 - 비용 절감과 생산성 향상이 경쟁 우위 요소	- 경쟁사가 제한적이지만, 고도의 맞춤형 서비스 필요 - 높은 기술력과 신뢰성으로 경쟁우위 확보 가능	- 치열한 경쟁 환경 - 기술적 우수성 및 글로벌 지원이 경쟁의 핵심
수익성	- 단일 계약당 금액은 적지만, 다수 고객 확보 시 수익성 높음 - 장기 계약 및 반복 구매 유도 가능	- 대형 계약을 통해 높은 수익성 확보 가능 - 규제 준수, 보안 등 추가 서비스 제공 시 매출 증대	- 대규모 계약 및 장기 파트너십을 통해 높은 수익성 확보 - 기술 지원 및 관리 서비스로 추가 매출 가능
구매 주기	- 구매 주기가 짧고, 빠른 의사결정이 가능 - 빠른 리드 전환 가능	- 의사결정주기가 길지만 계약 시 장기 계약 가능 - 리드 육성이 필요	- 의사결정주기 중간 정도 - 솔루션 도입 후 장기 사용 경향
기술 요구	- 비용 효율적이고 사용이 간편한 솔루션 선호 - 자동화 및 생산성 향상 기술 필요	- 보안, 데이터 보호, 규제 준수 솔루션 필수 - 복잡한 시스템 통합 요구	- 대규모 데이터 처리, 클라우드 관리, 보안 솔루션 필수 - 기술적 통합성과 글로벌 지원 필요

2) 집중 타기팅(Concentrated Targeting)

집중 타기팅은 하나의 세그먼트에 마케팅 자원을 집중하는 전략이다. 이 전략은 자원이 제한적인 중소기업이나 특정 니치 시장에 강점을 가진 기업에 적합하다. 예를 들어, 특정 산업군의 기술적 요구에 맞춘 고급 솔루션을 제공하는 기업은 해당 산업을 집중적으로 공략하여 높은 성과를 낼 수 있다.

3) 다중 타기팅(Multi-Segment Targeting)

다중 타기팅은 여러 세그먼트를 동시에 공략하는 전략으로, 각 세그먼트에 맞는 맞춤형 마케팅 전략을 수립한다. 이 전략은 자원이 풍부하고 다양한 시장에서 성장 가능성을 높이려는 대기업에 적합하다.

예를 들어, 한 기업이 제조업, 금융업, 헬스케어 분야를 동시에 공략하려 한다면, 각 산업에 맞춘 차별화된 솔루션과 마케팅 메시지를 개발하고, 동시에 여러 세그먼트를 공략할 수 있다. 이를 통해 기업은 다양한 시장에서 성장 기회를 찾을 수 있다.

4) 차별화 타기팅(Differentiated Targeting)

차별화 타기팅은 각 세그먼트별로 다른 마케팅 믹스(제품, 가격, 유통, 촉진)를 적용하여, 고객별로 맞춤형 솔루션을 제공하는 전략이다. B2B 마케팅에서는 각 고객 그룹이 서로 다른 요구사항을 가지고 있기 때문에, 차별화된 접근이 필수적이다.

예를 들어, 소규모 기업에는 비용 절감을 강조한 솔루션을 제공하고, 대기업에는 고급 기술 지원과 통합 솔루션을 강조하는 차별화된 마케팅 전략을 적용할 수 있다.

‖ 시장 세분화와 타기팅의 실행 전략

시장 세분화와 타기팅은 B2B 마케팅에서 고객 중심의 전략을 수립하기 위한 기초가 된다. 이를 성공적으로 실행하기 위해서는 다음과 같은 전략적 접근이 필요하다.

1) 데이터 기반 세분화와 타기팅

B2B 시장에서는 고객 데이터를 기반으로 세분화와 타기팅 전략을 수립하는 것이 매우 중요하다. CRM 시스템, 웹사이트 분석 도구, 마케팅 자동화 도구 등을 통해 고객의 행동 데이터, 거래 이력, 관심사 등을 분석하여 보다 정교한 세분화와 타기팅이 가능하다.

2) 맞춤형 콘텐츠 제공

세분화된 각 타깃 그룹에 맞춘 맞춤형 콘텐츠를 제공함으로써, 고객의 관심을 유도하고 신뢰를 구축할 수 있다. 예를 들어, 중소기업을 대상으로는 비용 절감 사례를 담은 콘텐츠를 제공하고, 대기업에는 기술적 우수성을 강조한 사례 연구를 제공하는 식으로 접근할 수 있다.

3) 지속적인 세분화와 타기팅 전략 개선

시장은 끊임없이 변화하며, 고객의 요구와 행동도 시간이 지남에 따라 변한다. 따라서 B2B 마케터는 지속적으로 데이터를 모니터링하고, 세분화와 타기팅 전략을 조정해야 한다. 새로운 기술의 도입, 산업 규제 변화, 시장 트렌드 변화 등에 따라 타기팅 전략을 유연하게 조정함으로써 변화하는 시장에 대응할 수 있다.

시장 세분화와 타기팅은 B2B 마케팅 전략 수립의 핵심 요소로, 고객의 특성과 요구를 깊이 이해하고 그에 맞춘 맞춤형 전략을 수립하는 데 기여한다. 세분화를 통해 고객 그룹별로 차별화된 마케팅 활동을 전개하고, 타기팅을 통해 자원을 효율적으로 배분함으로써 마케팅의 성과를 극대화할 수 있다. 데이터를 기반으로 한 세분화와 타기팅 전략은 고객 만족도를 높이고, 장기적인 비즈니스 성장을 이루는 데 중요한 역할을 한다.

경쟁 분석과 포지셔닝

B2B DIGITAL MARKETING BIBLE

경쟁 분석(Competitive Analysis)과 포지셔닝(Positioning)은 B2B 마케팅 전략 수립에서 필수적인 단계다. B2B 시장은 고객이 복잡한 구매 결정을 내리고, 여러 이해관계자가 관여하는 특성이 있다. 따라서 경쟁 분석을 통해 시장에서의 자사 위치를 명확히 파악하고, 이를 기반으로 경쟁사와 차별화된 가치 제안을 제공하는 포지셔닝 전략이 필요하다. 이를 통해 기업은 경쟁 환경에서 유리한 입지를 확보하고, 고객의 선택을 받는 제품 및 서비스로 자리매김할 수 있다.

‖ 경쟁 분석의 중요성

경쟁 분석은 시장 내에서 자사의 위치를 명확히 이해하고 경쟁사와의 차별점을 발견하는 과정이다. 경쟁사의 강점과 약점을 파악함으로써,

자사가 어떤 영역에서 우위를 점할 수 있는지 명확히 알 수 있다. 이를 통해 보다 효과적인 마케팅 전략을 수립하고, 고객에게 차별화된 가치를 전달할 수 있다.

경쟁 분석의 주요 목적은 다음과 같다.
- **경쟁사의 전략 파악**: 경쟁사가 제공하는 제품 및 서비스의 특성을 분석하여, 자사와의 차이점을 파악할 수 있다.
- **시장 기회 탐색**: 경쟁사가 간과하고 있는 시장의 기회를 발견하여, 새로운 타깃 시장을 공략할 수 있다.
- **위협 요소 식별**: 경쟁사의 강점이 자사의 약점일 경우, 이를 보완하기 위한 전략을 수립할 수 있다.

‖ 경쟁 분석의 주요 요소

경쟁 분석을 할 때 고려해야 할 핵심 요소는 다음과 같다.

1) 경쟁사 제품 및 서비스 분석

경쟁사가 제공하는 제품과 서비스의 특성을 분석하는 것이 첫 번째 단계다. B2B 시장에서는 제품의 성능, 가격, 기술 지원, 맞춤화 수준 등이 경쟁사의 차별화 요소가 될 수 있다. 이를 철저히 분석함으로써 자사가 제공하는 제품이 어떤 부분에서 경쟁 우위를 가질 수 있는지 파악할 수 있다.

예를 들어, ERP 솔루션을 제공하는 기업이 경쟁사의 제품을 분석할 때, 각 솔루션의 기능, 사용자 편의성, 가격, 고객 지원 등을 비교하여 자사 제품의 경쟁력을 평가할 수 있다. 만약 자사의 제품이 더 우수한 기술 지원을 제공하거나, 맞춤화된 기능을 갖추고 있다면 이를 강점으로 내세울 수 있다.

2) 가격 전략 분석

경쟁사의 가격 정책을 분석하는 것도 중요하다. B2B 고객은 가격을 중요한 의사결정 기준으로 삼기 때문에, 자사의 가격이 경쟁사와 비교해 경쟁력이 있는지를 평가해야 한다. 단순히 가격이 저렴한 것만이 중요한 것은 아니다. 가격 대비 가치(Value for Money)를 통해 자사 제품의 우수성을 강조할 수 있다.

예를 들어, 자사가 제공하는 제품이 경쟁사보다 고가일 경우, 이를 보완할 수 있는 더 나은 고객 지원, 빠른 기술적 대응, 또는 높은 ROI(Return On Investment)를 강조함으로써 고객에게 설득력을 제공할 수 있다.

3) 유통 및 서비스 채널 분석

경쟁사가 고객에게 제품을 어떻게 전달하고 있는지도 중요한 분석 요소다. B2B 시장에서는 제품의 판매 채널, 기술 지원 채널, 애프터서비스 등이 경쟁력을 좌우할 수 있다. 특히, 글로벌 시장을 대상으로 하는 경우에는 현지화된 서비스와 지원이 필수적이다.

경쟁사가 온라인과 오프라인에서 어떤 유통 채널을 활용하고 있는지, 고객 지원은 얼마나 신속하고 전문적인지를 평가하여 자사의 유통 및 서비스 전략을 개선할 수 있다. 예를 들어, 경쟁사가 현지 고객 지원을 충분히 제공하지 않는다면, 자사는 현지화된 기술 지원이나 고객 관리 서비스를 통해 차별화할 수 있다.

4) 마케팅 및 브랜딩 전략 분석

경쟁사의 마케팅 활동과 브랜드 포지셔닝을 분석함으로써, 자사가 차별화할 수 있는 영역을 찾을 수 있다. B2B 시장에서 브랜드 인지도는 고객의 신뢰를 쌓는 중요한 요소이며, 경쟁사의 마케팅 메시지와 접근 방식을 분석하여 자사의 마케팅 전략에 반영할 수 있다.

경쟁사가 주로 강조하는 메시지, 사용하는 마케팅 채널, 고객과의 상호작용 방식을 분석하여, 자사가 강화할 수 있는 마케팅 포인트를 찾을 수 있다. 예를 들어, 경쟁사가 주로 제품의 기술적 우수성만을 강조한다면, 자사는 고객의 문제 해결 능력이나 맞춤형 서비스 경험을 강조하는 방향으로 차별화할 수 있다.

‖ 포지셔닝의 개념과 중요성

포지셔닝은 자사 제품이나 서비스를 고객의 마음속에 차별화된 이미지로 자리 잡게 하는 것을 의미한다. 경쟁 분석을 통해 얻은 정보를 바탕으로, 자사의 고유한 강점과 차별화 요소를 강조하여 시장에서 독자적인 위치를 확보하는 것이 중요하다. 포지셔닝 전략은 단순히 제품의 기능이나 가격만을 강조하는 것이 아니라, 고객이 자사 제품을 경쟁 제품과 어떻게 다르게 인식하게 만들 것인지에 초점을 맞춘다.

B2B 시장에서는 구매 결정에 관여하는 여러 이해관계자들이 존재하

기 때문에, 각 이해관계자에게 자사 제품의 핵심 가치를 명확히 전달하는 것이 필요하다. 예를 들어, IT 부서의 담당자는 기술적 성능을 중요시할 수 있지만, 경영진은 비용 절감과 ROI를 중시할 수 있다. 따라서 포지셔닝 전략은 여러 관점에서 자사의 강점을 전달할 수 있어야 한다.

‖ 포지셔닝 전략의 주요 요소

포지셔닝 전략을 수립할 때 고려해야 할 주요 요소는 다음과 같다.

1) 차별화된 가치 제안(Value Proposition)

차별화된 가치 제안은 자사가 고객에게 제공하는 고유한 가치를 의미한다. 경쟁사와 차별화된 부분을 명확히 정의하고, 고객이 이를 통해 어떤 혜택을 얻을 수 있는지를 구체적으로 전달해야 한다. B2B 시장에서는 제품이나 서비스가 고객의 문제를 어떻게 해결해 주고, 비즈니스 성과를 어떻게 향상시킬 수 있는지가 중요한 가치 제안의 핵심이 된다.

예를 들어, 클라우드 기반의 ERP 솔루션을 제공하는 기업이 있다면, 이 솔루션이 경쟁사 제품보다 더 높은 유연성을 제공하고, 초기 도입 비용을 줄여줄 수 있다는 점을 강조할 수 있다. 이를 통해 고객은 자사 솔루션이 경쟁 제품보다 더 큰 비즈니스 가치를 제공한다고 인식할 수 있다.

2) 경쟁 우위(Competitive Advantage)

포지셔닝 전략에서 중요한 것은 자사가 가진 경쟁 우위를 극대화하는 것이다. 경쟁 우위란 경쟁사보다 우월한 성능, 기술, 서비스 등을 의미하며, 이를 통해 자사는 시장에서 독보적인 위치를 확보할 수 있다.

예를 들어, 자사의 기술 지원 팀이 매우 신속하고 전문적인 서비스를 제공한다면, 이를 경쟁 우위로 내세워 포지셔닝할 수 있다. 특히, 기술적 지원이 중요한 B2B 고객에게는 신속한 문제 해결이 매우 중요한 결정 요인일 수 있다.

3) 고객 중심 포지셔닝

포지셔닝 전략은 항상 고객 중심이어야 한다. 고객이 실제로 겪는 문제와 고통점을 해결해 줄 수 있는지, 고객의 비즈니스 목표를 얼마나 잘 지원할 수 있는지를 기반으로 한 포지셔닝이 효과적이다. 이를 위해 고객의 니즈를 정확히 이해하고, 그에 맞는 메시지를 전달해야 한다.

예를 들어, 제조업 고객은 생산성 향상과 비용 절감에 대한 요구가 강할 수 있다. 이 경우, 자사는 자사 솔루션이 어떻게 생산성을 높이고 운영 비용을 줄일 수 있는지 구체적인 데이터를 통해 설명함으로써, 고객의 요구를 충족하는 포지셔닝을 할 수 있다.

4) 명확하고 일관된 메시지 전달

포지셔닝 전략이 효과를 발휘하려면 명확하고 일관된 메시지를 전달해야 한다. 고객이 자사 제품을 선택해야 하는 이유를 간결하고 명확하게 설명하고, 이 메시지를 모든 마케팅 채널에서 일관되게 전달하는 것이 중요하다.

예를 들어, 자사가 '가장 신뢰할 수 있는 기술 지원 제공업체'라는 포지셔닝을 설정했다면, 웹사이트, 광고, 영업 프레젠테이션 등 모든 접점에서 이 메시지가 일관되게 전달되어야 한다. 이를 통해 고객은 자사가 신뢰할 수 있는 파트너라는 인식을 강하게 가지게 된다.

‖ 차별적인 포지셔닝 실행 전략

차별적인 포지셔닝 전략 실행 시 고객이 원하는 것, 기업·브랜드의 강점, 경쟁사의 강점을 고려한 접근이 필요하다.

1) 차별적인 포지셔닝을 위한 확인
- **고객이 원하는 것**: 고객이 중요하게 생각하는 요구와 기대를 나타낸다. 이 영역을 충족시키는 것은 시장에서 고객의 관심을 끌고 유지하는 데 필수적이다.
- **기업·브랜드의 강점**: 자사의 제품이나 서비스가 가장 잘하는 부분, 즉 자사의 핵심 경쟁력을 나타낸다. 이는 기업이 경쟁사와 차별화할 수 있는 요소로, 강력한 포지셔닝을 위해 필수적이다.
- **경쟁사의 강점**: 경쟁사가 잘하는 부분으로, 이를 이해함으로써 자사가 어디에서 경쟁할 수 있는지, 어디에서 경쟁하지 말아야 할지를 결정할 수 있다.

| 차별적인 포지셔닝 프레임워크 |

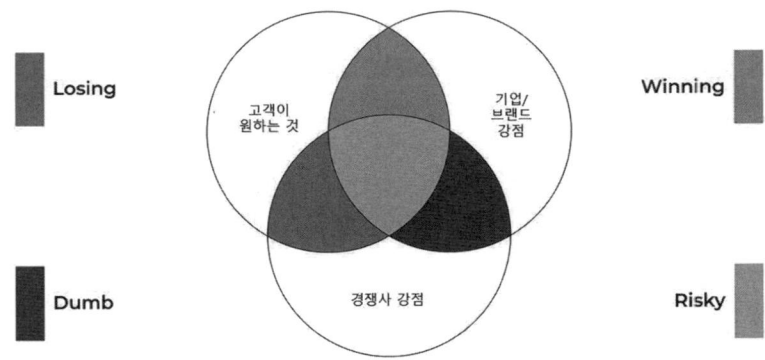

2) 차별적인 포지셔닝 실행

- **Winning(성공 영역)**

자사가 잘하고, 고객이 원하는 동시에 경쟁사가 제대로 제공하지 못하는 영역으로 위치한 제품이나 서비스는 시장에서 강력한 포지션을 차지할 수 있으며, 자사의 성공 전략이 될 수 있다. 고객의 요구와 자사의 강점이 일치하면서 경쟁사가 약점을 보이는 부분이기 때문에, 가장 이상적인 포지셔닝이다.

- **Losing(실패 영역)**

고객이 원하지만 자사가 제대로 제공하지 못하는 영역으로 경쟁사가 이 부분에서 강점을 가질 경우 자사는 시장에서 뒤처지기 쉽다. 이 영역은 자사의 개선점이 될 수 있다.

- **Dumb(비효율적 영역)**

자사가 잘하는 부분이지만, 고객이 원하지 않거나 중요하게 생각하지 않는 영역이다. 자원이 낭비될 가능성이 높은 영역으로, 고객에게 중요한 가치가 아니므로 이 부분에 집중하는 것은 효율적이지 않다.

- **Risky(위험 영역)**

자사가 제공할 수 있고 고객도 원하지만, 경쟁사도 이 부분에서 강점을 보이는 영역이다. 여기서는 자사만의 차별화된 가치를 제공하지 않으면 경쟁에서 밀릴 가능성이 크다.

차별적인 포지셔닝 실행은 자사의 강점을 고객의 니즈와 일치시키면서 경쟁사와의 차별화를 도모해야 한다. 특히 Winning 영역을 공략하는 것이 성공적인 포지셔닝 전략의 핵심이다.

∥ 포지셔닝 맵(Positioning Map) 활용

포지셔닝 맵은 자사의 위치를 시각적으로 나타내는 도구로, 경쟁 제품과의 상대적 위치를 한눈에 파악할 수 있다. 일반적으로 두 가지 핵심 요소(예: 가격과 품질, 혁신성과 안정성)를 축으로 설정하여, 자사 제품과 경쟁 제품이 어떤 위치에 있는지를 나타낸다. 이를 통해 자사의 차별화된 위치를 시각적으로 표현할 수 있으며, 향후 마케팅 전략 수립에 유용한 정보를 제공한다.

예를 들어, IT 솔루션 시장에서 혁신성과 안정성을 기준으로 포지셔닝 맵을 그렸을 때, 자사가 경쟁사보다 기술적으로 더 혁신적이고 안정성을 제공하는 위치에 있다면, 이를 적극적으로 활용해 마케팅 메시지를 구성할 수 있다.

| B2B 포지셔닝 맵 작성 프로세스 |

단계	설명	주요 작업
1. 시장 분석	- 타깃 시장을 이해하고, 고객의 요구와 기대를 분석하는 과정 - B2B 고객의 산업, 규모, 기술 요구사항 등을 파악	- 주요 고객군(산업, 기업 규모, 위치 등) 세분화 - 고객의 핵심 요구와 문제점 분석
2. 경쟁사 분석	- 경쟁사의 제품, 서비스, 가격 정책, 마케팅 활동 등을 분석하여 강점과 약점을 파악	- 주요 경쟁사 식별 - 경쟁사의 강점 및 약점 분석 - 경쟁사의 포지셔닝 전략 조사
3. 자사 강점 및 차별화 분석	- 자사의 핵심 역량, 제품이나 서비스의 차별화된 가치를 명확히 정의 - 경쟁사와 비교해 경쟁 우위 요소를 파악	- 자사의 핵심 경쟁력 및 차별화된 가치 제안 도출 - 자사 제품/서비스의 기술적, 서비스적 강점 분석
4. 핵심 포지셔닝 축 설정	- 포지셔닝 맵의 축을 설정 - 일반적으로는 가격과 품질, 혁신성, 신뢰성 등의 요소를 축으로 삼음	- 타깃 시장에서 중요한 요소(예: 혁신성 vs. 안정성, 비용 효율성 vs. 고급 서비스)를 축으로 설정
5. 포지셔닝 맵 작성	- 포지셔닝 맵을 작성하여 자사와 경쟁사의 위치를 시각적으로 표현 - 각 축의 상대적 위치를 통해 자사와 경쟁사의 차별화 정도를 파악	- 포지셔닝 맵 그리기 - 자사와 경쟁사를 각 축에 맞게 배치 - 각 기업의 상대적 강점과 약점 표시
6. 포지셔닝 전략 도출	- 포지셔닝 맵을 기반으로, 자사가 집중해야 할 핵심 영역을 설정하고, 고객에게 어떻게 차별화된 가치를 제공할지 전략 수립	- 자사의 이상적인 포지셔닝 지점 확인 - 고객에게 전달할 핵심 메시지 설정 - 실행 전략 수립

| B2B 포지셔닝 맵 사례: Market Research |

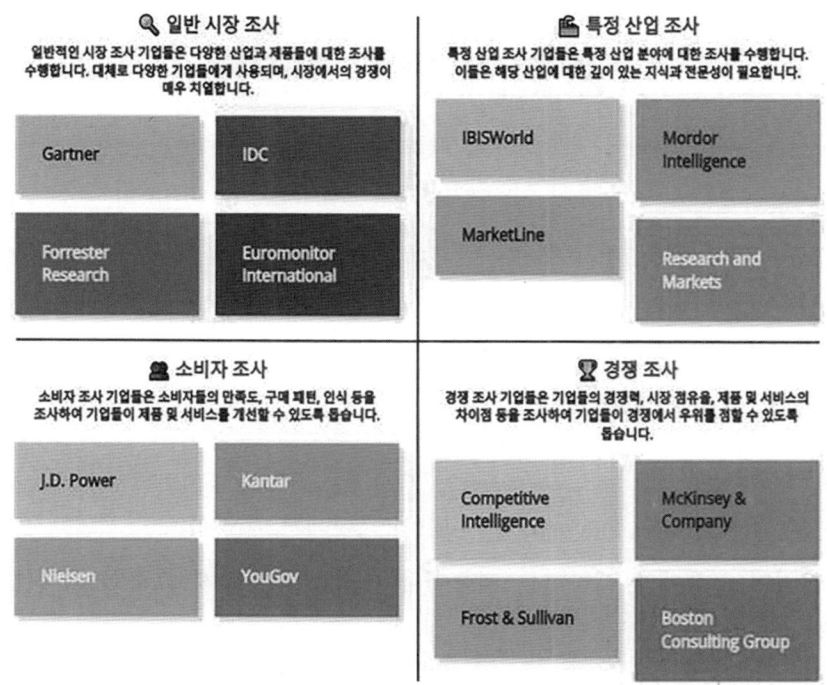

자료: Jeda.ai

경쟁 분석과 포지셔닝은 B2B 마케팅에서 기업이 시장에서 성공적으로 자리매김하기 위한 중요한 전략적 도구다. 경쟁사를 철저히 분석함으로써 시장에서의 기회를 발견하고 차별화된 포지셔닝을 통해 고객에게 명확한 가치를 제공해야 한다. 이를 통해 자사는 경쟁사와 차별화된 이미지를 구축하고, 고객의 신뢰를 확보하며 장기적인 비즈니스 성과를 극대화할 수 있다.

고객 문제 해결 중심의 가치 제안

B2B DIGITAL MARKETING BIBLE

　가치 제안(Value Proposition)은 B2B 마케팅에서 매우 중요한 개념으로, 기업이 고객에게 제공하는 제품이나 서비스가 어떻게 고객의 문제를 해결하고, 그들에게 가치를 제공할 수 있는지를 명확히 설명하는 것이다. 이는 단순히 제품의 기능을 나열하는 것이 아니라, 고객의 핵심 과제와 요구를 해결하는 데 중점을 두며, 고객이 자사의 솔루션을 선택해야 하는 이유를 명확하게 전달하는 역할을 한다.

　B2B 시장에서는 구매 의사결정 과정에 여러 이해관계자가 관여하며, 이들은 각각 다양한 관점에서 문제 해결을 위한 솔루션을 찾고 있다. 따라서 가치 제안을 잘 수립하는 것은 성공적인 마케팅 전략을 위한 필수 요소다.

‖ 가치 제안의 개념

 가치 제안은 자사 제품이나 서비스가 고객에게 제공하는 고유한 가치를 의미한다. 이는 제품의 단순한 기능적 이점보다는 고객이 당면한 문제를 해결하거나 비즈니스 성과를 향상시키는 방법에 중점을 둔다. 즉, 자사가 제공하는 솔루션이 고객의 특정 니즈를 어떻게 충족시키고, 경쟁 제품보다 어떤 부분에서 더 나은지를 설명하는 것이다.
 B2B 환경에서는 가치 제안이 더욱 중요하다. B2C에서는 소비자가 개인적 경험이나 감정에 의해 제품을 선택하는 경우가 많지만, B2B에서는 구매 결정이 주로 비즈니스 목표와 비용 대비 효율성에 의해 이루어진다. 따라서 B2B 가치 제안은 고객의 비즈니스 문제 해결에 초점을 맞추고, 해당 솔루션이 기업에 제공할 수 있는 실질적 혜택을 강조해야 한다.

‖ 고객 문제 해결 중심의 가치 제안 구성 요소

 고객 문제 해결 중심의 가치 제안을 수립하기 위해서는 몇 가지 필수적인 구성 요소를 포함해야 한다.

1) 고객의 문제 정의
 가치 제안의 첫 번째 단계는 고객이 겪고 있는 문제나 과제를 명확히 정의하는 것이다. 고객의 문제를 정확히 파악하지 못하면 그에 맞는 솔루션을 제안할 수 없기 때문이다. B2B 고객은 주로 운영 효율성, 비용 절감, 매출 증대, 규제 준수 등의 과제를 해결하기 위해 솔루션을 찾는다.

예를 들어, 제조업체는 공급망 관리에서 발생하는 비효율성 문제를 해결하고자 하며, IT 서비스 기업은 데이터 보안과 시스템 통합의 문제를 해결하기 위해 솔루션을 찾을 수 있다. 따라서 자사는 먼저 고객이 겪고 있는 문제를 명확히 정의하고, 이를 해결할 수 있는 방법을 가치 제안에 반영해야 한다.

2) 자사의 솔루션이 문제를 해결하는 방식

고객의 문제를 정의한 후에는 자사의 제품이나 서비스가 어떻게 해당 문제를 해결할 수 있는지를 명확히 설명해야 한다. 이때 중요한 것은 제품의 기능적 특징을 나열하는 것이 아니라, 그 기능이 고객의 문제를 어떻게 해결해 줄 수 있는지를 구체적으로 설명하는 것이다.

예를 들어, ERP 솔루션을 제공하는 기업이라면, 단순히 "ERP 솔루션 제공"이라고만 말하는 것이 아니라, "자사의 ERP 솔루션이 제조업체의 재고관리 문제를 자동화하고, 공급망의 효율성을 높여 비용을 절감할 수 있다"는 식으로 구체적으로 문제 해결 방식을 설명해야 한다.

3) 경쟁 제품 대비 차별성

고객은 동일한 문제를 해결할 수 있는 여러 솔루션을 고려할 것이기 때문에, 자사의 솔루션이 경쟁 제품보다 더 우수한 이유를 설명하는 것이 중요하다. 즉, 자사가 제공하는 솔루션의 차별화된 강점, 경쟁사와 차별화되는 부분을 명확히 전달해야 한다.

예를 들어, 자사의 솔루션이 더 빠른 도입 속도, 더 우수한 고객 지원, 또는 더 높은 기술적 성능을 제공한다면, 이를 강조하여 경쟁 제품보다 왜 더 나은 선택인지 설명해야 한다. 특히 B2B 고객은 비용 대비 성능과 서비스 품질에 민감하기 때문에, 자사의 차별화된 가치를 명확히 인지하도록 해야 한다.

4) 구체적인 성과 제시

가치 제안을 효과적으로 전달하기 위해서는 구체적인 성과 지표를 제시하는 것이 필요하다. 고객이 자사의 솔루션을 도입함으로써 얻을 수 있는 비즈니스 성과를 수치로 보여주면 설득력이 높아진다. 이는 매출 증가, 비용 절감, 생산성 향상 등의 성과로 나타낼 수 있다.

예를 들어, 자사의 솔루션을 도입한 고객이 '1년 동안 30%의 운영 비용 절감' 또는 '생산성 25% 향상'을 경험했다는 구체적인 성과를 제시함으로써, 고객은 자사 솔루션이 실질적인 가치를 제공한다는 점을 인식하게 된다.

‖ 성공적인 가치 제안을 위한 핵심 전략

성공적인 가치 제안을 수립하기 위해서는 다음과 같은 핵심 전략을 고려해야 한다.

1) 고객 중심의 접근

모든 가치 제안은 고객 중심이어야 한다. 즉, 고객의 관점에서 문제를 정의하고, 고객의 니즈에 맞춘 솔루션을 제안하는 것이 중요하다. 이를 위해서는 고객과의 지속적인 커뮤니케이션을 통해 그들의 요구와 문제를 명확히 파악해야 한다.

예를 들어, 특정 산업의 고객은 규제 준수나 보안이 가장 큰 관심사일 수 있다. 이런 경우, 자사는 '보안을 강화하고 규제 준수에 필요한 솔루션'을 제공하는 방식으로 접근해야 한다. 이를 통해 고객의 비즈니스 목표와 문제를 해결할 수 있는 맞춤형 가치를 제공할 수 있다.

2) 시장 세분화와 맞춤형 가치 제안

고객이 속한 세그먼트에 따라 각기 다른 요구와 과제가 있기 때문에, 맞춤형 가치 제안을 수립하는 것이 중요하다. 모든 고객에게 동일한 메시지를 전달하는 대신, 시장 세분화에 따라 각기 다른 가치 제안을 제시함으로써 더 효과적인 마케팅이 가능하다.

예를 들어, 중소기업을 대상으로는 비용 절감과 빠른 도입을 강조하는 가치 제안을, 대기업을 대상으로는 고도화된 기술 지원과 시스템 통합의 용이성을 강조하는 맞춤형 제안을 제공할 수 있다. 이를 통해 각 세그먼트의 특성과 요구에 맞는 솔루션을 제시함으로써 고객의 관심을 끌 수 있다.

3) 명확하고 간결한 메시지 전달

가치 제안은 명확하고 간결하게 전달되어야 한다. 너무 복잡하거나 모호한 메시지는 고객이 자사 솔루션의 가치를 제대로 인식하지 못하게 할 수 있다. 핵심 메시지를 간결하게 전달함으로써 고객이 쉽게 이해하고, 빠르게 결정을 내릴 수 있도록 해야 한다.

특히 B2B 고객은 여러 가지 복잡한 요소를 고려해 의사결정을 내리기 때문에, 쉽게 이해할 수 있는 언어로 핵심 가치를 전달하는 것이 중요하다. 핵심 메시지를 한 문장으로 요약하고, 이를 중심으로 추가적인 정보를 제공하는 방식으로 접근할 수 있다.

‖ 사례: 성공적인 B2B 가치 제안

성공적인 B2B 가치 제안의 예시는 다음과 같다.

1) 클라우드 서비스 제공업체
- **문제**: 많은 기업들이 기존의 온프레미스 서버를 관리하면서 비용 부담과 보안 문제를 겪고 있다.
- **가치 제안**: "우리의 클라우드 솔루션은 기존의 서버 관리 비용을 40%까지 절감하고, 데이터 보안을 강화하여 고객의 비즈니스 위험을 최소화합니다"
- **경쟁 차별성**: "다른 클라우드 제공업체와 달리, 우리는 24시간 전담 기술 지원을 제공하며, 맞춤형 클라우드 설정을 통해 고객의 요구에 맞는 최적의 성능을 보장합니다"

2) 제조업 ERP 솔루션
- **문제**: 제조업체는 공급망 관리와 생산 계획에서 비효율성으로 인한 비용 초과 문제를 해결해야 한다.
- **가치 제안**: "우리의 ERP 솔루션은 실시간 데이터 기반으로 공급망을 최적화하여 운영 효율성을 30% 향상시키고, 재고 비용을 25% 절감할 수 있습니다"
- **경쟁 차별성**: "우리의 솔루션은 빠른 도입과 맞춤형 통합 기능을 제공하여, 기존 시스템과의 원활한 연동을 보장합니다"

마케팅 믹스(4P)와 B2B 적용 방법

B2B DIGITAL MARKETING BIBLE

마케팅 믹스(Marketing Mix)는 마케팅 전략을 수립하고 실행하는 데 중요한 프레임워크로, 4P(Product, Price, Place, Promotion)로 구성된다. 이는 제품이나 서비스의 특성, 가격 전략, 유통 경로, 그리고 촉진 전략을 통합적으로 고려하여 고객에게 가치를 제공하는 방법을 설명한다. B2B 마케팅에서도 마케팅 믹스는 효과적인 전략을 설계하는 데 중요한 도구로 사용된다. 다만, B2B의 특성상 고객의 요구와 구매 과정이 B2C와는 다르므로, 마케팅 믹스를 B2B 환경에 맞게 조정해야 한다.

∥ 제품(Product)

B2B에서 제품은 단순히 물리적인 제품이나 서비스 이상의 개념을 포함한다. 제품의 기능, 성능, 품질, 맞춤화 가능성, 그리고 애프터서비스

등이 모두 중요한 요소로 작용한다. 특히 B2B 시장에서는 고객이 특정 비즈니스 문제를 해결하기 위해 제품이나 서비스를 구매하기 때문에, 제품의 기술적 성능이나 기업의 요구에 맞는 솔루션 제공이 핵심이다.

1) 맞춤형 솔루션 제공

B2B 고객은 각기 다른 산업군, 기업 규모, 사업 모델을 가지고 있기 때문에, 맞춤형 제품이나 서비스가 중요한 차별화 요소가 된다. 예를 들어, ERP(Enterprise Resource Planning) 솔루션을 판매하는 기업은 각 기업의 운영 프로세스에 맞게 시스템을 커스터마이징할 수 있는 기능을 제공함으로써, 더 나은 고객 경험을 제공할 수 있다.

2) 제품 수명주기와 업그레이드

B2B 제품은 대개 구매 후 장기간 사용되며, 이에 따라 제품 수명주기(Product Life Cycle) 관리가 매우 중요하다. 기술 제품의 경우 정기적인 업그레이드와 유지보수가 필요할 수 있으며, 이러한 서비스 제공 여부가 고객의 구매 결정에 큰 영향을 미친다. 또한, 기술적 지원이나 교육 서비스와 같은 부가 서비스는 제품 자체만큼이나 중요할 수 있다.

3) 제품 포트폴리오 관리

B2B 기업은 종종 다양한 제품 라인을 보유하고 있으며, 각 제품이 서로 보완적이거나 상호 연결 된 경우가 많다. 제품 포트폴리오를 효과적으로 관리함으로써, 고객이 추가 제품이나 서비스를 구매하도록 유도할 수 있다. 예를 들어, 클라우드 서비스를 제공하는 기업이 기본 클라우드 인프라뿐만 아니라 보안 서비스, 데이터 분석 툴 등을 추가로 제

공하여 통합 솔루션을 구성할 수 있다.

‖ 가격(Price)

B2B에서 가격 전략은 매우 복잡하고 전략적이어야 한다. 가격은 단순히 제품이나 서비스를 구매할 때의 비용을 넘어서, 장기 계약, 지속적인 유지보수 비용, 업그레이드 비용 등 여러 요소를 포함할 수 있다. 또한, B2B에서는 고객마다 다른 계약 조건이나 협상 과정이 포함되므로, 유연한 가격 전략이 필요하다.

1) 가치 기반 가격(Value-based Pricing)

B2B에서는 제품이 제공하는 가치를 기준으로 가격을 설정하는 것이 일반적이다. 즉, 단순히 원가를 기준으로 가격을 책정하는 것이 아니라, 제품이나 서비스가 고객의 문제를 해결하는 정도와 그로 인한 비즈니스 성과를 기준으로 가격을 책정한다. 예를 들어, 제조업체에 효율성을 20% 향상시키는 소프트웨어를 제공하는 경우, 그 소프트웨어의 가격은 이를 통해 고객이 얻는 가치에 따라 결정될 수 있다.

2) 계약형 가격 모델

B2B 시장에서는 종종 장기 계약이나 구독형 모델이 사용된다. 예를 들어, 클라우드 서비스나 소프트웨어 솔루션은 SaaS(Software as a Service) 모델을 통해 월별 또는 연간 구독 형태로 제공되며, 이러한 계약형 모델은 고객에게 초기 비용 부담을 줄여주는 동시에 기업에는 안

정적인 수익원을 제공한다.

3) 가격 협상과 할인 전략

B2B에서 구매 의사결정은 다수의 이해관계자가 관여하는 복잡한 과정이다. 따라서 가격 협상이 빈번하게 이루어지며, 고객의 규모나 계약 조건에 따라 할인을 제공하는 것이 일반적이다. 특히 대규모 구매 고객이나 장기 계약 고객에게는 더 큰 할인 혜택을 제공함으로써, 고객 유지율을 높일 수 있다.

‖ 유통(Place)

B2B 마케팅에서 유통 전략은 고객에게 제품을 어떻게 전달할 것인지에 대한 과정이다. B2C와 달리 B2B 유통은 복잡하고 길게 이어질 수 있으며, 고객의 위치, 산업, 규모 등에 맞춘 맞춤형 접근이 필요하다. 또한, B2B에서는 물리적 유통뿐만 아니라 디지털 유통의 중요성이 점점 커지고 있다.

1) 직접 판매와 간접 판매

B2B에서는 직접 판매(Direct Sales)와 간접 판매(Indirect Sales)가 모두 사용될 수 있다. 직접 판매는 자사의 영업팀이 고객과 직접 협상하고 계약을 체결하는 방식으로, 특히 대기업이나 복잡한 솔루션을 필요로 하는 고객에게 적합하다. 반면, 간접 판매는 대리점, 리셀러, 또는 제휴 파트너를 통해 제품을 판매하는 방식으로, 더 많은 고객에게 빠르게 접

근할 수 있는 장점이 있다.

2) 온라인 채널

디지털 시대에는 온라인 유통 채널이 B2B에서도 점점 더 중요해지고 있다. 많은 B2B 기업이 자체 웹사이트나 전자상거래 플랫폼을 통해 제품을 판매하고 있으며, 특히 디지털 제품(예: 소프트웨어, 클라우드 서비스)은 물리적 유통 없이 온라인으로 제공할 수 있다. 이를 통해 고객은 더욱 편리하게 제품을 구매하고 관리할 수 있다.

3) 물리적 유통과 공급망 관리

물리적 제품을 판매하는 B2B 기업은 효율적인 공급망 관리(Supply Chain Management)가 중요하다. 제품이 고객에게 신속하고 안전하게 전달되도록 관리해야 하며, 특히 글로벌 시장을 대상으로 하는 경우 각 지역의 물류 시스템을 최적화할 필요가 있다. 이러한 관리 시스템은 고객 만족도와 직접적으로 연결된다.

‖ 촉진(Promotion)

촉진(Promotion)은 B2B 마케팅에서 제품이나 서비스를 홍보하고, 고객의 구매 결정을 유도하는 모든 활동을 포함한다. B2B 마케팅에서 촉진 활동은 주로 전문적인 정보 제공과 신뢰 구축을 중심으로 이루어지며, 고객과의 장기적인 관계를 형성하는 데 중점을 둔다.

1) 콘텐츠 마케팅

B2B 마케팅에서는 콘텐츠 마케팅이 중요한 역할을 한다. 고객이 구매 결정을 내리기 전에 제품의 성능, 사용 사례, 성공적인 도입 사례 등을 상세히 알고자 하기 때문이다. 따라서 블로그 게시물, 백서(White Paper), 사례 연구(Case Study), 웨비나(Webinar) 등을 통해 고객에게 유용한 정보를 제공함으로써 신뢰를 구축할 수 있다.

예를 들어, IT 솔루션 제공업체는 블로그를 통해 최신 기술 트렌드를 소개하거나, 성공적인 고객 사례를 발표함으로써 해당 분야에서의 전문성을 입증하고, 잠재 고객이 구매 결정을 내릴 때 자사를 우선적으로 고려하게 만들 수 있다.

2) 이벤트 및 세미나

B2B 마케팅에서는 산업별 이벤트나 세미나가 중요한 촉진 활동 중 하나다. 특히 복잡한 제품이나 기술적 솔루션을 제공하는 경우, 고객이 직접 제품을 경험하거나 전문가와 소통할 수 있는 기회를 제공하는 것이 중요하다. 온라인 세미나(웨비나)나 오프라인 산업 박람회에서 고객에게 솔루션을 소개하고, 직접적인 대면 기회를 제공하는 것이 효과적이다.

3) 퍼포먼스 마케팅과 광고

B2B 기업도 디지털 광고와 퍼포먼스 마케팅을 통해 리드를 창출할 수 있다. 구글 광고나 링크드인 광고와 같은 온라인 광고 채널을 통해 특정 산업군의 고객을 타기팅하고, 맞춤형 광고 메시지를 전달할 수 있다. 특히, B2B 고객은 구매 전 온라인으로 제품을 조사하는 경우가 많기 때문

에, 검색엔진최적화(SEO)와 광고 전략을 병행하는 것이 중요하다.

4) 고객 관계 관리(CRM)와 마케팅 자동화

B2B 촉진 전략에서는 고객 관계 관리(CRM) 시스템과 마케팅 자동화(Marketing Automation) 도구가 큰 역할을 한다. 고객 데이터를 체계적으로 관리하고, 각 고객의 구매 단계에 맞춘 맞춤형 마케팅 메시지를 제공할 수 있기 때문이다. 이를 통해 잠재 고객을 리드로 전환하고, 장기적인 고객 관계를 유지할 수 있다.

마케팅 믹스(4P)는 B2B 마케팅에서도 여전히 중요한 전략적 도구로 사용되며, 각 요소를 B2B 환경에 맞게 적용하는 것이 성공적인 마케팅의 핵심이다.

제5장

B2B 마케팅과 세일즈의 통합

마케팅과 세일즈의 역할과 차이

B2B DIGITAL MARKETING BIBLE

마케팅(Marketing)과 세일즈(Sales)는 B2B 비즈니스에서 모두 중요한 기능을 담당하지만, 그 역할과 목표, 실행 방식은 서로 다르다. 두 기능은 종종 같은 목표를 공유하지만, 각 부서는 고객과의 상호작용 방식, 고객 여정의 관여 시점, 그리고 최종 성과 목표에 따라 차별화된다. 마케팅과 세일즈의 협력이 잘 이루어질 때 기업은 잠재 고객을 효과적으로 발굴하고, 이들을 실제 매출로 전환하는 데 성공할 수 있다.

‖ 마케팅의 역할

B2B 마케팅의 주요 역할은 잠재 고객(Lead)을 발굴하고 이들이 관심을 가질 수 있는 정보와 솔루션을 제공하여, 구매 여정 초기에 자사 제품이나 서비스를 고려하도록 유도하는 것이다. 마케팅은 주로 고객이

문제를 인식하고, 그 해결책을 탐색하는 단계에 집중하며, 이를 통해 고객이 자사의 솔루션에 대한 관심을 가질 수 있도록 돕는다.

1) 브랜드 인지도와 관심 유발

마케팅의 첫 번째 목표는 브랜드 인지도를 높이는 것이다. 고객이 문제를 인식하고 해결책을 찾을 때 자사 제품이나 서비스가 선택지에 오를 수 있도록 만드는 것이 마케팅의 중요한 역할이다. 이를 위해 콘텐츠 마케팅, 소셜 미디어 마케팅, 검색엔진최적화(SEO), 광고 캠페인 등 다양한 채널을 활용해 고객에게 다가가며, 고객이 자사의 존재와 가치를 알도록 돕는다.

예를 들어, IT 솔루션을 제공하는 기업의 경우 블로그를 통해 기술 트렌드나 성공 사례를 제공하고, SEO를 통해 자사 웹사이트가 고객이 검색하는 주요 키워드 상위에 노출되도록 함으로써 잠재 고객의 관심을 유도할 수 있다.

2) 리드 생성과 육성

마케팅은 리드 생성(Lead Generation)을 통해 관심을 가진 잠재 고객을 발굴하고, 이들을 육성하는 역할을 한다. B2B 구매 여정은 대개 복잡하고 긴 시간을 필요로 하며 구매 결정 이전에 충분한 정보 탐색과 검토가 이루어진다. 이 과정에서 마케팅은 고객이 필요로 하는 정보를 제공하여, 점차 구매 의향을 높이도록 유도한다.

예를 들어, 이메일 마케팅, 웨비나(Webinar), 백서(White Paper) 등을 통해 잠재 고객에게 맞춤형 정보를 제공함으로써 리드를 관리하고 고객이 자사의 제품을 고려하도록 설득할 수 있다.

3) 고객 여정의 초중반 관리

B2B 구매 여정은 크게 문제 인식, 정보 탐색, 해결책 고려라는 단계로 나눌 수 있다. 마케팅의 주요 역할은 이 초기 및 중간 단계에서 고객에게 적절한 정보를 제공하고 고객이 자사 제품의 장점을 인식하도록 돕는 것이다. 고객은 문제를 해결할 방법을 찾고 있으며, 이 과정에서 마케팅은 고객의 요구에 맞는 정보를 제공해 그들의 신뢰를 얻는 데 중요한 역할을 한다.

‖ 세일즈의 역할

세일즈는 마케팅이 발굴한 리드를 구매 고객으로 전환하는 데 초점을 맞춘다. 세일즈 팀은 고객과의 직접적인 소통을 통해 그들의 요구를 깊이 이해하고 자사의 제품이나 서비스가 고객의 문제를 어떻게 해결할 수 있는지를 구체적으로 제안한다. 특히, 세일즈는 구매 의사결정 단계에서 고객의 질문이나 반론에 대응하며, 최종 계약 체결까지 이끌어 내는 것이 핵심 역할이다.

1) 고객과의 직접 소통 및 관계 구축

세일즈의 핵심 역할은 고객과의 직접적인 소통을 통해 그들이 가지고 있는 문제를 구체적으로 파악하고, 이를 해결할 수 있는 방법을 제시하는 것이다. 마케팅과는 달리 세일즈는 고객 개개인과의 깊은 대화를 통해 그들의 비즈니스 요구사항을 정확히 이해하고, 그에 맞는 솔루션을 제공한다.

예를 들어, 세일즈 담당자는 고객의 문제를 진단하고, 고객이 직면한 구체적인 도전 과제를 해결하기 위해 자사 제품의 어떤 기능이 도움이 될 수 있는지 설명한다. 또한, 기술적 세부 사항이나 제품 사용 사례를 통해 고객이 더 명확하게 이해할 수 있도록 돕는다.

2) 구매 결정 유도

세일즈의 주된 목표는 구매 결정을 이끌어 내는 것이다. 고객이 여러 옵션을 고려하고 있는 상황에서, 세일즈는 자사의 솔루션이 고객의 비즈니스 문제를 가장 잘 해결할 수 있음을 설득해야 한다. 이 과정에서 제품의 성능, 가격, 고객 지원 등의 요소를 강조하며, 고객이 자사를 선택하도록 유도한다.

또한, B2B 환경에서는 고객이 여러 부서와 협의하여 구매 결정을 내리는 경우가 많기 때문에, 세일즈 담당자는 고객사의 여러 이해관계자를 설득하는 역할도 수행해야 한다. 이를 위해 ROI(Return On Investment) 계산기나 성공 사례 등을 제공해 구매 결정을 뒷받침할 수 있다.

3) 장기적인 관계 관리

B2B 거래는 단발성으로 끝나는 경우가 드물며, 장기적인 관계 관리가 매우 중요하다. 세일즈는 제품 판매 이후에도 지속적으로 고객과의 관계를 유지하며, 추가적인 요구사항이나 문제를 해결해 준다. 이는 고객의 만족도를 높이고, 재구매 또는 추가 구매로 이어지도록 하는 중요한 역할이다.

예를 들어, IT 솔루션을 제공하는 경우, 세일즈 팀은 구매 후에도 지속적인 기술 지원과 업그레이드 제안을 통해 고객의 문제를 해결하고,

관계를 강화할 수 있다.

‖ 마케팅과 세일즈의 차이점

비록 마케팅과 세일즈가 모두 고객 확보와 매출 증대를 목표로 하고 있지만, 그 방식과 역할에는 여러 차이점이 존재한다. 주요 차이점은 다음과 같다.

| 마케팅과 세일즈의 차이점 |

구분	마케팅	세일즈
목표	잠재 고객의 발굴과 관심 유도, 리드 육성	리드의 구매 전환, 고객과의 직접 소통 및 관계 관리
관여 시점	고객 여정의 초기 단계 (문제 인식, 정보 탐색)	고객 여정의 후반 단계 (해결책 고려, 구매 결정)
접근 방식	다수의 잠재 고객을 대상으로 한 대규모 커뮤니케이션	개별 고객과의 1:1 맞춤형 커뮤니케이션
중점 요소	브랜드 인지도, 콘텐츠 마케팅, 리드 생성	고객의 요구 이해, 문제 해결 제안, 구매 결정 유도
성과 지표	리드 생성 수, 웹사이트 트래픽, 콘텐츠 다운로드 수, 이메일 클릭률	매출, 계약 체결 수, 고객 유지율
주요 활동	콘텐츠 마케팅, 광고, 소셜 미디어 마케팅, 이메일 마케팅	고객 미팅, 제품 데모, 제안서 작성, 계약 협상

‖ 마케팅과 세일즈의 상호 보완적 관계

마케팅과 세일즈는 그 역할에서 차이가 있지만, 상호 보완적 관계를 유지하는 것이 매우 중요하다. 마케팅이 리드를 발굴하고 이들을 세일즈 팀에 전달하면, 세일즈는 해당 리드를 바탕으로 구매 결정을 이끌어 낸다. 이 과정에서 마케팅과 세일즈의 긴밀한 협력이 이루어져야만 리드 전환율을 극대화하고, 최종 매출을 증대시킬 수 있다.

1) 리드 품질 관리

마케팅 팀이 생성한 리드를 세일즈 팀에 넘기는 과정에서, 리드 품질이 중요한 요소로 작용한다. 모든 리드가 구매 의향을 가진 것은 아니기 때문에, 마케팅 팀은 리드 스코어링을 통해 구매 가능성이 높은 리드를 선별하고, 세일즈 팀에 전달해야 한다. 세일즈 팀은 이 리드를 바탕으로 더욱 구체적인 구매 유도 전략을 펼칠 수 있다.

2) 데이터 공유와 피드백 루프

마케팅과 세일즈 간의 협력이 원활하게 이루어지기 위해서는 데이터 공유가 중요하다. 마케팅 팀은 리드 생성과 관련된 데이터를 세일즈 팀과 공유하고, 세일즈 팀은 리드와의 소통 과정에서 얻은 정보를 마케팅 팀에 피드백할 수 있어야 한다. 이를 통해 마케팅 캠페인의 효과를 분석하고, 더 나은 리드 생성 전략을 수립할 수 있다.

세일즈 퍼널과 리드(Lead) 관리

B2B DIGITAL MARKETING BIBLE

　세일즈 퍼널(Sales Funnel)은 B2B 마케팅과 세일즈에서 고객이 구매까지 도달하는 과정을 시각적으로 나타낸 개념이다. 퍼널(Funnel)이라는 용어는 깔때기의 모양처럼 많은 잠재 고객이 초기 단계에 관심을 보이지만 시간이 지남에 따라 실제 구매를 결정하는 고객은 소수로 줄어든다는 점에서 유래되었다. 세일즈 퍼널의 각 단계에서 리드를 관리하고 구매 가능성이 높은 고객을 선별하여 효과적으로 대응하는 것이 세일즈 성공의 핵심이다.

‖ 세일즈 퍼널의 개념과 단계

　세일즈 퍼널은 일반적으로 5단계로 나눌 수 있다. 인지(Awareness), 관심(Interest), 고려(Consideration), 의사결정(Decision), 그리고 구매

(Purchase). 각 단계에서는 고객의 행동과 요구가 다르며 이에 맞춘 세일즈 및 마케팅 전략이 필요하다.

1) 인지 단계(Awareness)

세일즈 퍼널의 첫 번째 단계는 인지 단계로 잠재 고객이 처음으로 자사의 제품이나 서비스를 알게 되는 단계다. 이 단계에서 고객은 자사의 브랜드에 대해 인지하고 문제를 해결할 수 있는 솔루션을 탐색하기 시작한다. 인지 단계에서의 목표는 고객이 자사의 존재를 인식하고 자사의 솔루션이 문제를 해결할 수 있는 하나의 옵션으로 인식하게 만드는 것이다.

- **마케팅의 역할**: 브랜드 인지도 향상, SEO, 광고 캠페인, 소셜 미디어 활동 등을 통해 자사 솔루션에 대한 인식을 높이는 활동을 수행한다.
- **세일즈의 역할**: 초기 콘택트 포인트를 통해 고객의 문제를 인식하고 자사 솔루션에 대한 초기 관심을 유도한다.

2) 관심 단계(Interest)

고객이 자사의 존재를 알게 된 후 관심 단계에서 고객은 제품이나 서비스에 대한 더 많은 정보를 탐색하기 시작한다. 이 단계에서는 고객이 자사와 경쟁사를 비교하고 자사 제품의 특징과 장점을 평가한다. 세일즈와 마케팅의 목표는 고객이 자사 솔루션에 더 큰 관심을 가지도록 유도하고 리드를 세일즈 퍼널의 다음 단계로 끌어올리는 것이다.

- **마케팅의 역할**: 블로그, 웨비나, 백서(White Paper), 사례 연구(Case Study) 등을 제공하여 고객에게 추가 정보를 제공하고 관심을 높인다.

- **세일즈의 역할**: 고객의 구체적인 요구와 문제를 파악하여 해당 문제를 해결할 수 있는 솔루션을 제시한다.

3) 고려 단계(Consideration)

고객은 이제 자사 제품을 구매할 수 있는 후보로 고려하는 단계에 있다. 이 단계에서 고객은 자사 솔루션의 구체적인 혜택을 비교하고 ROI(Return On Investment)와 같은 비즈니스 가치를 평가한다. 고려 단계에서 세일즈와 마케팅은 고객의 특정 요구에 맞춘 맞춤형 제안을 통해 고객이 자사의 제품을 최종적으로 선택하도록 도와야 한다.

- **마케팅의 역할**: 제품 데모, 맞춤형 제안서, 경쟁사와의 차별점을 명확히 설명하는 콘텐츠 제공을 통해 고객이 자사의 제품을 선택할 이유를 제시한다.
- **세일즈의 역할**: 고객의 구체적인 요구에 맞춘 맞춤형 솔루션을 제안하고 구매 결정을 내리도록 고객과의 긴밀한 대화를 이어간다.

4) 의사결정 단계(Decision)

의사결정 단계에서는 고객이 이미 여러 옵션을 고려한 후 최종적으로 구매 결정을 내리는 단계다. 이 단계에서는 자사의 솔루션이 고객의 기대를 충족시킬 수 있는지를 명확히 전달해야 하며, 가격 협상, 계약 조건, 추가 서비스 제공 등의 세부 사항을 논의하게 된다.

- **마케팅의 역할**: 세일즈와 협력하여 고객이 구매 결정을 내리도록 최종 설득을 위한 자료를 제공하고, 필요한 지원을 한다.
- **세일즈의 역할**: 고객과의 협상에서 자사의 제품이나 서비스가 제공할 가치를 구체적으로 설명하고, 계약을 체결하기 위한 마무리

작업을 진행한다.

| 세일즈 퍼널 단계별 내용과 특징 |

단계	목표	마케팅 역할	세일즈 역할	주요 특징
인지 (Awareness)	자사 브랜드와 제품/서비스를 잠재고객에게 알리는 것	브랜드 인지도 향상, SEO, 광고 캠페인, 콘텐츠 배포	초기 고객 접촉을 통해 문제를 인식시키고 관심 유도	고객이 처음 자사에 대해 알게 되는 단계. 광범위한 마케팅 활동이 중심
관심 (Interest)	잠재 고객이 자사 제품에 관심을 갖고 탐색하도록 유도	블로그, 백서, 웨비나 등 유용한 정보 제공을 통해 추가 관심을 유도	고객의 문제와 요구를 파악하고, 맞춤형 솔루션 제공	고객이 자사와 경쟁사를 비교하며 솔루션을 탐색하는 단계. 추가 정보 제공 필요
고려 (Consideration)	자사 제품을 구매 후보로 고려하도록 유도	제품 데모, 사례연구, 맞춤형 콘텐츠 제공	고객의 요구에 맞춘 구체적인 제안과 ROI 분석 제공	자사의 제품을 구체적으로 평가하는 단계. 고객 맞춤형 제안서가 중요
의사결정 (Decision)	고객이 최종적으로 구매 결정을 내리도록 유도	세일즈와 협력하여 최종 설득 자료 제공, 고객 요구에 맞춘 지원	계약 세부 사항 협상 및 가격, 추가 서비스 논의	구매 결정을 위한 마지막 단계. 가격 협상 및 계약 조건 조정이 중요
구매 (Purchase)	고객이 구매를 완료하고, 관계를 유지하는 것	구매 후 지원 자료 제공, 장기적 관계 유지 활동	계약 체결 후 지속적인 고객 지원, 추가 구매와 업셀링 기회 창출	구매 후 관계 유지가 핵심. 추가 서비스 제공과 고객 만족 관리 필요

5) 구매 단계(Purchase)

마지막으로, 고객이 최종적으로 자사의 제품을 구매하는 단계다. 구매 후에도 고객의 만족도를 유지하고 장기적인 관계를 유지하는 것이 중요하다. B2B 거래는 단발성 구매가 아닌 지속적인 관계 유지가 중요하므로, 세일즈 퍼널 이후에도 지속적인 관리가 필요하다.
- **마케팅의 역할**: 구매 후에도 고객과의 관계를 유지할 수 있는 후속 콘텐츠(교육 자료, 추가 서비스 안내)를 제공하며 고객 만족도를 높인다.
- **세일즈의 역할**: 계약 체결 후에도 지속적인 고객 지원과 관계 유지를 통해 고객 만족도를 높이고, 추가 구매나 업셀링 기회를 창출한다.

‖ 리드 관리(Lead Management)

리드 관리(Lead Management)는 세일즈 퍼널 전반에서 리드를 효과적으로 추적하고 관리하는 과정이다. 리드 관리는 리드의 상태를 명확히 이해하고, 구매 가능성이 높은 리드를 적시에 세일즈 퍼널의 다음 단계로 이동시킬 수 있도록 돕는 중요한 프로세스다.

1) 리드 생성(Lead Generation)

리드 관리의 첫 단계는 리드 생성이다. 마케팅 팀은 다양한 채널을 통해 잠재 고객을 발굴하고, 이들을 리드로 전환한다. 이 과정에서 웹사이트 방문, 소셜 미디어 상호작용, 이메일 구독 등 다양한 접점을 통해 리드를 수집할 수 있다. 리드 생성 활동은 주로 콘텐츠 마케팅, 광고 캠페인, SEO 등을 통해 이루어진다.

2) 리드 육성(Lead Nurturing)

리드 생성 후 모든 리드가 곧바로 구매할 준비가 되어 있는 것은 아니다. 리드 육성은 고객이 구매 결정을 내리기 전에 추가적인 정보를 제공하여 이들이 최종적으로 자사 제품을 선택하도록 유도하는 과정을 의미한다. 이 과정에서 마케팅 자동화 도구를 사용해 맞춤형 콘텐츠를 제공하고 고객의 구매 여정을 지원할 수 있다.

예를 들어, 구매 의사가 있는 잠재 고객에게는 제품의 구체적인 혜택을 설명하는 이메일이나 관련된 성공 사례를 제공하는 것이 리드 육성의 대표적인 방법이다.

3) 리드 스코어링(Lead Scoring)

리드 스코어링은 잠재 고객이 구매할 가능성을 평가하고, 이에 따라 리드를 분류하는 과정이다. 리드의 행동 데이터를 기반으로 점수를 부여하고, 구매 가능성이 높은 리드를 선별하여 세일즈 팀에 전달할 수 있다. 예를 들어, 웹사이트에서 제품 관련 페이지를 여러 번 방문하거나 백서를 다운로드하는 행동은 높은 스코어를 부여할 수 있다.

리드 스코어링을 통해 세일즈 팀은 더 효율적으로 시간을 배분할 수 있으며 구매 가능성이 높은 고객에게 우선적으로 자원을 집중할 수 있다.

4) 리드 전환(Lead Conversion)

리드가 구매 가능성이 높아지면 세일즈 팀에 리드를 전달하여 전환을 유도해야 한다. 이때 세일즈 팀은 고객과의 직접적인 소통을 통해 문제를 더 명확히 파악하고, 맞춤형 제안을 통해 구매 결정을 이끌어 낸다. 마케팅과 세일즈 간의 긴밀한 협력이 필요하며 양쪽 팀이 데이터를 공유하여 리드의 상태를 지속적으로 모니터링하는 것이 중요하다.

5) 리드 재활성화(Lead Re-engagement)

모든 리드가 구매로 전환되지 않더라도 이러한 리드를 무조건 포기해서는 안 된다. 리드 재활성화는 이전에 관심을 보였으나 구매로 이어지지 않은 리드에 다시 한번 관심을 불러일으키는 과정이다. 고객의 요구가 변화하거나 새로운 제품 출시가 이루어지면, 이를 알리는 마케팅 활동을 통해 다시 리드로 전환할 수 있다.

‖ 세일즈 퍼널과 리드 관리의 중요성

세일즈 퍼널과 리드 관리는 단순히 고객을 발굴하고 판매로 전환하는 과정을 넘어서 고객과의 장기적인 관계를 형성하는 데 중요한 역할을 한다. B2B 시장에서 고객의 구매 여정은 매우 길고 복잡하기 때문에 효과적인 리드 관리와 세일즈 퍼널 전략이 없다면 고객을 잃을 가능성이 크다.

1) 효율적인 자원 배분

리드 관리와 퍼널 관리를 통해 세일즈 팀은 시간과 자원을 효율적으로 사용할 수 있다. 리드 스코어링과 리드 육성 과정을 통해 세일즈 팀은 구매 가능성이 높은 고객에게 집중할 수 있고 그 결과 전환율이 높아질 수 있다.

2) 고객 맞춤형 경험 제공

퍼널의 각 단계에서 고객이 필요한 정보를 적시에 제공함으로써 맞춤형 경험을 제공할 수 있다. 이를 통해 고객은 자신이 중요한 고객으로 대우받고 있다는 느낌을 받을 수 있으며, 이는 장기적인 관계로 이어질 가능성을 높인다.

세일즈 퍼널과 리드 관리는 B2B 마케팅과 세일즈에서 필수적인 과정이다. 고객이 구매 여정을 따라 이동하면서 각 단계에서 적절한 정보를 제공하고, 리드를 체계적으로 관리함으로써 최종적으로 구매로 이어질 수 있다. 마케팅과 세일즈 팀의 협력을 통해 세일즈 퍼널을 효과적으로 운영하고, 리드를 성공적으로 관리할 때 B2B 기업은 더 높은 성과를 달성할 수 있다.

고객 문제 확인과 해결 중심의 세일즈 전략

B2B DIGITAL MARKETING BIBLE

B2B 세일즈에서 가장 중요한 것은 고객의 문제를 정확히 확인하고 이를 해결할 수 있는 솔루션을 제시하는 것이다. 고객의 문제를 잘 이해하지 못하면 고객이 실제로 필요로 하는 솔루션을 제공하기 어렵다. 반대로 고객의 문제를 명확히 이해하고 그 문제에 맞춘 해결책을 제시하는 세일즈 전략은 고객과의 신뢰를 강화하고 성공적인 거래로 이어질 수 있다.

‖ 고객 문제 확인의 중요성

B2B 시장에서 고객이 제품이나 서비스를 구매하는 주요 동기는 비즈니스 문제를 해결하기 위함이다. 기업은 내부적으로 비효율성, 생산성 저하, 비용 상승, 규제 준수 문제 등 다양한 문제를 겪고 있으며, 이 문

제를 해결할 수 있는 적합한 솔루션을 찾고자 한다. 세일즈 팀의 역할은 이러한 문제를 고객과의 대화에서 정확히 파악하고 고객의 요구를 깊이 이해하는 것이다.

고객 문제 확인의 중요성은 다음과 같다.
- **실질적인 요구 파악**: 고객이 필요로 하는 것은 단순한 제품 기능이 아니라 그 기능이 그들의 문제를 어떻게 해결할 수 있는지이다. 따라서 세일즈 담당자는 고객의 비즈니스 목표와 문제를 구체적으로 이해해야 한다.
- **솔루션 맞춤화**: 고객의 문제를 명확히 이해할 때 그 문제에 맞춘 맞춤형 솔루션을 제안할 수 있다. 이를 통해 고객은 자사가 자신의 문제를 깊이 이해하고 있으며 그에 맞는 해결책을 제시한다고 느끼게 된다.
- **신뢰 구축**: 고객의 문제를 정확히 파악하고 이를 해결하는 데 집중하는 세일즈 활동은 고객과의 신뢰 관계를 형성하는 데 매우 중요하다. 고객은 자신의 요구를 이해하고 진정으로 해결책을 제시하려는 파트너와 협력하기를 원한다.

‖ 고객 문제 확인을 위한 질문 기법

고객의 문제를 제대로 확인하기 위해서는 정확한 질문을 던지고 고객의 답변을 통해 깊이 있는 정보를 얻어내는 것이 중요하다. 이를 위해 세일즈 담당자는 다음과 같은 질문 기법을 사용할 수 있다.

1) 개방형 질문(Open-ended Questions)

개방형 질문은 고객이 더 많은 정보를 제공할 수 있도록 유도하는 질문 방식이다. 이러한 질문을 통해 고객의 상황을 깊이 이해할 수 있으며 표면적인 문제뿐만 아니라 그 이면에 있는 근본적인 문제까지 파악할 수 있다. 예를 들어 다음과 같은 질문을 사용할 수 있다.

"현재 귀사의 가장 큰 비즈니스 과제는 무엇인가요?"
"이 문제를 해결하지 못했을 때 어떤 영향이 발생하나요?"
"귀사에서 해결하고자 하는 목표는 무엇입니까?"

2) 구체적인 문제점 파악을 위한 탐색형 질문

고객이 언급한 문제의 구체적인 원인을 탐색하기 위한 질문을 던져야 한다. 고객이 "효율성이 낮다"라고 말할 때 구체적으로 어느 부분에서 효율성이 떨어지는지를 명확히 파악하는 것이 중요하다. 이러한 탐색형 질문은 문제의 원인과 결과를 파악하는 데 효과적이다.

"어떤 프로세스에서 가장 많은 비효율이 발생하나요?"
"이 문제가 발생한 주요 원인은 무엇인가요?"

3) 영향을 묻는 질문(Impact Questions)

고객 문제의 심각성을 파악하기 위해 영향을 묻는 질문을 사용한다. 이를 통해 고객이 그 문제를 해결하지 않았을 때 발생할 수 있는 비용이나 리스크를 구체적으로 인식하게 만들 수 있다.

"이 문제가 귀사의 비즈니스에 어떤 영향을 미치고 있나요?"
"해결되지 않는다면 앞으로 어떤 어려움이 예상되나요?"

4) 미래 지향적 질문(Future-oriented Questions)

고객이 원하는 미래 상태에 대해 질문하여 그들이 목표로 하는 결과와 기대치를 파악한다. 이를 통해 세일즈 담당자는 고객이 도달하고자 하는 목표를 명확히 이해하고 그 목표를 달성하는 데 도움이 될 수 있는 해결책을 제시할 수 있다.

"이 문제를 해결한다면, 귀사에 어떤 변화가 생길 것 같나요?"
"성공적인 솔루션은 어떤 모습일까요?"

‖ 해결 중심의 세일즈 전략

고객의 문제를 파악한 후에는 그 문제를 해결하는 데 초점을 맞춘 솔루션 중심의 세일즈 전략을 전개해야 한다. 단순히 제품의 기능을 설명하는 것이 아니라 제품이 고객의 문제를 어떻게 해결할 수 있는지에 대한 구체적인 설명이 필요하다.

1) 맞춤형 솔루션 제안

모든 고객이 동일한 요구를 가지고 있지 않기 때문에 세일즈 전략은 고객 맞춤형이어야 한다. 고객의 특정 비즈니스 문제와 목표를 고려한 맞춤형 솔루션을 제안함으로써 고객은 자사의 제품이 그들의 문제에 적합한 해결책임을 확신할 수 있다.

예를 들어, 제조업체의 비효율성을 해결하기 위한 ERP 솔루션을 제안할 때 고객의 현재 운영 상태와 가장 긴밀하게 연결된 ERP 기능을 강조하고, 이를 통해 얻을 수 있는 구체적인 비즈니스 성과를 설명하는 것이 효과적이다.

2) 구체적인 성과 제시

고객은 제품이나 서비스가 실제로 어떤 비즈니스 성과를 제공할 수 있는지 알고 싶어 한다. 따라서 세일즈 담당자는 이전에 비슷한 문제를 겪은 고객 사례나 자사 솔루션을 사용했을 때 발생할 수 있는 ROI(Return On Investment)나 비용 절감 효과를 구체적으로 설명해야 한다. 이를 통해 고객은 자사 솔루션이 단순한 비용 지출이 아니라 장기적인 비즈니스 가치를 제공한다는 점을 인식하게 된다.

예를 들어, 자사의 ERP 솔루션이 특정 고객사의 재고관리 비용을 20% 절감한 사례를 구체적으로 제시함으로써 현재 고객이 유사한 성과를 기대할 수 있도록 설명할 수 있다.

3) 문제 해결 단계 명확화

세일즈 전략은 고객이 문제를 해결하기 위해 어떤 단계를 밟아야 하는지를 명확히 설명하는 것이 중요하다. 고객은 문제 해결의 프로세스를 명확히 이해함으로써 자신이 어떤 기대를 해야 하는지, 그리고 솔루션이 실제로 어떤 방식으로 작동할 것인지를 파악할 수 있다.

예를 들어, "첫 단계에서는 귀사의 기존 데이터를 분석하고, 그 결과를 바탕으로 맞춤형 솔루션을 설계하게 됩니다. 그다음 단계에서는 시스템 통합을 진행하며, 모든 과정은 약 3개월 내에 완료됩니다"라는 식으로 구체적인 실행 계획을 제시한다.

4) 추가적인 지원과 보증 제공

고객은 새로운 솔루션을 도입할 때 리스크를 부담할 수 있으므로 세일즈 전략에서 추가적인 지원과 보증을 제공하는 것이 중요하다. 기술적 지원, 교육, 유지보수 서비스와 같은 부가적인 서비스를 함께 제공함으로써 고객이 자사의 솔루션에 더 큰 신뢰를 가질 수 있다.

예를 들어, 자사 제품을 도입한 후에도 24시간 고객 지원 서비스를 제공하며 초기 6개월 동안 무료 유지보수 서비스를 제공한다면 고객의 신뢰를 높이고 리스크를 줄일 수 있다.

‖ 고객 중심 세일즈 전략의 효과

고객 문제 해결에 초점을 맞춘 세일즈 전략은 여러 가지 중요한 효과를 가져온다.

1) 높은 고객 신뢰도 구축

고객의 문제를 이해하고 이를 해결하는 데 초점을 맞춘 세일즈는 고객의 신뢰를 구축하는 데 매우 효과적이다. 고객은 단순히 제품을 판매하려는 기업보다는 자신의 문제를 해결하려는 파트너로서 자사를 인식하게 된다.

2) 고객 유지 및 충성도 증가

문제를 성공적으로 해결한 고객은 향후에도 자사와의 관계를 지속할 가능성이 높다. 이는 장기적으로 고객 유지율을 높이고 재구매 또는 업셀링 기회를 창출하는 데 기여한다.

3) 더 높은 전환율

문제 해결에 기반한 세일즈 전략은 고객이 실질적으로 제품을 도입할 가능성을 높인다. 단순한 기능 설명보다는 구체적인 비즈니스 문제를 해결하는 솔루션 제안을 통해 구매 전환율을 극대화할 수 있다.

고객 문제 확인과 해결 중심의 세일즈 전략은 B2B 세일즈의 핵심이다. 고객의 문제를 정확히 이해하고 그 문제에 맞춘 맞춤형 솔루션을 제안함으로써 세일즈는 고객과의 신뢰를 쌓고 궁극적으로 구매 전환을 이끌어 낼 수 있다. 고객 문제 해결에 중점을 둔 전략은 높은 전환율과 장기적인 고객 관계 형성에 기여하며 기업의 성장을 지속적으로 지원하는 중요한 요소가 된다.

마케팅-세일즈 간 협업 체계 구축

B2B DIGITAL MARKETING BIBLE

B2B 비즈니스에서 마케팅과 세일즈는 긴밀하게 협력해야만 효과적인 성과를 거둘 수 있다. 마케팅은 잠재 고객을 발굴하고 리드를 생성하며, 세일즈는 그 리드를 구매로 전환하는 역할을 담당한다. 하지만 두 팀이 각기 다른 목표와 KPI(Key Performance Indicator)를 가지고 활동할 경우 불협화음이 생기고 성과가 저하될 수 있다. 따라서 마케팅과 세일즈의 협업 체계를 구축하는 것은 B2B 조직에서 성과를 극대화하는 데 필수적이다.

‖ 마케팅-세일즈 간 협업의 중요성

B2B 비즈니스에서 마케팅과 세일즈는 각기 다른 역할을 수행하지만 공통된 목표를 달성하기 위해 협력해야 한다. 마케팅이 양질의 리드를 생

성하고, 세일즈가 그 리드를 구매로 전환하는 것이 이상적인 시나리오다.

두 팀의 협업이 중요한 이유는 다음과 같다.
- **리드 전환율 증가**: 마케팅이 생성한 리드가 세일즈 팀에게 전달될 때 두 팀이 서로 소통하고 데이터를 공유하면 전환율을 높일 수 있다. 마케팅이 리드의 특성과 행동을 분석하여 세일즈에 필요한 정보를 제공함으로써 세일즈 팀은 더 효과적으로 리드를 관리하고 전환할 수 있다.
- **일관된 메시지 전달**: 마케팅과 세일즈 간의 협업이 부족하면 고객에게 전달되는 메시지가 일관되지 않거나 상충될 수 있다. 마케팅이 고객에게 전달하는 브랜드 가치와 세일즈가 제안하는 솔루션이 동일한 방향을 유지할 때 고객은 자사에 대한 신뢰감을 갖고 구매 결정을 더 쉽게 내릴 수 있다.
- **고객 경험 향상**: 마케팅과 세일즈가 원활하게 협력하면 고객은 더 나은 경험을 할 수 있다. 두 팀이 고객의 요구와 문제를 명확히 이해하고 고객 여정 전반에서 적절한 지원을 제공할 때 고객은 자신이 중요한 고객으로 대우받고 있다고 느낀다. 이는 고객 만족도와 충성도를 높이는 데 기여한다.

‖ 마케팅-세일즈 간 협업의 주요 과제

마케팅과 세일즈 간의 협업이 항상 원활한 것은 아니다. 이 두 팀은 종종 서로 다른 KPI와 목표를 가지고 있으며 때로는 상충되는 우선순위를 가질 수 있다. 주요 과제는 다음과 같다.

1) 목표와 메트릭스의 불일치

마케팅 팀은 보통 리드 생성 수, 웹사이트 방문자 수, 콘텐츠 참여율과 같은 목표를 중시하는 반면, 세일즈 팀은 매출, 계약 체결 수, 고객 유지율 등 구체적인 성과 지표를 중시한다. 이로 인해 두 팀 간의 성과에 대한 시각 차이가 발생할 수 있다. 마케팅이 많은 리드를 생성하더라도 세일즈 팀이 이를 질 낮은 리드로 평가하면 두 팀 간의 불만이 쌓일 수 있다.

2) 리드 품질에 대한 불만

세일즈 팀은 종종 마케팅 팀이 제공한 리드의 품질이 낮다고 불만을 제기하고, 마케팅 팀은 세일즈가 충분히 리드를 활용하지 못한다고 생각하는 경우가 많다. 이는 리드의 정의, 품질 기준, 관리 방법 등에 대한 두 팀 간의 명확한 합의가 이루어지지 않았기 때문이다.

3) 커뮤니케이션 부족

두 팀 간의 원활한 소통이 이루어지지 않으면 협업의 효율성은 떨어진다. 정기적인 소통이 없을 경우 각 팀이 서로의 활동을 이해하지 못하고, 결과적으로 일관된 전략을 수립하는 데 어려움을 겪는다. 커뮤니케이션의 부재는 협력보다 경쟁적인 관계로 이어질 수 있다.

Ⅱ 마케팅-세일즈 협업을 위한 주요 전략

마케팅과 세일즈 간의 효과적인 협업을 구축하기 위해서는 구체적인 전략이 필요하다. 이를 통해 두 팀이 동일한 목표를 향해 나아가고, 서로의 역할을 명확히 이해하며, 협업을 극대화할 수 있다.

1) SLA(Service Level Agreement) 설정

마케팅과 세일즈 간 협업을 위한 첫 번째 단계는 SLA(Service Level Agreement)를 설정하는 것이다. SLA는 마케팅 팀이 제공할 리드의 양과 질, 그리고 세일즈 팀이 리드를 처리하는 방식에 대한 명확한 기준을 정하는 계약이다. 이를 통해 두 팀은 서로의 기대치를 명확히 하고 리드 관리와 전환 프로세스를 명확히 할 수 있다. 예를 들어, 마케팅 팀은 월간 100개의 고품질 리드를 세일즈 팀에 제공하고, 세일즈 팀은 그 리드에 대한 응답을 24시간 내에 수행하는 등의 명확한 기준을 설정할 수 있다.

2) 리드 스코어링(Lead Scoring)

리드 스코어링은 마케팅과 세일즈 간 협업을 강화하는 데 매우 유용한 도구다. 리드 스코어링을 통해 리드의 품질을 객관적으로 평가하고, 세일즈 팀에 전달할 적절한 시점을 결정할 수 있다. 리드 스코어링 모델을 함께 개발하여 어떤 행동이나 특성이 리드의 구매 의향을 높이는지를 기준으로 점수를 부여하고 세일즈 팀에 고품질 리드를 전달할 수 있다. 이를 통해 세일즈 팀은 구매 가능성이 높은 리드에 더 집중할 수 있다.

3) 정기적인 미팅과 피드백 루프

정기적인 미팅과 피드백 루프를 통해 두 팀 간의 소통을 강화하는 것이 중요하다. 주간 또는 월간 회의를 통해 마케팅과 세일즈 팀이 현재의 리드 상태, 캠페인 성과, 전환율 등을 공유하고 개선할 부분을 논의할 수 있다. 이를 통해 두 팀은 서로의 성과를 실시간으로 모니터링하고 필요시 전략을 조정할 수 있다. 피드백 루프는 특히 중요한데, 세일즈 팀은 리드에 대한 피드백을 마케팅 팀에 제공함으로써 마케팅 캠페인의 효율성을 개선할 수 있다.

4) 통합 CRM 시스템 사용

CRM(Customer Relationship Management) 시스템은 마케팅과 세일즈 간 협업을 실시간으로 관리할 수 있는 중요한 도구다. 마케팅 팀은 CRM을 통해 리드를 생성하고 리드의 상태를 추적할 수 있으며, 세일즈 팀은 해당 리드가 세일즈 퍼널의 어느 단계에 있는지를 실시간으로 확인할 수 있다. CRM은 마케팅과 세일즈가 동일한 데이터 기반에서 작업할 수 있도록 하여 협업의 일관성을 높여준다.

5) 공동 KPI 설정

마케팅과 세일즈 팀이 각기 다른 KPI를 추구하면 협업이 아닌 경쟁적인 상황이 발생할 수 있다. 이를 해결하기 위해서는 공동의 KPI를 설정하는 것이 중요하다. 예를 들어, 마케팅과 세일즈가 모두 리드 전환율, 고객 유치 비용(CAC), 고객 생애가치(LTV)와 같은 지표를 공유하도록 한다. 이를 통해 두 팀은 서로의 목표를 이해하고 함께 성과를 개선하려는 공동의 목적을 가질 수 있다.

제6장

B2B 제안과 보고의 기술

고객 문제에 맞춘
솔루션 제안서 작성

B2B DIGITAL MARKETING BIBLE

　B2B 마케팅과 세일즈에서 솔루션 제안서는 고객의 문제를 해결하고 자사의 제품이나 서비스를 효과적으로 전달하는 중요한 도구다. 특히 B2B 비즈니스는 고객이 직면한 복잡한 비즈니스 문제를 해결할 수 있는 맞춤형 솔루션을 제공하는 데 중점을 두기 때문에, 제안서는 단순한 제품 설명이 아닌 문제 해결을 중심으로 한 설득 도구로서 역할을 한다. 고객 문제에 맞춘 솔루션 제안서를 작성하는 것은 구매 결정에 중요한 영향을 미치며 성공적인 계약 체결을 이끄는 핵심 요소다.

‖ 제안서 작성의 목표

　솔루션 제안서의 가장 큰 목표는 고객의 문제를 해결하는 구체적인 솔루션을 제시하는 것이다. 제안서는 단순히 자사의 제품이나 서비스의 장점을 나열하는 것이 아니라, 고객이 겪고 있는 문제를 명확히 이해하고, 그 문제를 해결할 수 있는 맞춤형 해결책을 제시하는 데 중점을 두어야 한다.

제안서 작성의 구체적인 목표는 다음과 같다.
- **고객의 비즈니스 문제를 명확히 정의**: 제안서에서 가장 중요한 부분은 고객이 직면한 문제를 정확히 진단하고 그 심각성을 강조하는 것이다. 이를 통해 고객은 자사가 문제를 충분히 이해하고 있음을 느끼고 신뢰감을 갖게 된다.
- **맞춤형 솔루션 제공**: 제안서의 핵심은 자사의 솔루션이 고객의 문제를 어떻게 해결할 수 있는지 구체적으로 설명하는 것이다. 고객의 요구에 맞춘 맞춤형 제안이 필요하며 자사의 솔루션이 제공할 수 있는 가치를 명확히 제시해야 한다.
- **구체적인 성과 기대치 제시**: 고객은 자사 솔루션을 도입했을 때 어떤 비즈니스 성과를 기대할 수 있는지 알고 싶어 한다. 제안서에서는 비용 절감, 효율성 향상, 매출 증대 등의 성과를 구체적으로 제시하는 것이 중요하다.

∥ 고객 문제를 이해하고 반영하기

제안서 작성의 첫 단계는 고객의 문제를 정확히 이해하는 것이다. 이를 위해서는 고객과의 대화에서 얻은 정보뿐만 아니라, 시장 조사, 산업 트렌드 분석, 경쟁사 정보 등을 바탕으로 고객의 비즈니스 환경을 심층적으로 분석해야 한다.

1) 문제 진단

고객이 직면한 문제가 무엇인지 명확히 정의하는 것이 중요하다. 예를 들어, 제조업체의 경우 공급망 관리에서 발생하는 비효율성, IT 기업의 경우 데이터 보안 문제, 또는 소매업체의 경우 재고관리의 어려움 등 고객의 핵심 과제를 파악해야 한다. 이러한 문제를 진단하고, 그 문제의 원인과 결과를 제안서에 구체적으로 반영한다.

2) 문제의 영향 분석

고객이 직면한 문제를 해결하지 않았을 때 발생할 수 있는 비즈니스 리스크와 비용을 분석하고 제안서에 포함한다. 예를 들어, 효율성이 떨어지는 경우 추가적인 운영 비용 발생, 데이터 보안의 부재로 인한 정보 유출 리스크 등, 문제를 해결하지 않으면 발생할 수 있는 부정적인 결과를 강조한다. 이를 통해 고객은 문제의 해결이 시급함을 인식하게 된다.

‖ 솔루션 제시 및 맞춤형 제안

고객의 문제를 명확히 정의한 후에는 그 문제를 해결할 수 있는 자사의 솔루션을 구체적으로 제시해야 한다. 맞춤형 솔루션 제시는 제안서의 핵심으로 고객의 상황에 맞는 해결책을 명확히 전달하는 것이 중요하다.

1) 솔루션 설명

자사의 제품이나 서비스가 고객의 문제를 해결하는 데 어떻게 기여할 수 있는지를 상세히 설명한다. 단순히 제품의 기능을 나열하는 것이 아니라, 각 기능이 고객의 문제 해결에 어떻게 적용될 수 있는지 구체적으로 설명해야 한다. 예를 들어, ERP 솔루션을 제안할 경우, "이 시스템은 실시간 데이터 분석을 통해 공급망 관리에서 발생하는 비효율성을 제거하여 운영 비용을 15% 절감할 수 있습니다"와 같이 구체적인 적용 방안을 제시한다.

2) 맞춤형 제안

모든 고객이 동일한 문제를 겪는 것은 아니기 때문에 제안서는 고객 맞춤형이어야 한다. 고객의 비즈니스 규모, 산업 특성, 현재 사용 중인 시스템 등을 고려하여 자사 솔루션을 맞춤화하는 것이 중요하다. 예를 들어, 소규모 기업에는 간단하고 비용 효율적인 솔루션을 제안하고, 대기업에는 복잡한 문제를 해결할 수 있는 고도화된 솔루션을 제시할 수 있다.

3) 구체적인 실행 계획 제시

고객이 제안서를 통해 솔루션을 도입할 경우 실행 계획이 어떻게 진행될지를 명확히 설명해야 한다. 프로젝트 일정, 도입 단계, 지원 서비스, 예상 소요 시간 등을 구체적으로 제시하여 고객이 솔루션 도입 후의 과정을 명확히 이해할 수 있도록 돕는다. 예를 들어, "도입 첫 달에는 고객사의 데이터를 분석하여 시스템 통합을 진행하고, 2개월 차에는 전사적인 시스템 통합이 완료됩니다"와 같이 구체적인 일정을 제안한다.

‖ 성과 및 ROI(Return On Investment) 강조

고객은 자사 솔루션을 도입함으로써 얻게 될 비즈니스 성과와 투자 대비 수익률(ROI)을 알고 싶어 한다. 따라서 제안서에는 자사의 솔루션이 고객에게 제공할 수 있는 실질적인 혜택과 기대할 수 있는 성과를 구체적으로 명시해야 한다.

1) 성과 기대치 제시

자사의 솔루션이 문제를 해결한 후 예상되는 구체적인 성과를 제시한다. 예를 들어, "이 솔루션을 도입하면 운영 비용을 20% 절감하고, 데이터 관리 효율성이 30% 향상됩니다"와 같은 구체적인 성과 지표를 제시함으로써 고객이 도입 후 기대할 수 있는 가치를 명확히 설명해야 한다.

2) ROI 분석

ROI(Return On Investment)는 B2B 고객이 가장 중요하게 생각하는 지표 중 하나다. 고객이 자사 솔루션에 투자한 후 얼마만큼의 가치를 회수할 수 있는지를 구체적으로 계산하여 제시해야 한다. 예를 들어, "초기 도입 비용은 6개월 안에 회수할 수 있으며, 연간 25%의 비용 절감 효과를 기대할 수 있습니다"와 같은 실질적인 ROI 데이터를 제공하면 고객이 더 쉽게 구매 결정을 내릴 수 있다.

‖ 신뢰성 및 차별화 요소 강조

제안서에서는 자사의 신뢰성과 경쟁사 대비 차별화된 강점을 강조해야 한다. 고객은 여러 업체를 비교하며 최종 결정을 내리기 때문에 자사의 솔루션이 왜 더 우수한지에 대한 설득력 있는 이유를 제공해야 한다.

1) 성공 사례 및 참고 자료 제시

자사 솔루션이 이전에 비슷한 문제를 겪은 고객에게 어떻게 적용되었는지를 설명하는 성공 사례를 제시한다. 구체적인 데이터를 포함한 사례 연구를 통해 자사의 신뢰성을 높이고 고객이 비슷한 성공을 기대할 수 있음을 강조해야 한다.

2) 차별화된 경쟁력 설명

경쟁사와 비교했을 때 자사의 솔루션이 갖는 고유한 경쟁 우위를 명확히 설명해야 한다. 예를 들어, "자사는 업계에서 가장 빠른 기술 지원을 제공하며, 맞춤형 통합 기능을 통해 고객의 기존 시스템과 완벽하게 호환됩니다"와 같이 고객에게 자사의 차별화된 강점을 구체적으로 전달해야 한다.

‖ 결론 및 제안 요약

제안서의 마지막 부분에서는 제시한 해결책을 간결하게 요약하고 구체적인 다음 단계를 제안해야 한다. 고객이 무엇을 해야 하고, 자사가 어떻게 지원할 것인지를 명확히 제시함으로써 다음 단계를 쉽게 이해할 수 있도록 한다.

1) 핵심 요약

제안서에서 논의된 주요 내용을 요약하며 자사의 솔루션이 고객의 문제를 해결할 수 있다는 점을 다시 한번 강조한다. 요약된 결론은 간결하고 명확하게 작성해야 하며 고객이 제안의 핵심을 쉽게 파악할 수 있도록 돕는다.

2) 다음 단계 제안

고객이 제안서를 검토한 후 자사와 어떤 단계로 나아갈지를 구체적으로 제안해야 한다. 예를 들어, "다음 주 중으로 미팅을 통해 구체적인 계약 조건을 논의할 수 있습니다"와 같이 다음 단계에 대한 명확한 행동 계획을 제시한다.

고객 문제에 맞춘 솔루션 제안서는 B2B 비즈니스에서 매우 중요한 역할을 한다. 고객의 비즈니스 문제를 명확히 파악하고, 그 문제를 해결할 수 있는 맞춤형 솔루션을 제안하는 것은 성공적인 계약 체결의 핵심이다. 제안서는 고객이 자사 제품을 선택해야 하는 이유를 명확히 전달하는 설득 도구가 되어야 한다.

| 솔루션 제안서 목차와 주요 내용 |

목차 항목	상세 설명
1. 서론	- **제안서 작성 목적**: 고객의 비즈니스 문제를 해결할 수 있는 솔루션 제안 - **고객 문제 개요**: 고객이 직면한 문제의 주요 사항을 간략히 설명 - **제안서의 목적과 기대 성과 명시**
2. 고객 문제 진단	- **문제 정의**: 고객이 직면한 비즈니스 문제를 명확히 정의(예: 운영 효율성 저하, 데이터 보안 문제 등) - **문제 원인 분석**: 문제의 근본원인을 분석(내부 프로세스, 외부요인 등) - **문제의 비즈니스 영향**: 문제를 해결하지 않을 경우 발생할 수 있는 리스크(비용, 매출 손실 등)를 구체적으로 설명
3. 솔루션 개요	- **솔루션 소개**: 자사의 솔루션이 무엇인지 간략히 설명(예: ERP 시스템, 클라우드 보안 솔루션 등) - **핵심 기능 요약**: 솔루션의 주요 기능 및 특성을 개략적으로 설명 - **고객 문제와의 연결성**: 솔루션이 고객의 문제를 해결할 수 있는 방법을 간략히 소개
4. 맞춤형 솔루션 제시	- **고객 문제에 맞춘 맞춤형 솔루션 제안**: 고객의 문제를 해결하기 위한 자사의 솔루션을 구체적으로 설명 - **주요 기능 및 적용 사례**: 자사의 솔루션이 각 기능을 통해 고객의 문제를 어떻게 해결할 수 있는지 상세히 설명(예: 실시간 데이터 분석을 통한 운영 효율성 개선 등) - **타깃 맞춤 제안**: 고객의 비즈니스 규모, 산업 특성에 맞춘 맞춤형 제안(예: 소규모 기업용 비용 효율적 솔루션, 대기업용 고도화 솔루션)
5. 구체적인 실행 계획	- **실행 단계**: 솔루션 도입 후 각 단계별로 구체적인 실행 계획을 제시(예: 데이터 분석, 시스템 통합 등) - **프로젝트 일정**: 도입부터 완료까지의 예상 소요 시간 및 각 단계별 일정 설명(예: 1단계 – 2주차, 데이터 분석, 2단계 – 1개월 차, 시스템 통합 완료) - **지원 서비스**: 솔루션 도입 후 제공되는 기술 지원 및 서비스 계획 설명(예: 기술 지원, 교육 서비스 등)
6. 성과 기대치 및 ROI 분석	- **성과 기대치**: 솔루션 도입 후 예상되는 구체적인 성과를 제시(예: 운영 비용 20% 절감, 매출 15% 증가 등) - **정량적 목표 설정**: 고객이 솔루션 도입 후 기대할 수 있는 구체적인 목표 지표를 설정(예: 6개월 내 효율성 30% 향상, 비용 회수 기간 12개월 이내 등) - **ROI(Return On Investment) 분석**: 자사 솔루션을 도입했을 때 투자 대비 얼마나 수익을 거둘 수 있는지 구체적인 계산을 통해 제시(예: 초기 투자 비용과 연간 절감 비용 비교)
7. 신뢰성 및 경쟁 우위	- **성공 사례 제시**: 자사의 솔루션이 다른 고객의 문제를 성공적으로 해결한 사례를 구체적인 데이터와 함께 제시(예: A사, ERP 도입 후 운영비용 25% 절감 성공) - **참고 자료**: 자사의 신뢰성을 높일 수 있는 자료(예: 고객 추천서, 인증서, 산업 표준 준수 증명 등) - **경쟁 우위 설명**: 경쟁사와 비교했을 때 자사의 솔루션이 갖는 차별된 강점을 설명(예: 빠른 기술 지원, 맞춤형 통합 솔루션 등)
8. 결론 및 제안 요약	- **핵심 요약**: 제안서에서 논의된 주요 내용을 간략히 요약하고, 자사의 솔루션이 고객 문제를 해결할 수 있는 이유를 다시 한 번 강조 - **다음 단계 제안**: 제안서 검토 후 자사와 함께 할 다음 단계 제안(예: 후속 미팅 일정 제안, 계약 세부 사항 논의 등 구체적인 행동 계획 제시)

제안서 발표 및 커뮤니케이션 전략

B2B DIGITAL MARKETING BIBLE

 B2B 제안서의 작성만큼이나 중요한 것은 제안서 발표와 커뮤니케이션 전략이다. 작성된 제안서를 고객에게 전달하는 방식과 커뮤니케이션 기술은 제안의 성공 여부를 결정짓는 중요한 요소다. 특히 B2B 거래에서 제안서 발표는 기업 간 신뢰 형성과 파트너십을 구축하는 중요한 과정으로, 명확하고 설득력 있는 발표를 통해 고객의 관심과 신뢰를 얻을 수 있다.

‖ 제안서 발표의 중요성

 제안서 발표는 단순히 작성된 내용을 전달하는 것을 넘어 고객과의 직접적인 소통을 통해 자사의 솔루션을 설득하는 과정이다. 이는 고객이 자사의 솔루션에 대해 더 깊이 이해하고 신뢰할 수 있도록 돕는 역할을 한다. 또한, 발표를 통해 고객의 피드백을 즉각적으로 받을 수 있어 고객이 제안서에서 미처 다루지 못한 부분을 명확히 설명하거나, 추가적인 정보를 제공할 수 있다.

제안서 발표가 중요한 이유는 다음과 같다.
- **자사의 전문성과 신뢰성 강화**: 발표를 통해 자사의 솔루션이 고객의 문제를 어떻게 해결할 수 있는지 명확히 전달하고 자사의 전문성을 강조할 수 있다.
- **고객의 즉각적인 피드백 수용**: 고객은 발표 과정에서 궁금한 점을 질문하고, 추가적인 요구를 전달할 수 있다. 이를 통해 제안서의 미흡한 부분을 보완하고, 고객의 요구에 맞게 즉각 대응할 수 있다.
- **감정적 연결 강화**: 직접적인 소통을 통해 고객과의 감정적 연결을 강화할 수 있으며, 이는 신뢰를 구축하는 데 중요한 요소가 된다.

‖ 제안서 발표 준비

효과적인 제안서 발표를 위해서는 철저한 준비가 필요하다. 발표자는 고객의 니즈를 완전히 이해하고, 제안서의 핵심 메시지를 명확하게 전달할 수 있어야 하며, 발표 과정에서 발생할 수 있는 다양한 상황에 대비해야 한다.

1) 청중 분석
발표를 준비할 때는 청중을 철저히 분석하는 것이 중요하다. 고객의 직무, 역할, 관심사에 따라 발표의 내용과 톤을 조정해야 한다. 예를 들어, 고객의 경영진은 주로 비용 절감과 ROI(Return On Investment)에 관심을 가질 것이고, IT 부서는 기술적 세부 사항에 더 중점을 둘 가능성이 있다. 발표 내용은 청중의 요구와 기대에 맞추어 조정되어야 한다.

2) 핵심 메시지 도출

제안서의 모든 내용을 발표하는 것이 아니라 핵심 메시지를 간결하게 도출하여 전달하는 것이 중요하다. 고객이 제안서에서 가장 중요하게 생각하는 문제와 그 해결책을 중심으로 발표를 구성하고, 너무 많은 정보로 고객을 혼란스럽게 만들지 않도록 한다. 3~5개의 핵심 메시지를 선정해 집중적으로 전달해야 한다.

3) 발표 자료 준비

효과적인 발표를 위해 시각적 자료는 필수적이다. 슬라이드, 그래프, 다이어그램 등을 활용해 고객이 쉽게 이해할 수 있도록 발표 자료를 준비한다. 복잡한 데이터를 설명할 때는 시각적 자료가 특히 유용하다. 또한, 발표 자료는 간결하고 직관적이어야 하며, 텍스트보다는 이미지와 도표 중심으로 구성해 청중이 시각적으로 쉽게 내용을 파악할 수 있도록 해야 한다.

4) 시뮬레이션 및 리허설

발표 전, 리허설을 통해 발표를 시뮬레이션하는 것이 중요하다. 시간 관리, 발표 흐름, 예상 질문에 대한 대응 등을 점검하며, 발표자가 자신감을 갖고 발표할 수 있도록 한다. 리허설 과정에서 발표 자료의 불필요한 부분을 줄이고 핵심 메시지가 잘 전달되고 있는지 점검해야 한다.

‖ 효과적인 커뮤니케이션 전략

제안서 발표는 단순한 정보 전달이 아니라 상호작용을 통한 설득의 과정이다. 따라서 발표자가 효과적으로 소통할 수 있는 커뮤니케이션 전략이 필요하다. 다음은 발표 중 효과적으로 커뮤니케이션을 할 수 있는 주요 전략들이다.

1) 명확하고 간결한 언어 사용

제안서 발표에서는 명확하고 간결한 언어를 사용하는 것이 중요하다. 고객이 이해하기 어려운 전문 용어나 지나치게 복잡한 표현은 피하고 누구나 이해할 수 있는 쉬운 언어로 설명한다. 복잡한 개념은 간단한 예시나 비유를 통해 풀어서 설명하며 고객이 핵심 내용을 빠르게 이해할 수 있도록 돕는다.

2) 스토리텔링 기법 활용

고객의 관심을 끌고 메시지를 효과적으로 전달하기 위해 스토리텔링 기법을 활용할 수 있다. 고객의 문제를 해결하는 과정을 이야기 형식으로 풀어가면 청중은 더 쉽게 발표에 몰입할 수 있고, 발표의 흐름을 자연스럽게 따라가게 된다. 예를 들어, 고객의 문제를 정의하고, 그 문제를 해결하는 과정에서 자사의 솔루션이 어떻게 작동하는지를 하나의 이야기로 풀어낼 수 있다.

3) 청중과의 상호작용 유도

발표 중에 청중과의 상호작용을 유도하면 고객의 참여를 높이고 발표에 대한 관심을 유지시킬 수 있다. 중간에 질문을 던지거나, 청중의 의견을 묻는 방식으로 발표를 진행하면, 고객은 자신이 발표에 적극적으로 참여하고 있다고 느끼게 되며, 이에 따라 발표 내용에 더 큰 관심을 기울이게 된다.

4) 비언어적 커뮤니케이션

제안서 발표에서 비언어적 커뮤니케이션도 매우 중요하다. 발표자의 제스처, 표정, 시선은 청중에게 큰 영향을 미칠 수 있다. 발표자는 자신감 있는 자세와 눈 맞춤을 통해 청중과의 연결을 유지해야 하며, 이를 통해 신뢰를 강화할 수 있다. 또한, 목소리의 톤과 속도를 조절하여 청중의 집중도를 높일 수 있다.

‖ 예상 질문 대응 전략

제안서 발표 후, 고객은 자사의 솔루션에 대해 구체적인 질문을 할 가능성이 크다. 예상 질문에 대해 미리 대비하고, 이에 대해 효과적으로 답변할 수 있는 전략을 준비하는 것이 중요하다. 예상 질문에 대한 대응은 고객과의 신뢰를 강화하고, 자사 솔루션에 대한 확신을 제공할 수 있는 기회다.

1) 고객의 우려사항에 대비

고객이 제안서 발표 후 가장 많이 질문하는 것은 비용, 도입 과정, 위험 요소 등에 대한 내용이다. 자사의 솔루션이 이러한 부분에서 어떻게 대응할 수 있는지를 미리 준비하고 명확한 답변을 제공할 수 있어야 한다. 예를 들어, 비용이 높은 솔루션이라면 그에 따른 ROI를 구체적으로 설명하고, 도입 리스크가 있을 경우 이를 어떻게 최소화할 수 있는지 대안을 제시한다.

2) 기술적 질문에 대한 준비

기술적 질문에 대해서는 세부적인 자료와 데이터를 바탕으로 답변할 수 있어야 한다. 특히 IT나 엔지니어링 관련 솔루션을 제안하는 경우, 고객은 솔루션의 구체적인 작동 방식이나 기존 시스템과의 호환성에 대해 깊이 있는 질문을 할 수 있다. 이 경우, 기술적인 세부 사항을 명확히 이해하고 있는 전문가가 동석하여 질문에 답변하는 것이 좋다.

3) 추가 요구사항에 대한 유연한 대응

고객이 발표 중 추가적인 요구사항을 제시할 경우, 이를 수용할 수 있는 유연성을 보여야 한다. 고객이 제시한 요구에 대해 긍정적으로 답변하고 제안서에 포함되지 않은 부분도 고객의 요구에 맞춰 대응할 수 있음을 보여주면 자사 솔루션에 대한 신뢰를 높일 수 있다.

‖ 제안서 발표 후의 후속 커뮤니케이션

제안서 발표 후에는 후속 커뮤니케이션이 매우 중요하다. 발표 이후 고객과의 소통을 지속하고, 추가적인 자료나 정보를 제공함으로써 고객의 결정을 촉진할 수 있다.

1) 피드백 요청

발표 후, 고객에게 피드백을 요청하여 발표 내용에 대한 반응을 확인하고 추가적으로 궁금한 점이나 미흡했던 부분에 대해 논의할 수 있다. 이를 통해 고객의 요구를 더 명확히 파악하고 보완할 수 있는 기회를 얻는다.

2) 추가 자료 제공

발표에서 다루지 못한 부분이나 고객이 요청한 추가 정보가 있다면 빠르게 추가 자료를 제공하여 고객의 요구를 충족시킨다. 이를 통해 고객이 자사 솔루션을 더 깊이 이해하고 의사결정을 내리는 데 도움을 줄 수 있다.

3) 후속 미팅 제안

발표 후, 고객과의 후속 미팅을 제안해 더 구체적인 논의를 진행할 수 있다. 이때, 고객이 제안서를 충분히 검토할 수 있는 시간을 주고, 추가적인 논의가 필요할 때 미팅을 통해 해결할 수 있음을 알리는 것이 중요하다.

효과적인 보고서 구조와 전달 방법

===== B2B DIGITAL MARKETING BIBLE =====

  B2B 비즈니스에서 효과적인 보고서 작성과 전달 방법은 의사결정자들에게 명확하고 설득력 있게 정보를 전달하는 데 매우 중요하다. 보고서는 단순한 정보 나열이 아니라, 논리적인 구조와 명확한 메시지를 통해 상대방이 쉽게 이해하고 빠르게 결론을 내릴 수 있도록 돕는 도구다. 특히, B2B 환경에서는 복잡한 데이터와 분석 내용을 포함한 보고서를 작성해야 할 때가 많기 때문에, 그 구조와 전달 방법이 더욱 중요해진다.

‖ 효과적인 보고서 작성의 중요성

  효과적인 보고서는 단순히 내용을 전달하는 것을 넘어 상대방이 결정을 내리는 데 필요한 정보를 신속하고 명확하게 제공하는 역할을 한다.

특히 B2B 보고서는 기업의 경영진이나 의사결정자들이 복잡한 문제를 해결하기 위해 검토하는 자료로, 잘 구성된 보고서는 의사결정의 정확성과 속도를 높이는 데 기여한다.

보고서가 효과적이기 위해서는 다음의 목표를 달성해야 한다.
- **정보의 명확한 전달**: 복잡한 내용을 간결하고 명확하게 전달하여 독자가 핵심 내용을 쉽게 이해할 수 있도록 한다.
- **논리적이고 구조화된 구성**: 보고서의 흐름이 자연스럽고 논리적이어야 하며, 독자가 내용을 단계적으로 따라가면서 결론에 도달할 수 있도록 구성해야 한다.
- **결론과 제안 도출**: 보고서의 최종 목적은 결론을 도출하고 해결방안을 제시하는 것이다. 이를 통해 독자는 보고서 내용을 바탕으로 명확한 의사결정을 내릴 수 있다.

‖ 효과적인 보고서 구조

보고서를 효과적으로 작성하기 위해서는 명확한 구조가 필요하다. 보고서의 구조가 잘 짜여 있어야 독자가 내용을 쉽게 이해하고 중요한 정보를 빠르게 찾아낼 수 있다.

일반적인 보고서 구조는 다음과 같이 구성된다.

1) 요약(Summary)

보고서의 시작 부분에는 요약을 포함해야 한다. 요약은 전체 보고서의 핵심 내용을 간결하게 정리한 부분으로 독자가 빠르게 전체 보고서의 내용을 파악할 수 있게 한다. B2B 보고서에서 요약은 매우 중요하며 바쁜 의사결정자들은 이 요약 부분만 읽고도 전체 내용을 이해하고 결론을 내릴 수 있어야 한다.

- **목적**: 보고서의 목적과 배경을 간략하게 설명
- **핵심 내용**: 주요 분석 결과와 결론을 간단히 요약
- **제안**: 제안하는 해결책이나 다음 단계의 행동을 간략하게 포함

2) 문제 정의(Problem Definition)

보고서의 두 번째 부분은 문제 정의다. 이 부분에서는 보고서가 다루고 있는 핵심 문제나 과제를 명확히 제시해야 한다. 문제의 배경, 현재 상황, 그리고 해결이 필요한 이유 등을 설명한다. 이를 통해 독자는 보고서의 목적을 명확히 이해하고, 왜 이 문제가 중요한지 파악할 수 있다.

- **배경 설명**: 문제가 발생한 배경과 맥락을 설명
- **현황 분석**: 현재 상황에서의 문제점이나 과제 설명
- **해결의 필요성**: 문제 해결이 필요한 이유와 그 중요성 제시

3) 데이터 및 분석(Data And Analysis)

문제를 정의한 후에는 이를 뒷받침하는 데이터와 분석을 제시한다. B2B 보고서에서는 수치 데이터, 시장 조사, 사례 연구 등의 구체적인 자료를 통해 문제를 분석하는 것이 중요하다. 이 부분에서는 데이터의 정확성과 신뢰성을 바탕으로 논리적인 결론을 도출할 수 있는 분석을 제시해야 한다.

- **데이터 제공**: 문제를 설명하는 데 필요한 정량적·정성적 데이터

를 제시
- **분석 방법**: 데이터를 분석한 방법과 결과를 명확히 설명
- **도표와 그래프**: 복잡한 데이터를 시각적으로 이해하기 쉽게 제공. 표, 그래프, 차트 등을 활용

4) 결론(Conclusion)

데이터와 분석을 바탕으로 도출한 결론을 제시하는 부분이다. 결론에서는 문제의 본질과 분석 결과를 종합하여 독자가 명확한 결론을 도출할 수 있도록 해야 한다. 이때 결론은 간결하고 명확하게 작성하며, 앞서 제시한 문제 정의와 분석을 기반으로 일관된 주장을 펼쳐야 한다.
- **핵심 결과**: 분석 결과를 간결하게 요약
- **문제 해결 방안**: 분석을 바탕으로 도출한 해결 방안 제시

5) 제안(Recommendations)

보고서의 마지막 부분은 제안이다. 결론을 기반으로 실질적인 해결책이나 행동 계획을 제안해야 한다. B2B 보고서에서는 구체적이고 실행 가능한 제안을 제시하는 것이 중요하다. 제안은 독자가 보고서를 검토한 후 다음 단계로 나아갈 수 있도록 돕는 역할을 한다.
- **실행 계획**: 제안하는 해결책을 어떻게 실행할 것인지에 대한 계획을 제시
- **리스크와 기회**: 제안된 해결책에 따르는 리스크와 기회 요인을 설명
- **기대 효과**: 제안이 실행되었을 때 기대할 수 있는 효과나 성과를 명확히 설명

‖ 효과적인 보고서 전달 방법

보고서의 구조뿐만 아니라, 보고서를 어떻게 전달하느냐도 중요하다. 보고서 작성 이후, 효과적인 전달 방식을 통해 의사결정자들이 보고서를 쉽게 이해하고 실행에 옮길 수 있도록 돕는 것이 필요하다. 다음은 보고서 전달 시 고려해야 할 주요 방법들이다.

1) 간결하고 명확한 표현 사용

보고서를 전달할 때는 간결하고 명확한 언어를 사용하는 것이 중요하다. 보고서의 독자들은 주로 바쁜 경영진이나 의사결정자들이기 때문에, 복잡하고 긴 문장은 피하고 핵심 내용을 간결하게 전달하는 것이 효과적이다. 전문 용어를 사용하는 대신 누구나 이해할 수 있는 쉬운 언어로 내용을 구성해야 한다.

2) 시각적 자료 활용

복잡한 데이터를 설명할 때는 시각적 자료를 활용하는 것이 매우 효과적이다. 차트, 그래프, 도표 등을 통해 데이터를 시각적으로 표현하면 독자는 숫자나 데이터를 더 쉽게 이해할 수 있다. 특히 의사결정자들은 시각적 자료를 통해 문제를 더 빨리 파악하고 결정을 내릴 수 있다.

3) 프레젠테이션 기법 활용

보고서를 전달할 때는 프레젠테이션 기법을 활용하는 것도 좋은 방법이다. 중요한 보고서는 서면 보고서만 전달하는 것보다 발표 자료를 준비하고, 핵심 내용을 구두로 설명하는 것이 더 효과적일 수 있다. 프레젠테이션에서는 보고서의 핵심 내용과 결론을 강조하며 청중과의 상호작용을 통해 질문과 답변을 주고받을 수 있다.

4) 디지털 보고서 활용

디지털 시대에는 디지털 보고서 형식을 활용하는 것도 효과적이다. PDF, PowerPoint, Google Docs와 같은 디지털 형식을 통해 보고서를 작성하고, 공유할 수 있다. 이를 통해 보고서를 쉽게 수정하고 업데이트할 수 있으며 원격으로 보고서를 공유하거나 협업하는 것이 가능하다.

| 주요 상황별 보고서 전달 스킬 예시 |

상황	전달 스킬	설명
경영진 대상 보고서	간결하고 명확한 표현 사용	- 바쁜 의사결정자들을 대상으로 핵심 내용을 빠르게 전달 - 전문 용어를 피하고 누구나 쉽게 이해할 수 있는 언어 사용
복잡한 데이터 설명 필요	시각적 자료 활용	- 차트, 그래프, 도표를 사용하여 복잡한 데이터를 시각적으로 표현 - 의사결정자들이 숫자나 데이터를 더 빠르게 이해하고 결정을 내리도록 도움
중요한 보고서 프레젠테이션	프레젠테이션 기법 활용	- 서면 보고서만 전달하기보다 발표 자료를 준비하여 구두로 설명 - 핵심 내용을 강조하고 청중과 상호작용을 통해 질문과 답변 진행
리모트 팀과 협업 및 공유 필요	디지털 보고서 활용	- PDF, PowerPoint, Google Docs 등 디지털 형식을 사용하여 보고서 작성 및 공유 - 원격으로 쉽게 수정, 업데이트 및 협업 가능
경영진을 위한 결론 중심 보고서	독자 맞춤형 보고서 작성	- 결론과 핵심 메시지를 보고서 앞부분에 명확하게 제시 - 세부 사항은 부록에 포함하여 경영진이 필요할 때 참고할 수 있도록 구성
프레젠테이션 시 시간 제한	정확한 시간 관리	- 프레젠테이션 시간을 초과하지 않도록 미리 준비 - 시간을 초과할 경우 중요한 메시지를 전달하기 전에 청중의 관심을 잃을 수 있으므로 시간 엄수
중요한 메시지 전달 시	중요 내용 반복 강조	- 중요한 메시지는 보고서의 여러 부분에서 반복적으로 제시 - 독자가 핵심 메시지를 기억하고 인지할 수 있도록 강조(보고서 결론, 슬라이드 등에서 반복)

‖ 보고서 전달 시 주의사항

보고서를 효과적으로 전달하기 위해서는 몇 가지 주의사항이 있다. 잘 작성된 보고서라도 잘못된 전달 방식으로 인해 그 가치를 충분히 발휘하지 못할 수 있다.

1) 독자에 맞춘 맞춤형 보고서 작성
보고서의 독자에 따라 내용과 표현 방식을 조정해야 한다. 경영진을 위한 보고서는 결론 중심으로 작성하고 세부 사항은 부록에 포함하는 것이 좋다. 반면, 실무자들을 위한 보고서는 구체적인 데이터와 분석을 중점적으로 포함해야 한다.

2) 정확한 시간 관리
보고서 전달 시 시간 관리가 중요하다. 특히 프레젠테이션이나 발표 형식으로 보고서를 전달할 때는 주어진 시간을 초과하지 않도록 해야 한다. 시간을 초과할 경우, 중요한 메시지를 전달하기 전에 청중의 관심을 잃을 수 있다.

3) 중요한 내용 강조
보고서나 프레젠테이션에서 가장 중요한 내용은 반복해서 강조해야 한다. 중요한 메시지는 보고서의 여러 부분에서 반복적으로 제시하여 독자가 그 내용을 쉽게 기억하고 인지할 수 있도록 돕는다.

효과적인 보고서 작성과 전달은 B2B 비즈니스에서 성공적인 의사결정을 지원하는 데 필수적이다. 보고서는 명확한 구조와 논리적인 흐름을 갖춰야 하며, 독자가 문제를 쉽게 이해하고 결론에 도달할 수 있도록 설계해야 한다. 또한, 보고서를 어떻게 전달하느냐에 따라서도 성과가 달라질 수 있으므로, 간결한 표현과 시각적 자료, 프레젠테이션 기법을 적절히 활용하는 것이 중요하다.

감동을 불러일으키는 보고의 기술

B2B DIGITAL MARKETING BIBLE

B2B 비즈니스에서 보고서는 정보를 전달하는 중요한 수단이지만, 단순히 데이터를 나열하는 것으로는 고객이나 의사결정자의 마음을 움직일 수 없다. 진정한 성과를 내는 보고서는 논리적이고 명확한 전달을 넘어서 고객에게 감동을 주고, 감정적인 연결을 통해 더 큰 설득력을 갖춘 보고서다. 특히 중요한 제안이나 의사결정이 필요한 순간에는 보고서의 내용뿐 아니라 그 전달 방식에서 감동을 이끌어 낼 수 있어야 한다.

‖ 감동을 주는 보고서의 중요성

감동을 주는 보고서는 단순히 정보 전달을 넘어서 고객의 마음에 깊이 각인되는 메시지를 전달하는 데 중점을 둔다. 특히 B2B 거래에서 보고서는 여러 이해관계자들이 검토하며 중요한 의사결정을 내리는 데 사용되기 때문에, 감동을 주는 보고서는 고객의 인지적 측면뿐 아니라 감정적 측면에도 영향을 미친다. 감동을 주는 보고서가 중요한 이유는 다음과 같다.

- **고객과의 신뢰 형성**: 감동적인 보고서는 고객이 자사와 깊은 신뢰 관계를 형성할 수 있도록 돕는다. 보고서를 통해 고객이 자사의 진정성과 문제 해결에 대한 깊은 고민을 느낄 수 있을 때 고객과의 장기적인 파트너십이 강화된다.
- **차별화된 경쟁력 제공**: B2B 시장에서 여러 경쟁자가 비슷한 솔루션을 제공할 때 감동을 주는 보고서는 자사의 차별화된 경쟁력을 강화할 수 있다. 고객이 보고서를 통해 자사의 특별한 가치를 느낄 때 그들은 경쟁사보다 자사를 선택할 가능성이 커진다.
- **강력한 설득력**: 감동을 주는 보고서는 논리적 설득을 넘어 감정적인 설득을 통해 고객의 의사결정을 빠르게 이끌어 낼 수 있다. 고객의 문제를 진심으로 이해하고 그들의 입장에서 솔루션을 제안할 때 보고서는 더 강력한 설득력을 지니게 된다.

‖ 고객의 공감을 이끌어 내는 방법

보고서를 통해 감동을 주기 위해서는 고객의 입장을 깊이 이해하고 그들과 공감할 수 있는 내용을 담아야 한다. 공감을 이끌어 내는 보고서는 고객이 자사의 메시지를 자신의 이야기처럼 받아들이도록 만들어 준다.

1) 고객의 상황에 맞춘 문제 정의

보고서의 시작은 고객의 상황을 깊이 이해하는 것에서 시작된다. 고객이 직면한 문제를 단순히 나열하는 것이 아니라 그 문제의 근본 원인과 문제로 인해 고객이 겪고 있는 구체적인 고충을 명확히 설명해야 한다. 이때 중요한 것은 고객이 느끼고 있는 감정적인 측면을 고려하는 것이다.

예를 들어, "귀사는 현재 재고관리시스템의 불안정성으로 인해 매출 손실과 고객 불만을 겪고 있으며, 이는 귀사의 비즈니스 성과에 직접적인 악영향을 미치고 있습니다. 이러한 상황은 고객 서비스 팀에게도 큰 스트레스를 주고 있으며, 비효율적인 운영으로 인해 팀의 사기가 저하되고 있습니다"라는 식으로 감정적인 요소를 포함하여 설명할 수 있다.

2) 솔루션의 감정적 가치를 강조

감동을 주는 보고서는 솔루션의 기능적 설명에만 그치지 않고, 그 솔루션이 고객에게 줄 수 있는 감정적 가치를 강조해야 한다. 이는 고객이 솔루션을 도입함으로써 얻을 수 있는 안정성, 미래에 대한 확신, 팀의 만족감 등을 포함할 수 있다.

예를 들어, "이 솔루션을 도입하면 귀사의 팀은 더 이상 불안정한 시스템 문제로 인해 스트레스를 받지 않고, 모든 업무 프로세스가 원활하게 운영될 것입니다. 이를 통해 귀사의 팀은 더 나은 성과를 내며, 고객 서비스 품질도 크게 향상될 것입니다"라는 식으로 감정적인 가치를 강조할 수 있다.

3) 고객의 비전과 목표에 맞춘 메시지 전달

보고서는 단순히 문제 해결을 위한 도구일 뿐 아니라 고객이 달성하고자 하는 비전과 목표에 맞춘 메시지를 전달해야 한다. 고객이 이루고자 하는 장기적인 목표를 파악하고 자사의 솔루션이 그 목표를 달성하는 데 어떻게 기여할 수 있는지를 설명한다.

예를 들어, "귀사의 장기적인 목표인 글로벌 시장 진출에 맞춰, 당사의 솔루션은 귀사의 생산성을 극대화하여 글로벌 경쟁력을 강화하는 데 기여할 것입니다. 이 솔루션을 통해 귀사는 시장 변화에 신속하게 대응할 수 있는 역량을 확보하게 될 것입니다"와 같은 방식으로 고객의 비전과 일치하는 메시지를 담을 수 있다.

∥ 스토리텔링 기법을 활용한 보고서 작성

스토리텔링은 감동을 불러일으키는 강력한 도구다. 데이터를 나열하고 분석을 제시하는 것보다 이야기 형식으로 보고서를 구성하면 고객은 더 쉽게 내용을 이해하고, 자사의 제안에 감정적으로 몰입할 수 있다.

1) 고객의 문제를 중심으로 한 이야기 전개

보고서를 스토리텔링 방식으로 작성할 때는 고객의 문제를 중심으로 이야기를 전개해야 한다. 문제 정의, 문제 발생 원인, 문제 해결 과정 등을 단계적으로 설명하면서 문제 해결의 여정을 보여준다. 이때, 고객이 자사 솔루션을 통해 문제를 극복하고 성공적인 결과를 얻는 과정을 이야기로 풀어가는 것이 중요하다.

2) 성공적인 사례를 통해 공감 유도

보고서에서 자사의 솔루션이 어떻게 효과를 발휘했는지 성공적인 사례를 제시하면 고객은 자사의 제안을 더욱 신뢰하게 된다. 비슷한 문제를 겪었던 다른 고객의 성공 사례를 구체적으로 설명하고, 이를 통해 고객이 자사 솔루션이 자신의 문제도 해결할 수 있음을 공감하게 만든다.

예를 들어, "유사한 문제를 겪었던 A 기업은 당사의 솔루션 도입 이후 6개월 만에 운영 비용을 30% 절감하고, 고객 만족도가 25% 증가했습니다. 이러한 성과를 통해 A 기업은 새로운 시장 진출에 성공할 수 있었습니다"와 같은 성공 스토리를 포함할 수 있다.

‖ 비주얼을 통한 감동 전달

보고서에서 비주얼은 감동을 전달하는 중요한 요소다. 시각적인 요소를 적절히 활용하면 고객이 더 쉽게 내용을 이해하고, 메시지의 감정적인 요소를 더 깊이 받아들일 수 있다.

1) 시각적 자료의 감정적 효과

비주얼은 고객의 감정에 직접적인 영향을 미칠 수 있다. 단순한 숫자나 그래프보다 이미지, 다이어그램, 인포그래픽 등을 통해 메시지를 전달하면 고객은 더 강하게 내용을 기억하고 감정적으로 반응할 수 있다. 예를 들어, '이 솔루션을 도입한 후 귀사의 생산성이 40% 향상되는 모습을 보여주는 시각적 자료'는 고객에게 명확한 미래의 모습을 그리게

할 수 있다.

2) 감성적 디자인 요소 활용

보고서의 전체적인 디자인도 감성적으로 구성해야 한다. 컬러 팔레트, 글꼴 선택, 이미지 배치 등은 보고서의 분위기를 결정짓는 중요한 요소다. 감성적인 디자인을 통해 보고서의 메시지가 더욱 강하게 전달될 수 있다. 예를 들어, 고객의 미래 비전을 상징하는 밝고 긍정적인 이미지를 사용하거나, 문제 해결의 과정을 시각적으로 나타내는 그래픽을 통해 감동을 전달할 수 있다.

‖ 보고서 전달 방식에서의 감동 요소

보고서의 작성만큼 중요한 것이 보고서의 전달 방식이다. 아무리 훌륭한 보고서라도 전달 방식이 미흡하면 그 효과가 반감될 수 있다. 보고서를 감동적으로 전달하기 위한 몇 가지 전략이 있다.

1) 맞춤형 보고서 전달

고객의 특정 요구에 맞춰 맞춤형 보고서를 작성하고 고객이 가장 선호하는 방식으로 전달하는 것이 중요하다. 고객이 원하는 형식과 방식에 맞춰 보고서를 전달하면 고객의 편의를 높이고, 자사의 세심함과 배려를 보여줄 수 있다.

2) 직접적이고 신뢰성 있는 전달

보고서를 직접 전달할 때는 신뢰성 있는 커뮤니케이션이 필요하다. 보고서의 핵심 메시지를 명확히 전달하고 고객의 질문에 성실히 답변하는 태도를 유지해야 한다. 또한, 보고서 내용을 강조하는 프레젠테이션을 함께 준비하면 보고서의 감동적인 요소를 더욱 극대화할 수 있다.

- 제7장 B2B 디지털 마케팅의 이해
- 제8장 B2B 콘텐츠 마케팅 전략
- 제9장 B2B SEO와 SEM 전략
- 제10장 B2B 소셜 미디어 마케팅
- 제11장 B2B 이메일과 데이터 기반 마케팅
- 제12장 B2B 마케팅 트렌드와 미래

2부

B2B 디지털 마케팅

제7장

B2B 디지털 마케팅의 이해

B2B 디지털 마케팅의 개념과 특징

B2B DIGITAL MARKETING BIBLE

B2B 디지털 마케팅(Business-to-Business Digital Marketing)은 기업 간 거래를 촉진하기 위해 온라인 채널과 디지털 기술을 활용하여 제품이나 서비스를 마케팅하는 활동을 말한다. 이는 B2B 기업이 잠재 고객과 현재 고객에게 자사의 솔루션을 알리고, 브랜드 인지도를 높이며, 판매 기회를 창출하는 데 중요한 역할을 한다. 디지털 마케팅은 B2B 마케팅에서 빠르게 발전하고 있으며, 전통적인 마케팅 방식과는 다른 고유한 특징과 접근 방식을 요구한다.

‖ B2B 디지털 마케팅의 개념

B2B 디지털 마케팅은 주로 디지털 플랫폼과 도구를 사용해 타깃 기업에 도달하고, 비즈니스 의사결정자들에게 자사 제품의 가치를 전달

하는 활동이다. 이 과정에서 다양한 디지털 마케팅 전략과 채널이 사용되며, 주요 목표는 고객 발굴(리드 생성), 고객 유치 및 장기적인 관계 유지다.

1) 타깃 대상

B2B 마케팅은 개인 소비자(B2C)와 달리, 다른 기업을 대상으로 마케팅 활동을 전개한다. 주로 기업의 의사결정자나 구매 담당자와 같은 특정 그룹을 타깃으로 한다. 이들은 개인 소비자보다 구매 결정 과정이 길고 복잡하며, 실질적인 비즈니스 가치와 ROI(Return On Investment)에 중점을 두기 때문에, 디지털 마케팅 전략도 이러한 요구를 충족하는 방식으로 전개된다.

2) 디지털 채널의 활용

B2B 디지털 마케팅은 주로 웹사이트, 소셜 미디어, 이메일 마케팅, 검색엔진마케팅(SEM), 콘텐츠 마케팅, 온라인 광고 등의 디지털 채널을 활용한다. 이를 통해 고객이 필요로 하는 정보를 제공하고, 의사결정을 돕는 역할을 한다. 특히, 고객이 자발적으로 정보를 탐색하는 과정에서 SEO(검색엔진최적화)가 중요한 역할을 하며, 리드 생성을 위한 다양한 디지털 도구가 사용된다.

3) 데이터 기반 마케팅

디지털 마케팅은 데이터 분석을 기반으로 하는 것이 큰 특징이다. 마케팅 캠페인의 성과를 실시간으로 추적하고, 고객의 행동 데이터를 분석하여 더 나은 의사결정을 내릴 수 있다. 이를 통해 타깃 고객의 행동 패턴을 파악하고, 퍼스널라이제이션(개인화)된 마케팅 전략을 전개할 수 있다.

‖ B2B 디지털 마케팅의 주요 특징

B2B 디지털 마케팅은 B2C와는 다른 몇 가지 고유한 특징을 가지고 있다. 이는 타깃 고객의 특성과 구매 과정의 복잡성에서 기인하며, 디지털 마케팅 전략 역시 이러한 특징을 반영해야 한다.

1) 구매 의사결정 과정의 복잡성

B2B 거래는 개인 소비자에게 판매하는 B2C 거래보다 훨씬 복잡하다. B2B 구매는 단일 의사결정자가 아닌 여러 부서와 관계자의 협의 과정을 거친다. 예를 들어, IT 솔루션을 도입하는 경우, IT 팀뿐만 아니라 경영진, 재무 부서, 운영 부서 등 다양한 부서의 의견이 반영된다. 이 때문에 B2B 디지털 마케팅에서는 의사결정 과정의 각 단계에 맞춰 적절한 정보를 제공하는 것이 중요하다. 고객이 문제를 인식하는 초기 단계부터, 해결책을 탐색하고, 최종 결정을 내리는 단계까지 다양한 콘텐츠와 전략을 통해 지원해야 한다.

2) 논리적이고 정보 중심적인 콘텐츠

B2B 디지털 마케팅에서 사용하는 콘텐츠는 B2C와 달리, 감성적인 요소보다는 논리적이고 정보 중심적이다. 의사결정자들은 감정에 의존하기보다는, 데이터를 바탕으로 실질적인 비즈니스 성과를 기대할 수

있는 솔루션을 찾는다. 따라서 백서(White Paper), 사례 연구(Case Study), e북, 웨비나(Webinar) 등의 심층적인 정보 제공이 중요하며, 이를 통해 고객이 자신들의 문제를 해결할 수 있는 구체적인 솔루션을 발견하도록 도와야 한다.

3) 장기적인 관계 형성

B2B 디지털 마케팅은 단기적인 판매보다는 장기적인 관계 형성에 중점을 둔다. 한 번의 거래로 끝나는 것이 아니라, 고객과의 지속적인 소통을 통해 충성도를 구축하고, 재구매나 업셀링(Up-selling)을 유도하는 것이 중요하다. 이를 위해 CRM(Customer Relationship Management) 시스템과 마케팅 자동화 도구를 통해 고객의 행동 데이터를 추적하고, 적절한 시점에 맞춤형 메시지를 전달하는 전략이 사용된다.

4) 리드 생성과 육성(Lead Generation And Nurturing)

B2B 디지털 마케팅의 핵심은 리드 생성과 리드 육성이다. 리드 생성은 잠재 고객이 자사의 콘텐츠나 광고를 통해 관심을 가지게 하고, 이를 통해 리드(잠재 고객)를 발굴하는 과정이다. 이후 리드 육성 단계에서는 잠재 고객에게 지속적으로 유용한 정보를 제공하고, 그들의 요구를 파악하여 구매로 이어질 수 있도록 지원한다. 이 과정에서 이메일 마케팅, 맞춤형 콘텐츠 제공, 고객 여정 분석 등이 중요한 역할을 한다.

| 리드(Lead) 생성과 육성 의미와 접근방법 |

구분	리드 생성(Lead Generation)	리드 육성(Lead Nurturing)
의미	- **리드 생성**은 잠재 고객을 발굴하는 과정으로, 자사 제품 또는 서비스에 관심을 보이는 사람이나 기업을 찾아내는 활동을 의미 - 웹사이트 방문, 콘텐츠 다운로드, 이벤트 참여 등을 통해 관심을 보인 잠재 고객을 확보하는 단계	- **리드 육성**은 생성된 리드를 구매 전환으로 이어지도록 단계적으로 관계를 구축하고 신뢰를 쌓는 과정 - 지속적으로 리드와 소통하면서 구매 결정 시점까지 유도하고 고객과 장기적인 관계를 구축하는 것을 목표로 함
중요성	- 잠재 고객을 확보해 **판매 기회**를 창출하는 출발점 - **고객군 확장과 매출 증대**의 첫 단계 - B2B 비즈니스에서 복잡한 **구매 과정**을 고려해 타깃 잠재 고객을 효과적으로 확보하는 것이 중요	- 리드를 **구매자로 전환**시키는 핵심 과정 - 리드가 자사 제품에 대한 신뢰를 형성하도록 **지속적인 관계**를 구축 - 장기적인 고객 관계를 유지하고, 최종 구매 결정 시 자사를 선택하도록 유도
접근 방법	- **콘텐츠 마케팅**: 블로그, 백서, e북, 웨비나 등 유용한 정보 제공으로 리드 확보 - **SEO 및 SEM**: 검색엔진 최적화와 유료 광고(PPC)로 **웹사이트 트래픽 증가** 및 잠재 고객 확보 - **소셜 미디어**: LinkedIn, Twitter, Facebook 등을 통해 **브랜드 노출과 리드 창출**	- **맞춤형 콘텐츠 제공**: 리드의 관심사와 문제에 맞춘 콘텐츠로 신뢰 구축 - **이메일 캠페인**: 자동화된 이메일 마케팅으로 단계별 리드 육성 - **데이터 기반 마케팅**: 고객 행동 데이터를 기반으로 개인화된 경험 제공 및 타이밍 맞춘 **추가 콘텐츠 제공** - **CRM 및 마케팅 자동화** 도구를 통해 단계별 육성

5) 결과 측정과 ROI 분석

디지털 마케팅의 또 다른 특징은 성과 측정이 매우 용이하다는 점이다. B2B 디지털 마케팅에서는 각 마케팅 캠페인의 ROI(Return On Investment)를 철저하게 분석하고, 그 결과를 바탕으로 전략을 조정할 수 있다. 웹사이트 방문자 수, 전환율, 리드 생성 수, 이메일 오픈율, 클릭률 등의 데이터를 분석하여 마케팅 활동의 성과를 평가하고, 더 나은 결과를 얻기 위한 최적화 작업을 수행한다.

‖ B2B 디지털 마케팅 전략의 주요 요소

B2B 디지털 마케팅 전략을 효과적으로 실행하기 위해서는 몇 가지 주요 요소를 고려해야 한다. 이러한 요소들은 B2B 고객의 구매 여정에 맞춘 맞춤형 접근 방식을 기반으로 한다.

1) 콘텐츠 마케팅

콘텐츠 마케팅은 B2B 디지털 마케팅에서 가장 중요한 전략 중 하나다. 고객은 구매 결정을 내리기 전에 많은 정보를 탐색하고, 그 정보를 바탕으로 최적의 솔루션을 선택한다. 유익하고 가치 있는 콘텐츠를 제공함으로써 고객이 자사 솔루션에 관심을 가지도록 유도할 수 있다. 특히, 사례 연구, 백서, 블로그 포스트, 웨비나, 인포그래픽 등이 B2B 마케팅에서 중요한 역할을 한다.

2) SEO와 SEM(Search Engine Optimization & Search Engine Marketing)

B2B 고객은 문제를 해결하기 위한 정보를 찾을 때, 주로 검색엔진을 사용한다. 따라서 자사의 웹사이트와 콘텐츠가 검색엔진최적화(SEO)를 통해 상위에 노출되도록 하는 것이 중요하다. SEO는 자연 검색 트래픽을 증대시키는 방법이며, SEM은 유료 광고를 통해 검색엔진에서 자사 콘텐츠를 더 쉽게 발견하게 하는 전략이다. 두 가지 방법 모두 B2B 마케팅에서 필수적인 요소다.

3) 소셜 미디어 마케팅

B2B 기업도 소셜 미디어를 통해 잠재 고객과의 소통을 강화할 수 있

다. LinkedIn, Twitter, YouTube와 같은 플랫폼은 B2B 마케팅에 효과적으로 활용될 수 있으며, 특히 LinkedIn은 B2B 기업들이 의사결정자와 직접 연결될 수 있는 중요한 채널이다. 소셜 미디어를 통해 전문가적인 콘텐츠를 공유하고, 고객과의 신뢰를 형성할 수 있다.

4) 이메일 마케팅

이메일 마케팅은 B2B에서 여전히 강력한 마케팅 도구다. 리드 육성 과정에서 개인화된 이메일을 통해 고객과의 지속적인 관계를 유지할 수 있다. 특히 마케팅 자동화 도구를 통해 고객의 행동에 맞춘 맞춤형 이메일을 발송하면, 전환율을 높이는 데 효과적이다.

B2B 디지털 마케팅은 복잡한 의사결정 과정과 정보 중심의 콘텐츠를 기반으로 한 마케팅 전략을 요구한다. 데이터 기반 마케팅과 장기적인 관계 형성이 중요한 요소로 작용하며, 다양한 디지털 채널과 도구를 통해 고객에게 접근하고, 그들의 문제를 해결할 수 있는 맞춤형 솔루션을 제시해야 한다.

디지털 전환과 B2B 마케팅

B2B DIGITAL MARKETING BIBLE

디지털 전환(Digital Transformation)은 기업이 디지털 기술을 활용해 비즈니스 모델을 변화시키고, 운영 방식을 개선하며, 새로운 가치를 창출하는 과정이다. 이는 모든 산업에서 점점 더 중요한 요소가 되고 있으며, B2B 마케팅에서도 디지털 전환은 필수적인 전략으로 자리 잡고 있다. 디지털 기술의 발전은 B2B 기업들이 효율성을 높이고, 고객과의 상호작용을 강화하며, 데이터 기반 의사결정을 내릴 수 있게 도와준다.

‖ 디지털 전환의 개념과 중요성

디지털 전환은 단순히 기술 도입을 넘어, 기업의 전반적인 운영 방식과 문화를 변화시키는 포괄적인 개념이다. 이는 클라우드 컴퓨팅, 인공지능(AI), 사물인터넷(IoT), 빅데이터 분석과 같은 최신 디지털 기술을 사용해 비즈니스 효율성을 높이고, 고객 경험을 혁신하며, 비즈니스 가치를 극대화하는 과정이다.

디지털 전환이 중요한 이유는 다음과 같다.
- **경쟁 우위 확보**: 디지털 기술을 효과적으로 활용하는 기업은 시장 변화에 더 빠르게 대응하고, 경쟁사보다 앞서 나갈 수 있다. B2B 기업이 디지털 전환을 통해 효율적인 비즈니스 프로세스를 구축하면, 비용 절감, 고객 유치 및 유지 측면에서 큰 이점을 얻을 수 있다.
- **고객 기대 충족**: B2B 거래에서 고객은 점점 더 디지털화된 서비스와 원활한 경험을 기대한다. 디지털 전환을 통해 고객의 기대에 부응할 수 있는 혁신적인 서비스를 제공하면, 고객과의 관계가 더욱 견고해진다.
- **데이터 기반 의사결정**: 디지털 기술을 도입하면 기업은 정확한 데이터를 바탕으로 신속하고 효율적인 의사결정을 내릴 수 있다. 이를 통해 마케팅 전략을 최적화하고, 자원을 효율적으로 배분할 수 있다.

‖ B2B 마케팅에서의 디지털 전환

B2B 마케팅에서 디지털 전환은 고객과의 상호작용 방식과 비즈니스 운영 모델을 근본적으로 변화시키고 있다. 전통적인 마케팅 방식에서 벗어나, 디지털 기술을 통해 더욱 정교하고 효율적인 마케팅 전략을 수

립할 수 있다. B2B 기업은 이를 통해 고객 중심의 마케팅을 실현하고, 새로운 비즈니스 기회를 창출할 수 있다.

1) 디지털 채널의 확장

B2B 마케팅에서 디지털 전환은 마케팅 채널의 다변화를 촉진하고 있다. 과거에는 영업 담당자나 전시회와 같은 오프라인 채널에 의존했지만, 디지털 전환을 통해 웹사이트, 소셜 미디어, 이메일 마케팅, 웨비나 등의 다양한 디지털 채널이 중요해지고 있다. 이러한 디지털 채널은 B2B 마케팅에서 더 넓은 타깃에 도달하고, 글로벌 시장에서 비즈니스를 확장하는 데 중요한 역할을 한다.

2) 고객 맞춤형 마케팅

디지털 전환은 B2B 기업들이 개인화된 마케팅을 실행할 수 있게 도와준다. 데이터 분석 기술과 AI 기반 마케팅 도구를 활용해 개별 고객의 요구와 구매 행동을 분석하고, 그에 맞는 맞춤형 콘텐츠를 제공할 수 있다. 이를 통해 B2B 마케팅은 고객의 구매 여정에 맞춘 개별화된 경험을 제공하고, 전환율을 높이는 데 기여한다.

예를 들어, 고객이 자사의 웹사이트에서 어떤 제품에 관심을 보였는지, 이메일을 클릭했는지 등의 데이터를 수집하고 분석해 고객의 행동 패턴에 맞춘 맞춤형 메시지를 전달할 수 있다. 이를 통해 고객은 자신이 중요한 고객으로 대우받고 있다고 느끼게 되며, 이는 고객 만족도와 충성도를 높이는 데 중요한 역할을 한다.

3) 마케팅 자동화

디지털 전환의 핵심 중 하나는 마케팅 자동화다. B2B 마케팅에서 마케팅 자동화는 고객 데이터를 기반으로 자동화된 캠페인을 실행하고, 고객의 행동에 맞춰 맞춤형 콘텐츠를 제공하는 데 사용된다. 이를 통해 마케팅 팀은 더 적은 자원으로 더 많은 고객을 효과적으로 관리할 수 있으며, 리드 육성 과정에서 고객의 요구에 적절히 대응할 수 있다.

마케팅 자동화를 통해 기업은 고객의 행동에 맞춰 이메일, 소셜 미디어, 광고 등 여러 채널에서 일관된 메시지를 전달할 수 있다. 예를 들어, 잠재 고객이 제품 관련 정보를 다운로드했을 때, 해당 고객에게 자동으로 후속 이메일을 발송해 추가 정보를 제공하고, 구매 가능성을 높일 수 있다.

4) 데이터 기반 의사결정

디지털 전환을 통해 B2B 마케팅에서 가장 큰 변화 중 하나는 데이터 기반 의사결정이다. 다양한 디지털 도구를 통해 고객의 행동 데이터를 수집하고, 이를 바탕으로 마케팅 전략을 실시간으로 조정할 수 있다. 웹사이트 방문자 수, 이메일 오픈율, 소셜 미디어 참여율 등 다양한 데이터를 분석해 마케팅 캠페인의 성과를 평가하고, 더 나은 결과를 얻기 위해 전략을 최적화할 수 있다.

또한, AI 및 머신러닝을 활용해 고객의 행동을 예측하고, 개인화된 마케팅 전략을 수립할 수 있다. 이를 통해 마케팅 팀은 고객의 요구를 미리 파악하고, 최적의 시점에 적절한 메시지를 전달함으로써 고객 전환율을 높일 수 있다.

‖ 디지털 전환이 B2B 마케팅에 미치는 영향

디지털 전환은 B2B 마케팅의 효율성, 효과성, 고객 중심성을 크게 향상시킨다. 디지털 기술의 발전으로 B2B 마케팅은 더 정교하고 고객 맞춤형으로 진화하고 있으며, 기업은 이를 통해 경쟁력을 강화할 수 있다.

1) 고객 경험의 혁신
디지털 전환을 통해 B2B 기업은 고객 경험을 혁신할 수 있다. 고객의 요구를 실시간으로 파악하고, 그에 맞춘 솔루션을 제공함으로써 고객의 기대를 뛰어넘는 경험을 제공할 수 있다. 예를 들어, AI를 활용한 챗봇은 고객의 질문에 즉각적으로 답변하고, 필요한 정보를 제공함으로써 고객의 문제를 신속하게 해결할 수 있다.

2) 비즈니스 모델의 변화
디지털 전환은 B2B 기업의 비즈니스 모델을 변화시키고 있다. 기존의 전통적인 판매 방식에서 벗어나, 구독 기반 서비스나 클라우드 기반 솔루션과 같은 디지털 중심의 비즈니스 모델로 전환하고 있다. 이를 통해 기업은 새로운 수익 모델을 창출하고, 고객과의 관계를 더욱 강화할 수 있다.

3) 마케팅 비용 절감과 효율성 증대
디지털 기술을 활용하면 마케팅 비용을 절감하면서도 더 높은 효율성을 달성할 수 있다. 마케팅 자동화를 통해 반복적인 작업을 줄이고, 고객 데이터를 기반으로 한 타깃 마케팅을 실행함으로써 마케팅 캠페인의 효과를 극대화할 수 있다. 예를 들어, 고객의 행동 데이터를 기반으로 이메일 마케팅을 자동화하면, 고객의 요구에 맞춘 맞춤형 메시지를 적시에 전달할 수 있다.

B2B와 B2C 디지털 마케팅 비교

B2B DIGITAL MARKETING BIBLE

B2B(Business-to-Business)와 B2C(Business-to-Consumer) 디지털 마케팅은 디지털 채널과 도구를 활용해 마케팅을 수행한다는 점에서 공통점이 있지만, 목표 고객, 구매 과정, 마케팅 전략 등의 측면에서 큰 차이점을 보인다. B2B와 B2C 마케팅은 각기 다른 타깃층을 대상으로 하므로, 디지털 마케팅의 접근 방식도 차별화된 전략을 필요로 한다.

‖ 타깃 고객의 차이

B2B와 B2C 마케팅의 가장 큰 차이점은 타깃 고객이다. B2B 마케팅은 기업 간 거래를 목적으로 하며, B2C 마케팅은 개인 소비자를 대상으로 한다. 이로 인해 두 마케팅 방식은 구매 의사결정 과정과 고객의 요구에서 본질적인 차이를 나타낸다.

1) B2B 고객

B2B 마케팅의 고객은 개인이 아니라 기업이다. B2B 마케팅에서는 주로 기업의 의사결정자, 구매 담당자, 또는 경영진이 주요 타깃이 된다. 이들은 개인 소비자와 달리, 비즈니스 운영에 필요한 제품이나 서비스를 구매하며, 구매 결정 시 주로 ROI(Return On Investment), 비즈니스 효율성 및 장기적인 가치를 고려한다. 또한, B2B 거래는 여러 이해관계자의 의견이 반영되기 때문에, 구매 과정이 복잡하고 시간이 오래 걸린다.

2) B2C 고객

B2C 마케팅의 타깃은 개인 소비자다. 소비자는 개인적인 필요나 욕구를 충족시키기 위해 제품을 구매하며, 구매 결정은 주로 감정적 요인이나 즉각적인 만족에 의해 이루어진다. 소비자들은 주로 가격, 편리성, 브랜드 인지도 등을 기준으로 구매 결정을 내리며, B2C 거래는 상대적으로 빠르고 단순한 경향이 있다.

∥ 구매 의사결정 과정의 차이

B2B와 B2C 디지털 마케팅에서 또 다른 큰 차이점은 구매 의사결정 과정이다. B2B 마케팅은 장기적인 비즈니스 관계를 형성하고 유지하는 데 중점을 두는 반면, B2C 마케팅은 **빠른 구매 전환**을 유도하는 데 초점을 맞춘다.

1) B2B 구매 의사결정 과정

B2B에서 구매 의사결정은 복잡하고 시간이 오래 걸리는 특징이 있다. 여러 부서와 이해관계자가 관여하는 경우가 많고, 기업은 논리적이고 분석적인 접근을 통해 구매 결정을 내린다. 제품이나 서비스가 기업의 비즈니스 성과에 미치는 영향이 크기 때문에, 의사결정자들은 장기적인 비용 절감과 비즈니스 효율성 향상에 중점을 둔다.

또한, B2B 구매 과정은 일반적으로 문제 인식 → 솔루션 탐색 → 제안서 검토 → 결제 및 계약의 단계를 거친다. 각 단계에서 심층적인 정보를 요구하며, 기업은 구매 결정을 내리기 전에 다양한 자료를 검토하고 신중한 판단을 내린다. 따라서 B2B 마케팅에서는 백서(White Paper), 사례 연구(Case Study), 기술 문서 등과 같은 전문적이고 상세한 콘텐츠가 중요한 역할을 한다.

2) B2C 구매 의사결정 과정

B2C 구매 과정은 상대적으로 단순하고 빠르며, 감정적인 요소가 더 큰 영향을 미친다. 개인 소비자는 즉각적인 만족을 위해 구매 결정을 내리며, 복잡한 검토 과정 없이 직관적으로 결정을 내리는 경우가 많다. 가격, 브랜드 인지도, 사용자 리뷰와 같은 요소가 구매 결정에 중요한 영향을 미친다.

B2C 구매 과정은 보통 문제 인식 → 제품 탐색 → 구매로 이루어진다. 이는 짧은 시간 안에 이루어지며, 소비자는 광고나 소셜 미디어, 웹사이트를 통해 제품을 발견하고 구매하는 경우가 많다. 따라서 B2C 마케팅에서는 시각적 콘텐츠와 강력한 브랜드 스토리가 큰 역할을 한다.

║ 마케팅 전략과 접근 방식의 차이

B2B와 B2C는 타깃층이 다르기 때문에, 각각의 디지털 마케팅 전략도 다르게 전개된다. B2B 마케팅은 주로 합리적이고 논리적인 정보를 제공하는 데 중점을 두는 반면, B2C 마케팅은 감성적이고 빠른 전환을 유도하는 전략을 사용한다.

1) B2B 디지털 마케팅 전략

B2B 디지털 마케팅은 리드 생성(Lead Generation)과 관계 구축에 중점을 둔다. 이 과정에서 잠재 고객에게 전문적인 정보와 솔루션을 제공하고, 기업 간 신뢰를 쌓아나가는 것이 핵심이다. 콘텐츠 마케팅은 B2B 마케팅에서 매우 중요한 전략으로, 심층적인 자료를 통해 고객이 의사결정을 내릴 수 있도록 돕는다. B2B 마케팅에서는 웹사이트, 이메일, SEO, LinkedIn과 같은 전문 네트워크 플랫폼이 주요 채널로 사용된다.

- **콘텐츠 중심**: B2B 마케팅에서는 백서, 블로그 포스트, 사례 연구, 웨비나(Webinar) 등이 사용된다. 이들은 고객이 충분한 정보를 얻고, 자사 제품이 문제 해결에 도움이 된다는 확신을 가질 수 있도록 돕는다.
- **데이터 기반 마케팅**: B2B 마케팅은 데이터 기반 의사결정이 필수적이다. 고객의 행동 데이터를 분석해 맞춤형 콘텐츠를 제공하며, 이를 통해 리드 육성과 전환을 유도한다.

2) B2C 디지털 마케팅 전략

B2C 디지털 마케팅은 빠르게 구매 전환을 유도하기 위한 광고 중심

의 전략을 사용한다. 주로 소비자의 관심을 끌고, 즉각적인 반응을 이끌어 내는 것이 목표이며, 소셜 미디어와 같은 대중적인 플랫폼에서 감성적인 접근이 많이 사용된다. B2C에서는 개인 소비자가 쉽게 이해하고 빠르게 반응할 수 있는 콘텐츠가 중요하다.

- **감성 중심**: B2C 마케팅은 주로 감정적인 연결을 강화하는 데 중점을 둔다. 브랜드 스토리, 감동적인 광고, 제품의 라이프스타일적 측면을 강조하며, 소비자가 자신을 브랜드와 연결할 수 있도록 유도한다.
- **소셜 미디어 활용**: B2C 마케팅에서는 Instagram, Facebook, TikTok과 같은 대중적인 소셜 미디어를 활용해 광범위한 타깃층에 도달하며, 인플루언서 마케팅과 같은 전략이 자주 사용된다.

‖ 고객과의 관계 관리

B2B와 B2C 디지털 마케팅은 고객과의 관계 관리 방식에서도 차이를 보인다. B2B 마케팅은 장기적인 관계를 형성하고 유지하는 것이 중요한 반면, B2C 마케팅은 주로 단기적인 구매와 브랜드 충성도에 중점을 둔다.

1) B2B에서의 고객 관계 관리

B2B 마케팅은 장기적인 관계를 구축하고, 고객의 재구매 및 업셀링(Up-selling)을 유도하는 데 집중한다. B2B 거래는 규모가 크고 계약 기간이 길기 때문에, 한 번의 거래가 끝난 후에도 고객과의 지속적인 소

통이 필수적이다. 이를 위해 CRM(Customer Relationship Management) 시스템과 마케팅 자동화 도구가 사용되며, 고객의 요구에 맞춘 맞춤형 솔루션과 지속적인 지원이 제공된다.

B2B 기업은 고객이 비즈니스 목표를 달성할 수 있도록 교육 자료, 지속적인 지원 서비스, 맞춤형 컨설팅 등을 제공해 신뢰를 쌓아나간다. 이 과정에서 고객의 비즈니스 성과를 개선하는 데 기여함으로써 장기적인 파트너십을 형성할 수 있다.

2) B2C에서의 고객 관계 관리

B2C 마케팅에서는 주로 브랜드 충성도를 강화하고, 반복 구매를 유도하는 전략이 사용된다. B2C 고객은 비교적 간단한 구매 결정을 내리기 때문에, 브랜드가 지속적으로 고객과 소통하고 감정적인 연결을 유지하는 것이 중요하다. 이를 위해 이메일 마케팅, 소셜 미디어 팔로우업, 할인 혜택 제공 등이 활용된다.

B2C에서는 고객 리뷰와 소셜 미디어 상호작용을 통해 고객의 충성도를 높이고, 고객이 브랜드를 지속적으로 기억하도록 만드는 것이 중요한 전략이다.

B2B 마케팅은 주로 합리적이고 데이터 중심의 접근 방식을 요구하며, 장기적인 관계 형성에 중점을 둔다. 반면, B2C 마케팅은 감성적이고 즉각적인 구매 전환을 유도하는 것이 목표이며, 소셜 미디어와 감성적인 콘텐츠가 큰 역할을 한다.

| B2B와 B2C 디지털 마케팅 비교 |

항목	B2B 디지털 마케팅	B2C 디지털 마케팅
타깃 고객	기업의 의사결정자, 구매 담당자, 경영진	개인 소비자
구매 의사 결정 과정	복잡하고 길며, 여러 이해관계자와 장기적인 고려	단순하고 빠르며, 감정적 요인이 큰 영향을 미침
주요 구매 기준	ROI, 비용 절감, 비즈니스 효율성, 장기적 가치	가격, 편리성, 브랜드 인지도, 감정적 만족
구매 과정	문제 인식 → 솔루션 탐색 → 제안서 검토 → 계약	문제 인식 → 제품 탐색 → 구매
콘텐츠 유형	백서, 사례 연구, 기술 문서, 웨비나	광고, 소셜 미디어 포스트, 리뷰, 비디오
마케팅 전략	리드 생성 및 관계 구축, 전문적이고 논리적인 정보 제공	빠른 구매 전환 유도, 감성적이고 직관적인 접근
주요 채널	웹사이트, 이메일, LinkedIn, SEO	소셜 미디어(Facebook, Instagram, TikTok 등), 유튜브
마케팅 자동화 도구	CRM, 마케팅 자동화 플랫폼	이메일 마케팅, 소셜 미디어 팔로우업
고객관계 관리	장기적 관계 구축, 재구매 및 업셀링 유도	브랜드 충성도 강화, 반복 구매 유도
중요 요소	데이터 기반 마케팅, 신뢰 구축, 맞춤형 솔루션 제공	감정적 연결, 즉각적 반응, 할인 및 혜택 제공

디지털 시대의 고객 경험 관리

B2B DIGITAL MARKETING BIBLE

　디지털 시대에서 고객 경험(CX, Customer Experience)은 기업이 고객과의 관계를 형성하고 유지하는 데 핵심적인 요소로 자리 잡았다. 특히 B2B 마케팅에서 고객 경험은 단순한 거래를 넘어, 장기적인 비즈니스 관계를 구축하고 고객의 문제를 해결하는 중요한 역할을 한다. 디지털 기술의 발전으로 B2B 기업들은 고객 중심의 접근 방식을 강화할 수 있게 되었으며, 이를 통해 고객 만족도와 충성도를 높이는 전략이 더욱 중요해졌다.

‖ 고객 경험 관리의 중요성

　고객 경험 관리는 디지털 시대에 B2B 마케팅에서 필수적인 요소로 자리 잡고 있다. 이는 단순히 제품을 판매하고 거래를 완료하는 것이 아니라, 고객의 전체 여정에서 긍정적인 경험을 제공하는 것을 의미한다. 디지털 기술을 활용해 데이터 기반으로 고객의 요구를 파악하고, 고객과의 상호작용을 개선하는 것이 성공적인 B2B 마케팅의 핵심 전략이다.

고객 경험 관리가 중요한 이유는 다음과 같다.
- **고객 유지와 장기적인 관계**: B2B 거래는 종종 장기적인 계약이나 파트너십을 기반으로 하며, 이는 기업이 지속적으로 고객을 만족시키고, 재구매와 업셀링을 유도하는 데 중점을 둬야 한다는 것을 의미한다. 긍정적인 고객 경험을 제공하는 기업은 고객과의 관계를 더 오랫동안 유지할 수 있다.
- **차별화된 경쟁력 제공**: 디지털 시대에서는 제품 자체의 기능과 가격만으로는 경쟁에서 우위를 점하기 어려운 경우가 많다. 이때 고객 경험은 차별화된 경쟁 요소로 작용하며, 고객은 단순한 제품보다도 원활한 서비스와 뛰어난 지원을 기대한다.
- **고객 추천과 브랜드 신뢰**: 만족한 고객은 다른 기업에 자사 서비스를 추천하거나 긍정적인 리뷰를 남길 가능성이 높다. 이는 B2B 마케팅에서 매우 중요한 요소로, 성공적인 고객 경험 관리가 브랜드 신뢰를 쌓는 데 필수적이다.

‖ 디지털 기술을 활용한 고객 경험 관리

디지털 기술의 발전은 B2B 기업들이 고객 경험 관리를 한층 더 발전시키는 데 중요한 역할을 하고 있다. 다양한 디지털 도구와 플랫폼을 통해 고객의 요구를 실시간으로 파악하고, 맞춤형 솔루션을 제공할 수 있다.

1) 데이터 기반 맞춤형 경험 제공

디지털 시대에는 고객의 행동 데이터를 실시간으로 수집하고 분석할 수 있다. 이를 통해 B2B 기업은 고객의 필요와 선호를 더욱 정확하게 파악하고, 개별화된 경험을 제공할 수 있다. 예를 들어, 고객이 특정 제품을 자주 찾는다면, 이를 기반으로 맞춤형 추천 제품을 제안하거나, 구매 패턴을 분석해 적절한 시점에 후속 제품을 소개할 수 있다.

이러한 맞춤형 접근은 고객에게 자사 솔루션이 개인적으로 중요한 가치를 제공한다는 신뢰를 줄 수 있으며, 이는 고객 만족도와 충성도를 높이는 데 큰 도움이 된다.

2) 옴니채널 전략의 구현

디지털 기술은 B2B 기업이 다양한 디지털 채널을 통해 고객과 상호작용할 수 있게 해준다. 옴니채널 전략은 웹사이트, 이메일, 소셜 미디어, 모바일 애플리케이션 등 여러 디지털 채널을 통합해 일관된 고객 경험을 제공하는 것을 목표로 한다.

옴니채널 전략을 통해 B2B 기업은 고객이 어느 채널에서든지 원활한 경험을 할 수 있도록 지원한다. 예를 들어, 고객이 웹사이트에서 제품을 탐색하다가 이메일로 후속 정보를 받고, 나중에 모바일 앱에서 구매하는 흐름을 자연스럽게 이어가는 방식이다. 이 과정에서 모든 채널은 연결되고 통합되어야 하며, 고객은 어디서든지 일관된 메시지와 지원을 받을 수 있다.

3) 고객 지원 시스템의 자동화

디지털 시대에는 고객 지원 시스템의 자동화가 고객 경험 관리를 개선하는 중요한 역할을 한다. 챗봇(Chatbot)과 AI 기반 고객 지원 도구는 실시간으로 고객의 질문에 답변하고, 문제를 신속하게 해결하는 데 유용하다. 이러한 자동화된 지원 시스템은 24시간 내내 고객을 지원할 수 있어, 고객이 언제든지 도움을 받을 수 있는 환경을 제공한다.

고객 지원 자동화를 통해 B2B 기업은 더 빠르고 효율적인 문제 해결을 제공할 수 있으며, 이는 고객의 기대치를 충족시키고, 신뢰를 쌓는 데 기여한다.

4) 데이터 분석을 통한 예측 마케팅

빅데이터(Big Data)와 AI 기술을 활용해 고객의 행동을 분석하고, 예측 마케팅을 수행할 수 있다. 고객의 과거 구매 기록, 웹사이트 행동, 이메일 응답 패턴 등을 분석하여 고객이 다음에 어떤 요구를 가질지 예측하고, 이를 기반으로 개인화된 제안을 사전에 제공할 수 있다.

예를 들어, 특정 고객이 계절마다 특정 제품을 구매하는 패턴을 보인다면, B2B 기업은 미리 해당 제품에 대한 할인을 제안하거나, 관련 제품을 추천하는 방식으로 예측 마케팅을 수행할 수 있다. 이는 고객이 자신에게 맞춤형 서비스를 제공받고 있다고 느끼게 하여, 긍정적인 경험을 강화한다.

‖ 고객 여정에서의 디지털 경험 관리

B2B 마케팅에서 고객 여정(Customer Journey)은 매우 중요한 개념이다. 고객 여정은 고객이 문제를 인식하고, 솔루션을 탐색하고, 구매 결정을 내리는 모든 과정을 포함하며, 디지털 시대에는 각 단계에서 최적화된 고객 경험을 제공하는 것이 중요하다.

1) 탐색 단계에서의 경험 관리

고객이 문제를 인식하고 해결책을 탐색하는 초기 단계에서는, 검색엔진최적화(SEO)와 콘텐츠 마케팅이 중요한 역할을 한다. 이 단계에서 고객은 자신에게 필요한 정보를 찾기 위해 여러 경로를 탐색하므로, 기업은 유용한 정보를 제공하고 가치 있는 콘텐츠를 통해 신뢰를 얻어야 한다.

B2B 기업은 블로그, 백서, 사례 연구 등을 제공하여 고객이 충분한 정보를 바탕으로 의사결정을 할 수 있도록 돕는다. 또한, 웹사이트의 사용자 경험(UX)을 최적화하여 고객이 필요한 정보를 빠르게 찾고, 자연스럽게 구매 과정으로 이어질 수 있게 하는 것이 중요하다.

2) 구매 결정 단계에서의 경험 관리

고객이 구매 결정을 내리는 단계에서는 직접적인 지원과 명확한 정보 제공이 필요하다. 이 단계에서 고객은 기업과의 소통을 원하며, 그들의 질문에 대한 신속하고 정확한 답변을 기대한다. 라이브 채팅, 맞춤형 제안, 명확한 가격 정보 제공 등은 고객이 결정을 내리는 데 중요한 요소다.

B2B 기업은 이 단계에서 구체적인 혜택과 투자 대비 수익(ROI)을 강

조하여 고객이 구매 결정을 내리도록 유도할 수 있다. 또한, 고객이 결정을 내리기 전이나 후에 추가적인 지원을 제공하여, 전체적인 경험을 개선할 수 있다.

3) 구매 후 단계에서의 경험 관리

B2B 거래는 구매가 완료된 후에도 지속적으로 관리가 필요하다. 고객이 제품을 도입한 후에도 지속적인 지원과 업데이트된 정보 제공을 통해 관계를 유지하는 것이 중요하다. 이를 위해 B2B 기업은 고객 성공 팀을 운영하거나, 지속적인 교육 자료를 제공하여 고객이 자사 제품을 최대한 효과적으로 사용할 수 있도록 도와야 한다.

또한, 구매 후 고객의 피드백을 수집하고, 이를 반영한 개선된 서비스를 제공함으로써 장기적인 파트너십을 구축할 수 있다. 고객이 만족할 경우, 재구매뿐 아니라 추천을 통해 추가적인 고객을 확보할 수 있다.

‖ 고객 경험 개선을 위한 핵심 전략

디지털 시대에서 성공적인 고객 경험 관리를 위해서는 몇 가지 핵심 전략을 고려해야 한다.

1) 데이터 중심의 의사결정

디지털 마케팅에서는 데이터 분석이 고객 경험 관리를 개선하는 핵심 도구다. 고객의 행동 데이터를 수집하고 분석해 고객이 어떤 경험을 선호하는지 파악한 후, 이를 바탕으로 의사결정을 내려야 한다. 고객의 피드백과 데이터 분석 결과를 통해 마케팅 전략을 지속적으로 개선하고 최적화할 수 있다.

2) 고객 중심의 접근

모든 마케팅 활동은 고객 중심적으로 이루어져야 한다. 기업이 제공하는 솔루션이 고객의 문제를 어떻게 해결할 수 있는지, 고객이 어떤 점을 중요하게 생각하는지를 정확히 파악해야 한다. 이를 위해 고객과의 소통을 강화하고, 그들의 요구를 반영한 맞춤형 솔루션을 제공하는 것이 중요하다.

3) 지속적인 개선과 혁신

고객 경험 관리는 한 번으로 끝나는 작업이 아니라, 지속적인 개선과 혁신이 필요한 과정이다. 디지털 기술과 도구는 빠르게 발전하고 있으며, 고객의 기대 역시 지속적으로 변화한다. B2B 기업은 이를 반영해 끊임없이 고객 경험을 개선하고, 새로운 기술을 도입해 고객에게 더 나은 가치를 제공해야 한다.

디지털 시대의 고객 경험 관리는 B2B 마케팅에서 성공을 결정짓는 중요한 요소다. 디지털 기술을 활용해 데이터 기반 의사결정, 개인화된 경험 제공, 옴니채널 전략 등을 통해 고객에게 최고의 경험을 제공하는 것이 중요하다. 이를 통해 고객과의 장기적인 관계를 구축하고, 비즈니스 성과를 극대화할 수 있다.

| B2B 고객 여정에 따른 디지털 경험과 경험 개선 전략 |

고객 여정 단계	디지털 경험 관리	경험 개선 전략
1. 탐색 단계	- 고객이 문제를 인식하고 해결책을 탐색하는 단계 - 검색엔진최적화(SEO), 블로그, 백서, 사례 연구 등으로 유용한 정보 제공 - 웹사이트의 사용자 경험(UX) 최적화로 고객이 필요한 정보를 빠르게 탐색 가능하게 함	- **SEO 최적화**로 고객이 쉽게 자사 콘텐츠를 발견하도록 지원 - **콘텐츠 마케팅**을 통해 신뢰와 전문성을 구축 - **웹사이트 UX 개선**으로 고객이 빠르게 정보에 접근하고 자연스럽게 다음 단계로 이동할 수 있도록 유도
2. 고려 및 평가 단계	- 고객이 솔루션을 평가하고 선택지를 비교하는 단계 - 제품 데모, 고객 후기, 기술 자료 제공 등으로 신뢰성 강화 - 고객의 요구에 맞춘 맞춤형 콘텐츠 제공을 통해 결정에 도움을 줌	- **고객 맞춤형 콘텐츠**(e북, 사례 연구)를 제공해 자사 솔루션이 고객 문제에 적합하다는 점을 강조 - **기술 자료 및 데모 영상**을 제공해 제품에 대한 신뢰성을 높임 - **사용자 리뷰**와 **성공 사례**를 통해 신뢰 강화
3. 구매 결정 단계	- 고객이 구매 결정을 내리는 단계 - 라이브 채팅, 맞춤형 제안, 명확한 가격 정보 제공으로 의사결정 지원 - ROI(투자 대비 수익) 등 구체적인 비즈니스 성과 강조	- **실시간 지원**(라이브 채팅)으로 고객 질문에 즉각 답변 제공 - **구체적인 ROI**를 제시하여 투자 대비 성과를 명확히 설명 - **맞춤형 제안서**를 통해 고객 요구에 최적화된 솔루션을 제공해 결정을 유도
4. 구매 후 단계	- 고객이 제품을 사용하며 지속적인 지원을 받는 단계 - 제품 도입 후 지속적인 교육 자료 제공 및 고객 성공 팀 운영 - 고객 피드백을 수집하여 지속적인 개선 반영	- **지속적인 지원 및 교육**을 통해 제품 사용 효율성 극대화 - **고객 성공 팀**을 통해 문제 해결 및 만족도 유지 - **피드백 수집** 후 개선된 서비스와 맞춤형 솔루션을 제공해 장기적인 관계 유지 및 추가 구매 유도
5. 장기적 파트너 십 구축	- 고객이 만족스러운 경험을 바탕으로 재구매 및 추천을 하는 단계 - 고객의 피드백을 바탕으로 관계를 강화하고 장기적인 비즈니스 파트너십 구축 - 추천 프로그램 등을 통해 새로운 리드를 유도	- **재구매 유도 전략**을 통해 고객과 장기적인 파트너십 구축 - **고객 피드백 반영**으로 맞춤형 개선 솔루션 제공 - **추천 프로그램**을 통해 고객이 다른 잠재 고객을 추천하도록 유도하며 신규 리드 확보

제8장

B2B 콘텐츠 마케팅 전략

B2B 콘텐츠 마케팅의 정의와 역할

B2B DIGITAL MARKETING BIBLE

B2B 콘텐츠 마케팅(Business-to-Business Content Marketing)은 기업이 타깃 고객에게 유익하고 가치 있는 콘텐츠를 제공함으로써 신뢰를 구축하고 리드를 생성하며 고객과의 장기적인 관계를 강화하는 마케팅 전략이다. B2B 콘텐츠 마케팅은 단순히 제품이나 서비스에 대한 홍보를 넘어 고객이 비즈니스 문제를 해결할 수 있도록 돕는 정보를 제공하고, 이를 통해 구매 의사결정을 지원한다.

‖ B2B 콘텐츠 마케팅의 정의

B2B 콘텐츠 마케팅은 목적에 맞는 콘텐츠를 통해 타깃 고객에게 접근하여 그들이 직면한 문제에 대한 해결책을 제시하고, 장기적으로 비즈니스 성과를 증대시키는 활동이다. 이 과정에서 기업은 주로 블로그

포스트, 백서(White Paper), 사례 연구(Case Study), 웨비나(Webinar) 등의 콘텐츠를 활용하여 고객에게 필요한 정보를 제공한다.

B2B 콘텐츠 마케팅의 핵심은 고객의 니즈와 문제를 이해하고, 그에 맞는 맞춤형 콘텐츠를 제공하는 것이다. 이를 통해 기업은 고객의 신뢰를 얻고 고객이 자사 솔루션을 고려할 수 있도록 도와준다. 특히 B2B 거래는 구매 결정 과정이 길고 복잡하기 때문에 콘텐츠 마케팅은 각 단계에서 고객을 지원하며, 궁극적으로 구매로 이어질 수 있는 효과적인 도구로 작용한다.

‖ B2B 콘텐츠 마케팅의 역할

B2B 콘텐츠 마케팅은 단순한 홍보나 광고를 넘어, 고객 중심의 접근 방식을 통해 기업과 고객 간의 신뢰를 형성하고 비즈니스 성과를 촉진하는 데 중요한 역할을 한다. B2B 콘텐츠 마케팅의 주요 역할은 다음과 같다.

1) 신뢰 구축과 브랜드 인지도 향상

B2B 기업은 콘텐츠 마케팅을 통해 전문성을 보여주고 고객과의 신뢰를 구축할 수 있다. 고객은 제품이나 서비스를 구매하기 전에 충분한 정보를 탐색하고, 그 과정에서 전문적이고 유용한 정보를 제공하는 기업에 신뢰를 느낀다. 예를 들어, 특정 문제를 해결하는 방법을 제시하는 블로그 포스트나 성공적인 고객 사례를 공유하는 콘텐츠는 기업의 전문성을 강조하고 고객이 기업을 신뢰할 수 있는 근거를 제공한다.

특히, 백서와 사례 연구는 B2B 마케팅에서 중요한 콘텐츠 유형으로 고객이 직면한 문제를 해결할 수 있는 구체적인 사례와 분석을 제시함으로써 신뢰를 형성하는 데 효과적이다. 이러한 콘텐츠는 고객이 기업의 솔루션이 실제 비즈니스 상황에서 어떻게 적용될 수 있는지 이해할 수 있도록 돕는다.

2) 리드 생성과 리드 육성

B2B 콘텐츠 마케팅의 또 다른 중요한 역할은 리드 생성과 리드 육성이다. 콘텐츠 마케팅을 통해 잠재 고객이 자사에 관심을 가지게 하고, 그 관심을 리드로 전환하는 것이 목표다. 예를 들어, 유익한 정보를 제공하는 e북이나 가이드를 통해 고객이 이메일을 남기도록 유도하고, 이를 기반으로 리드로 전환할 수 있다.

리드를 생성한 이후에는 그들이 구매로 이어지도록 지속적으로 맞춤형 콘텐츠를 제공하는 것이 중요하다. 이를 리드 육성이라고 하며 고객이 구매 결정을 내리기까지 필요한 정보를 단계적으로 제공하고, 그들의 관심을 유지할 수 있도록 돕는다. 이를 위해 이메일 마케팅, 자동화된 콘텐츠 추천 등을 활용하여 고객의 행동에 맞춘 콘텐츠를 제공할 수 있다.

3) 고객 교육과 의사결정 지원

B2B 구매 과정은 일반적으로 복잡하고 시간이 오래 걸리기 때문에 콘텐츠 마케팅은 고객이 의사결정을 내리는 과정을 지원하는 데 중요한 역할을 한다. 고객은 문제를 해결할 수 있는 솔루션을 찾기 위해 많은 정보를 탐색하며, 이 과정에서 B2B 기업이 제공하는 교육 자료는 고객이 자신에게 적합한 솔루션을 선택하는 데 도움을 준다.

특히, 웨비나 심층 보고서와 같은 콘텐츠는 고객이 제품의 기술적 기능이나 비즈니스적 가치를 깊이 이해할 수 있도록 돕는다. 이처럼 콘텐츠 마케팅은 단순히 홍보를 넘어 고객에게 실질적인 가치를 제공하고 고객이 최종 결정을 내리는 데 필요한 모든 정보를 제공하는 역할을 한다.

4) 고객 유지 및 관계 강화

B2B 콘텐츠 마케팅은 고객 유지와 관계 강화에도 중요한 역할을 한다. 기존 고객과의 관계를 유지하고, 지속적으로 그들에게 유용한 정보를 제공함으로써 재구매를 유도하거나 업셀링과 크로스셀링(Cross-selling)을 통해 추가적인 매출을 창출할 수 있다.

예를 들어, 제품 사용 방법이나 최신 트렌드를 다룬 콘텐츠를 통해 고객이 자사 제품을 더욱 효율적으로 활용할 수 있도록 돕고, 새로운 기능이나 추가 제품에 대한 정보를 제공하여 고객의 비즈니스 성과를 높일 수 있다. 이는 고객이 자사 솔루션에 대한 신뢰를 지속적으로 유지하게 하고 경쟁사로의 이탈을 방지하는 데 중요한 역할을 한다.

‖ B2B 콘텐츠 마케팅의 주요 특징

B2B 콘텐츠 마케팅은 B2C 콘텐츠 마케팅과는 다른 몇 가지 고유한 특징을 가지고 있다. 이는 B2B 마케팅의 특성상 고객이 장기적인 비즈니스 목표를 가지고 있으며 의사결정 과정이 복잡하다는 점에서 기인한다.

1) 정보 중심적이고 논리적인 접근

B2B 콘텐츠는 주로 정보 중심적이고 논리적인 내용을 담고 있다. B2B 고객은 비즈니스 의사결정을 내리기 위해 데이터와 사례 연구를 기반으로 한 구체적인 정보를 필요로 하며, 단순한 광고나 감성적인 메시지보다는 실질적인 가치와 혜택을 제공하는 콘텐츠를 선호한다. 따라서 B2B 콘텐츠 마케팅에서는 고객이 직면한 문제를 해결할 수 있는 구체적인 방법을 제시하는 것이 중요하다.

2) 긴 구매 주기와 맞춤형 접근

B2B 구매 주기는 일반적으로 길고 복잡하다. 따라서 콘텐츠 마케팅은 고객 여정에 맞춘 맞춤형 접근이 필요하다. 예를 들어, 고객이 초기 단계에서 제품이나 솔루션을 탐색할 때는 일반적인 정보를 제공하는 콘텐츠가 유용하지만, 구매 결정을 내리기 직전에는 심층적인 분석과 비교 자료가 필요하다. 이를 위해 다양한 단계에서 고객이 필요로 하는 정보를 제공하고, 그들의 구매 여정에 맞는 맞춤형 콘텐츠 전략을 수립하는 것이 중요하다.

3) 장기적인 관계 형성

B2B 콘텐츠 마케팅은 단기적인 판매보다는 장기적인 관계 형성에 중점을 둔다. B2B 고객은 한 번의 거래로 끝나는 것이 아니라 지속적으로 제품이나 서비스를 사용하며 필요에 따라 업그레이드나 추가 솔루션을 도입한다. 이를 위해 콘텐츠 마케팅은 고객과의 지속적인 소통을 강화하고 그들의 요구에 맞춘 교육 자료와 지속적인 지원을 제공하는 데 중점을 둔다.

‖ 성공적인 B2B 콘텐츠 마케팅을 위한 핵심 전략

B2B 콘텐츠 마케팅이 성공하려면 다음과 같은 핵심 전략을 고려해야 한다.

1) 고객 중심의 콘텐츠 기획

성공적인 콘텐츠 마케팅을 위해서는 먼저 고객의 요구와 문제를 정확히 이해하고, 이를 반영한 콘텐츠를 기획해야 한다. 이를 위해 고객의 페인 포인트(Pain Point)를 파악하고, 그들이 직면한 문제를 해결할 수 있는 유용한 정보를 제공해야 한다.

또한, 콘텐츠는 고객의 구매 여정에 맞게 설계되어야 하며, 각 단계에서 고객이 필요로 하는 정보를 제공해야 한다. 초기 탐색 단계에서는 문제 해결 방안에 대한 일반적인 정보를 제공하고, 구매 결정 단계에서는 제품 비교 자료나 고객 사례와 같은 구체적인 데이터를 제공하는 것이 효과적이다.

2) 콘텐츠의 다양성 확보

B2B 콘텐츠 마케팅에서는 다양한 유형의 콘텐츠를 활용해 고객과의 상호작용을 강화할 필요가 있다. 블로그, 백서, 사례 연구, 웨비나, 영상 콘텐츠 등 다양한 형식의 콘텐츠를 통해 고객이 선호하는 방식으로 정보를 제공하고, 더 깊이 있는 상호작용을 유도할 수 있다.

3) 성과 측정과 최적화

콘텐츠 마케팅의 성과를 지속적으로 측정하고 최적화하는 것이 중요하다. 각 콘텐츠의 조회 수, 다운로드 수, 리드 전환율 등을 분석해 어떤 콘텐츠가 효과적인지 파악하고, 이를 바탕으로 마케팅 전략을 개선해야 한다. 또한, SEO(검색엔진최적화)를 통해 콘텐츠가 검색엔진에서 상위에 노출되도록 하고, 고객이 자사 콘텐츠를 쉽게 찾을 수 있도록 하는 것도 중요하다.

B2B 콘텐츠 마케팅은 고객에게 가치 있는 정보를 제공함으로써 신뢰를 구축하고, 리드 생성 및 고객 유지를 목표로 하는 중요한 마케팅 전략이다. 기업은 고객의 문제를 해결할 수 있는 정보를 제공하고, 각 구매 단계에 맞춘 맞춤형 콘텐츠를 통해 고객과의 장기적인 관계를 강화할 수 있다. 성공적인 B2B 콘텐츠 마케팅을 위해서는 고객 중심의 기획, 다양한 콘텐츠 유형의 활용, 그리고 지속적인 성과 측정과 최적화가 필요하다.

고객 문제와 니즈를 반영한 콘텐츠 기획

B2B DIGITAL MARKETING BIBLE

B2B 콘텐츠 마케팅에서 성공적인 전략은 고객의 문제와 니즈를 반영한 콘텐츠를 기획하는 데서 시작한다. B2B 구매 과정은 길고 복잡하며, 고객은 비즈니스 문제를 해결할 수 있는 신뢰할 만한 정보와 구체적인 솔루션을 찾는 경우가 많다. 이러한 요구를 충족시키기 위해서는 고객이 직면한 문제를 정확히 이해하고, 이를 해결할 수 있는 가치 있는 콘텐츠를 제공해야 한다.

‖ 고객 문제와 니즈 분석의 중요성

B2B 마케팅에서 고객은 주로 기업 내에서 의사결정을 내리는 역할을 맡고 있으며, 그들이 해결해야 할 비즈니스 문제는 매우 구체적이고 실용적인 성격을 띤다. 따라서 콘텐츠 기획의 출발점은 고객의 문제를 이

해하고 그 문제를 해결할 수 있는 솔루션을 중심으로 콘텐츠를 구성하는 것이다.

고객 문제와 니즈 분석이 중요한 이유는 다음과 같다.
- **고객 신뢰 구축**: 고객의 문제를 정확히 이해하고, 그 문제에 대한 해결책을 제시하는 콘텐츠는 고객의 신뢰를 얻는 데 중요한 역할을 한다. 이를 통해 고객은 자사가 자신들의 필요를 깊이 이해하고, 실질적인 도움을 줄 수 있다는 확신을 갖게 된다.
- **효과적인 리드 생성**: 문제 중심의 콘텐츠는 고객의 관심을 끌고 리드로 전환시키는 데 효과적이다. 고객은 자신의 문제를 해결해 줄 수 있는 정보와 솔루션을 찾기 위해 관련 콘텐츠를 탐색하며, 이러한 과정에서 고객의 문제를 반영한 콘텐츠는 강력한 리드 생성 도구가 될 수 있다.
- **의사결정 지원**: B2B 구매 과정은 여러 의사결정자가 관여하고, 각기 다른 부서의 요구가 반영된다. 고객의 문제를 해결하는 콘텐츠는 기업 내 의사결정자들이 구매 결정을 내리는 데 필요한 정보를 제공해, 구매 과정을 지원할 수 있다.

∥ 고객 문제와 니즈를 반영한 콘텐츠 기획 과정

고객의 문제와 니즈를 반영한 콘텐츠를 기획하기 위해서는 심층적인 분석과 구체적인 기획 과정이 필요하다. 다음은 효과적인 콘텐츠 기획을 위한 핵심 과정이다.

1) 고객 페르소나(Persona) 설정

고객 문제를 파악하기 위해서는 고객 페르소나를 설정하는 것이 중요하다. B2B 마케팅에서 고객 페르소나는 주로 기업 내에서 의사결정을 내리는 구매 담당자, 관리자, 경영진 등이 될 수 있다. 이들은 각기 다른 비즈니스 목표와 문제를 가지고 있으므로 각각의 페르소나에 맞는 콘텐츠 전략이 필요하다.

고객 페르소나 설정을 위해서는 다음과 같은 질문에 답을 할 수 있어야 한다.

고객은 어떤 산업에 종사하는가?
고객이 직면한 주요 비즈니스 문제는 무엇인가?
고객의 주요 목표와 도전 과제는 무엇인가?
고객은 의사결정 과정에서 어떤 정보를 중요하게 생각하는가?

고객 페르소나를 구체적으로 설정함으로써 각기 다른 고객이 겪고 있는 문제를 명확히 이해할 수 있으며, 이를 바탕으로 맞춤형 콘텐츠를 기획할 수 있다.

2) 고객 문제와 니즈 파악

고객의 문제와 니즈를 파악하기 위해서는 시장 조사와 고객 인터뷰, 데이터 분석 등을 통해 고객의 행동과 요구를 분석해야 한다. B2B 고객은 주로 다음과 같은 문제를 해결하기 위해 콘텐츠를 찾는다.

- **비용 절감**: 기업은 더 적은 비용으로 더 많은 성과를 내는 솔루션을 찾고자 한다. 따라서 콘텐츠는 비용 절감에 중점을 두어야 하며, 자사 솔루션이 어떻게 운영 효율성을 높이고 비용을 절감할 수 있는지를 설명해야 한다.

- **효율성 개선**: 많은 B2B 고객은 업무 프로세스의 효율성을 높이고자 한다. 따라서 콘텐츠는 자사 제품이나 서비스가 비즈니스 프로세스를 어떻게 간소화하고 생산성을 향상시킬 수 있는지 구체적으로 설명해야 한다.
- **성장 기회 모색**: 기업은 시장에서의 경쟁력을 강화하고 성장을 도모하기 위해 새로운 기회를 찾는다. 이때, 콘텐츠는 자사 솔루션이 어떻게 새로운 시장 진출이나 비즈니스 확장에 기여할 수 있는지를 제시해야 한다.

고객이 직면한 문제를 명확히 이해한 후에는, 이를 해결할 수 있는 콘텐츠를 기획하여 고객의 요구를 충족시킬 수 있다.

3) 문제 해결 중심의 콘텐츠 기획

고객의 문제와 니즈를 파악한 후 콘텐츠는 이러한 문제를 해결하는 데 중점을 두어야 한다. B2B 고객은 문제 해결에 필요한 실질적인 정보와 구체적인 솔루션을 찾고 있으므로 콘텐츠는 다음과 같은 요소를 포함해야 한다.

- **문제 정의**: 콘텐츠의 서두에서 고객이 직면한 문제를 명확히 정의하고, 그 문제가 고객의 비즈니스에 어떤 영향을 미치는지 설명한다. 이를 통해 고객은 자사가 자신의 문제를 잘 이해하고 있음을 확인하게 된다.
- **솔루션 제시**: 문제를 정의한 후, 자사 제품이나 서비스가 그 문제를 어떻게 해결할 수 있는지를 구체적으로 설명한다. 이때, 자사의 솔루션이 제공할 수 있는 비즈니스 성과와 ROI(Return On Investment)를 강조하는 것이 중요하다.

- **성공 사례**: 자사의 솔루션이 실제로 비슷한 문제를 해결한 성공 사례를 포함함으로써 고객의 신뢰를 높일 수 있다. 고객은 자신과 유사한 상황에서 자사 제품이 어떤 결과를 낳았는지를 알고 싶어하기 때문에 성공적인 고객 사례를 제시하는 것은 매우 효과적이다.

4) 콘텐츠 유형 선택

고객의 문제와 니즈에 맞춰 다양한 콘텐츠 유형을 기획하는 것이 중요하다. B2B 마케팅에서는 고객이 필요로 하는 정보를 제공하기 위해 여러 콘텐츠 유형이 활용될 수 있다.

- **블로그 포스트**: 간결하고 핵심적인 정보를 제공하며 고객이 빠르게 문제를 이해할 수 있도록 돕는다. 블로그는 트렌드, 새로운 기술 또는 솔루션에 대한 정보를 제공하는 데 적합하다.
- **백서(White Paper)**: 특정 주제에 대한 심층적인 분석과 데이터를 제공하는 백서는 고객이 의사결정을 내리기 전에 필요한 전문적 정보를 제공한다.
- **사례 연구(Case Study)**: 고객의 성공적인 문제 해결 사례를 보여주는 사례 연구는 고객이 자사 솔루션의 실질적인 효과를 확인할 수 있게 한다.
- **웨비나(Webinar)**: 실시간으로 고객과 소통하며 복잡한 문제를 설명하고 해결책을 제시하는 데 효과적인 도구다. 웨비나는 고객의 질문에 즉각적으로 답변할 수 있어 고객 참여를 유도하는 데 효과적이다.

∥ 고객 문제 해결을 위한 콘텐츠 기획의 핵심 전략

고객 문제를 해결하는 콘텐츠를 기획하기 위해서는 몇 가지 핵심 전략을 고려해야 한다.

1) 고객 중심적 사고
콘텐츠를 기획할 때는 고객 중심적 사고를 바탕으로 기획해야 한다. 고객의 문제를 깊이 이해하고, 그들이 직면한 도전 과제를 해결하는 데 중점을 두어야 하며, 자사의 이익보다는 고객의 성공을 돕는 데 중점을 두는 것이 중요하다. 이를 위해 고객이 콘텐츠를 통해 얻고자 하는 바를 명확히 설정하고 그들의 요구에 맞춘 맞춤형 콘텐츠를 제공해야 한다.

2) 통합적인 접근
고객의 문제는 종종 여러 부서나 이해관계자가 관여하는 복잡한 구조를 가지고 있다. 따라서 콘텐츠 기획은 통합적인 접근을 통해 문제의 여러 측면을 해결할 수 있는 포괄적인 해결책을 제시해야 한다. 예를 들어, 기술적인 문제뿐만 아니라 재정적, 운영적 문제까지 다루는 콘텐츠는 고객의 신뢰를 더 쉽게 얻을 수 있다.

3) 지속적인 최적화
고객의 문제와 요구는 시간이 지나면서 변할 수 있기 때문에 콘텐츠 기획 역시 지속적으로 최적화해야 한다. 콘텐츠 성과를 분석하고 고객의 피드백을 반영하여 콘텐츠를 업데이트하고 개선하는 것이 중요하다. 이를 통해 고객의 변화하는 요구에 민첩하게 대응할 수 있다.

고객 문제와 니즈를 반영한 콘텐츠 기획은 B2B 마케팅에서 필수적인 전략이다. 고객이 직면한 비즈니스 문제를 정확히 이해하고, 이를 해결할 수 있는 구체적이고 실질적인 솔루션을 제공하는 콘텐츠는 고객의 신뢰를 얻고, 장기적인 관계를 형성하는 데 큰 도움이 된다.

| B2B 고객 유형별 성과 창출을 위한 콘텐츠 접근 전략 |

고객 유형	성과 창출 콘텐츠 예시	접근 전략
초기 탐색 단계 고객	- **블로그 포스트**: 산업 트렌드, 문제 해결 방법 소개 - **백서(White Paper)**: 특정 문제의 심층 분석	- **SEO 최적화 콘텐츠**를 통해 문제 인식 단계의 고객이 자사 콘텐츠를 발견하도록 유도 - **유용한 정보 제공**으로 고객의 신뢰를 얻고 자사 솔루션을 탐색하도록 유도
솔루션 평가 단계 고객	- **사례 연구(Case Study)**: 유사 고객의 문제 해결 사례 - **제품 비교 자료**: 자사 솔루션과 경쟁사 비교	- **구체적 문제 해결 사례와 제품 비교**를 통해 고객이 자사 솔루션을 더 잘 이해하고 평가하도록 도움 - **데모 영상**으로 실제 사용 장면 시연
구매 결정을 앞둔 고객	- **ROI 보고서**: 투자 대비 수익 분석 - **맞춤형 제안서**: 고객의 비즈니스 목표에 맞춘 제안서	- **맞춤형 콘텐츠** 제공으로 고객의 비즈니스 목표에 맞는 솔루션 제시 - **구체적 성과 기대치와 ROI**를 강조하여 고객이 결정을 내리도록 지원
구매 후 고객	- **제품 사용 가이드**: 제품 사용 방법 설명 - **업데이트 소식 및 교육 자료**: 제품 업그레이드 정보	- **지속적인 교육 자료** 제공으로 고객이 자사 제품을 효과적으로 사용하도록 도움 - **고객 성공 팀**을 통한 사후 관리로 장기적인 관계 유지
재구매 및 업셀링 대상 고객	- **업셀링 콘텐츠**: 추가 제품/서비스 제안 - **크로스셀링 콘텐츠**: 관련 제품 사용 사례	- **제품 업그레이드** 또는 관련 **솔루션 제안**을 통해 고객의 추가적인 비즈니스 니즈 해결 - 고객과의 **장기적 신뢰 구축**을 바탕으로 재구매 유도

고객 여정에 맞춘 콘텐츠 전략

― B2B DIGITAL MARKETING BIBLE ―

B2B 콘텐츠 마케팅에서 성공을 좌우하는 중요한 요소 중 하나는 고객 여정(Customer Journey)에 맞춘 콘텐츠 전략이다. B2B 거래는 복잡하고, 여러 이해관계자가 관여하며, 장기간에 걸쳐 구매가 이루어진다. 따라서 고객이 어떤 단계에 있는지 파악하고 그에 맞는 맞춤형 콘텐츠를 제공하는 것이 중요하다. 고객 여정에 맞춘 콘텐츠 전략은 잠재 고객이 초기 단계에서부터 최종 구매에 이르기까지 각 단계에서 필요한 정보를 적시에 제공함으로써 효과적인 의사결정을 지원하고 전환율을 높이는 역할을 한다.

‖ 고객 여정의 이해

고객 여정은 B2B 구매자가 문제를 인식하고, 해결책을 탐색하며, 구매 결정을 내리는 과정을 의미한다. 일반적으로 고객 여정은 세 가지 주요 단계로 구분된다. 인지 단계(Awareness), 고려 단계(Consideration), 결정 단계(Decision). 각 단계에서 고객이 필요로 하는 정보와 기대는 다르기 때문에 콘텐츠 전략은 각 단계에 맞춰 맞춤형 메시지와 자료를 제공해야 한다.

1) 인지 단계(Awareness Stage)

이 단계에서는 고객이 자신의 비즈니스 문제를 인식하거나 새로운 기회를 발견하는 시점이다. 고객은 문제에 대한 명확한 해결책을 모른 채 문제를 더 잘 이해하기 위해 정보 탐색을 시작한다. 이 단계에서는 고객이 자신의 문제를 명확히 정의할 수 있도록 돕는 콘텐츠가 필요하다.

- **고객의 요구**: 문제를 인식하고, 이를 해결할 방법을 찾는 데 도움이 되는 정보
- **적합한 콘텐츠 유형**: 블로그 포스트, 소셜 미디어 콘텐츠, e북, 인포그래픽 등을 통해 고객의 문제를 정의하고 해결책을 탐색할 수 있는 기본적인 정보를 제공해야 한다. 이때, 자사의 제품이나 서비스에 대한 직접적인 홍보보다는 교육적 콘텐츠를 통해 신뢰를 쌓는 것이 중요하다.
- **예시**: '제조업체를 위한 공급망 관리 최적화 방법'과 같은 블로그 포스트는 고객이 문제를 이해하고, 이를 해결하기 위한 첫 번째 단계를 탐색하는 데 도움을 줄 수 있다.

2) 고려 단계(Consideration Stage)

고객이 문제를 명확히 인식한 후 이 문제를 해결할 수 있는 다양한 옵

션을 비교하고 평가하는 단계다. 이때는 고객이 해결책을 모색하며 다양한 대안을 검토하는 단계이므로 자사 솔루션의 장점을 부각시킬 수 있는 콘텐츠가 필요하다.

- **고객의 요구**: 문제를 해결할 수 있는 다양한 옵션과 그 장단점에 대한 심층적인 정보
- **적합한 콘텐츠 유형**: 백서(White Paper), 사례 연구(Case Study), 제품 비교 자료, 웨비나(Webinar) 등을 통해 고객이 자사 솔루션의 강점과 차별화를 명확히 이해할 수 있도록 한다. 이 단계에서는 자사의 전문성을 강조하면서 고객이 자사 솔루션을 신뢰할 수 있도록 돕는 것이 중요하다.
- **예시**: 'A사의 ERP 솔루션 도입 후 비용 절감 사례'와 같은 사례 연구는 고객이 유사한 문제를 해결할 수 있는 방법을 제시하며, 자사 솔루션의 유용성을 입증하는 데 도움이 된다.

3) 결정 단계(Decision Stage)

이 단계에서는 고객이 여러 옵션 중에서 최종 결정을 내리는 단계다. 고객은 자신이 선택할 솔루션이 실제로 문제를 해결할 수 있을지에 대해 확신을 얻어야 하며, 따라서 구체적인 실행 계획과 구매 과정에 대한 명확한 정보가 필요하다.

- **고객의 요구**: 최종 결정을 내릴 수 있도록 자사 솔루션의 구체적인 이점과 실행 가능성에 대한 정보
- **적합한 콘텐츠 유형**: 제품 설명서, 데모 영상, 고객 후기, ROI 계산서 등을 통해 자사 솔루션이 고객의 기대를 충족시킬 수 있음을 명확히 보여줄 필요가 있다. 또한, 라이브 데모나 상담을 통해 고

객의 의문점을 해결하고, 최종 결정을 내리도록 지원한다.
- **예시**: '우리의 솔루션으로 1년간 절감한 비용을 확인해 보세요'와 같은 ROI 계산서는 고객이 구체적인 수치를 통해 자사의 가치를 쉽게 판단할 수 있도록 도와준다.

4) 구매 후 단계(Post-purchase Stage)

고객이 솔루션을 도입하고 사용하기 시작하는 단계로, 이때는 구매한 제품이나 서비스가 기대에 부합하는지 확인하고, 사용을 최대한 효율적으로 할 수 있도록 지원이 필요하다. 고객은 솔루션을 잘 활용하고 문제를 해결할 수 있어야 하며, 이를 통해 만족감을 느끼고 장기적인 관계를 유지하게 된다.

- **고객의 요구**: 솔루션의 효율적인 사용 방법, 지속적인 지원 및 문제 해결
- **적합한 콘텐츠 유형**: 제품 사용 가이드, 자주 묻는 질문(FAQ), 튜토리얼 영상, 고객 지원 포털, 교육 자료 등을 제공하여 고객이 솔루션을 최대한 활용할 수 있도록 지원한다. 고객 성공 사례나 제품 업데이트 소식을 정기적으로 전달하여 지속적인 관심을 유지하고 지원 체계를 강화한다.
- **예시**: 'ERP 시스템 활용도를 높이기 위한 10가지 팁'과 같은 제품 사용 가이드는 고객이 제품을 효과적으로 활용하도록 도와 만족도를 높이고 문제 발생 시 신속하게 해결할 수 있도록 지원한다. 튜토리얼 영상은 제품의 복잡한 기능을 쉽게 이해하고 사용할 수 있게 해준다.

5) 재구매 및 업셀링 단계

고객이 이미 솔루션을 사용 중인 상태에서 추가적인 제품이나 서비스를 도입하거나 업그레이드하는 단계다. B2B 비즈니스에서 고객과의 장기적 관계는 매우 중요하며, 재구매 또는 추가 구매를 유도함으로써 매출을 증대할 수 있다. 이 단계에서는 기존 고객에게 새로운 가치를 제공하여 업셀링(Up-selling)이나 크로스셀링(Cross-selling)을 촉진하는 것이 핵심이다.

- **고객의 요구**: 현재 솔루션의 추가적인 기능이나 업그레이드, 다른 문제 해결을 위한 새로운 솔루션
- **적합한 콘텐츠 유형**: 업그레이드 정보, 추가 제품 제안서, 성공 사례, ROI 분석 보고서 등을 제공하여 기존 솔루션이 개선되거나 다른 솔루션을 통해 더 큰 효과를 얻을 수 있음을 설득한다. 이메일 캠페인이나 정기 뉴스레터를 통해 새로운 제품이나 서비스에 대한 정보를 지속적으로 제공하고, 고객 성공 사례를 통해 신뢰를 구축한다.
- **예시**: '당신의 ERP 시스템에 추가할 수 있는 새로운 AI 모듈'과 같은 콘텐츠는 기존 솔루션에 추가 기능을 도입하여 더 높은 효율성과 성과를 제공할 수 있다는 점을 강조하며, 업셀링을 유도한다. 또, "고객 A사는 우리 솔루션을 추가로 도입해 30%의 비용 절감을 실현했습니다"와 같은 성공 사례는 재구매나 추가 구매를 촉진하는 데 효과적이다.

| B2B 고객 여정에 따른 콘텐츠 유형 |

고객 여정 단계	고객 요구	적합한 콘텐츠 유형	예시
1. 인지 단계 (Awareness Stage)	– 문제를 인식하고 해결 방법을 찾는 정보 – 문제를 정의하고 해결할 기본적인 정보 필요	– **블로그 포스트, 소셜 미디어 콘텐츠, e북, 인포그래픽** – 교육적인 콘텐츠를 통해 신뢰 구축, 문제 정의 도움	'제조업체를 위한 공급망 관리 최적화 방법'과 같은 블로그 포스트는 고객이 문제를 이해하고 해결책을 탐색하는 데 도움을 줄 수 있음
2. 고려 단계 (Consideration Stage)	– 해결책을 탐색하고, 다양한 옵션을 비교 평가하는 정보 – 자사 솔루션의 장점과 차별화 강조	– **백서(White Paper), 사례 연구(Case Study), 제품 비교 자료, 웨비나(Webinar)** – 자사 솔루션의 신뢰성 및 차별화 강조	'A사의 ERP 도입 후 비용 절감 사례'와 같은 사례 연구는 고객에게 자사 솔루션의 실질적 혜택을 보여주어 신뢰를 쌓고 선택 가능성을 높임
3. 결정 단계 (Decision Stage)	– 최종 결정을 내리기 위한 구체적인 이점 및 실행 계획 – 자사 솔루션의 실행 가능성 및 ROI 명확히 제시	– **제품 설명서, 데모 영상, 고객 후기, ROI 계산서, 라이브 데모** – 자사의 구체적 혜택을 강조하며 상담을 통한 직접 지원 제공	'우리의 솔루션으로 1년간 절감한 비용을 확인해 보세요'와 같은 ROI 계산서로 자사의 가치를 구체적인 수치를 통해 제시, 고객이 결정을 쉽게 내릴 수 있도록 지원
4. 구매 후 단계 (Post-purchase Stage)	– 제품 도입 후 원활한 사용 및 지속적 지원 – 제품을 효과적으로 사용할 수 있도록 지원 및 교육 자료 제공	– **제품 사용 가이드, 지원 센터 자료, 기술 문서, 고객 교육 영상** – 고객의 지속적인 문제 해결을 돕고 제품 사용을 극대화할 수 있는 자료 제공	'우리 제품의 10가지 유용한 사용 방법'과 같은 가이드를 제공하여 고객이 자사 제품을 효율적으로 사용할 수 있도록 지원, 또한 기술 지원 팀과 교육 영상을 통해 지속적으로 지원
5. 재구매 및 업셀링 단계 (Up-selling Stage)	– 새로운 솔루션 필요성 및 추가 제품 안내 – 자사 제품의 추가 기능 또는 업그레이드를 통한 비즈니스 성과 향상 가능성 제시	– **업셀링 콘텐츠, 크로스셀링 콘텐츠, 성공 사례, 제품 업그레이드 소식** – 재구매를 촉진하고 고객의 추가적인 비즈니스 요구를 해결할 수 있는 솔루션 제시	'우리 제품으로 더 많은 비용을 절감하세요' 또는 '고객 성공 사례: 추가 제품 도입 후 30% 매출 증가' 등의 콘텐츠로 추가 솔루션을 제공, 고객의 재구매와 업셀링을 유도함

‖ 각 단계별 콘텐츠 전략의 핵심 요소

각 고객 여정 단계에서 필요한 콘텐츠 전략을 수립할 때는 몇 가지 중요한 요소를 고려해야 한다.

1) 고객의 니즈 중심의 콘텐츠 기획

고객 여정 단계에 맞춰 고객이 필요로 하는 정보를 파악하는 것이 중요하다. 콘텐츠는 단순한 정보 제공을 넘어 고객이 직면한 문제에 대한 구체적인 해결책을 제시해야 하며, 각 단계에서 고객이 어떤 결정을 내려야 하는지를 지원해야 한다. 이를 위해 데이터 분석과 고객 피드백을 바탕으로 고객이 실제로 어떤 정보를 필요로 하는지 지속적으로 파악해야 한다.

2) 퍼스널라이제이션(개인화)

B2B 구매 과정은 일반적으로 여러 이해관계자가 관여하는 복잡한 의사결정 구조를 가진다. 따라서 고객의 상황에 맞춘 개인화된 콘텐츠 제공이 중요하다. 고객의 산업, 역할, 문제에 맞춰 맞춤형 콘텐츠를 제공함으로써, 고객의 요구를 충족시키고 신뢰를 얻을 수 있다.

예를 들어, 동일한 솔루션이라도 IT 담당자는 기술적인 세부 사항을 중시하는 반면, 경영진은 비즈니스 성과에 더 관심을 가질 수 있다. 이러한 차이를 반영한 맞춤형 콘텐츠 전략이 필요하다.

3) 통합적인 콘텐츠 접근

고객은 여러 채널에서 정보를 탐색하기 때문에 각 채널에서 제공되는 콘텐츠가 일관된 메시지를 전달하는 것이 중요하다. 예를 들어, 웹사이트, 이메일, 소셜 미디어, 광고 등 다양한 디지털 채널에서 고객이 경험하는 메시지가 일관되도록 해야 한다. 이를 통해 고객은 자사에 대해 일관된 인식을 가질 수 있으며 강력한 브랜드 경험을 느낄 수 있다.

4) 성공적인 고객 사례 활용

B2B 고객은 다른 기업의 성공 사례를 보고 결정을 내리는 경향이 크다. 따라서, 고객 여정의 고려 단계와 결정 단계에서는 자사 솔루션이 실제로 어떤 결과를 만들어 냈는지 보여주는 성공 사례를 포함하는 것이 효과적이다. 특히, 자사 제품이나 서비스를 도입한 후 성과를 낸 구체적인 수치를 제시하는 것이 중요하다.

고객 여정에 맞춘 콘텐츠 전략은 B2B 마케팅에서 매우 중요한 요소로, 고객이 문제를 인식하고, 해결책을 탐색하며, 최종 구매 결정을 내리는 각 단계에서 필요한 정보를 적시에 제공함으로써 효과적인 전환을 유도할 수 있다.

다양한 콘텐츠 유형과 활용 방법

B2B DIGITAL MARKETING BIBLE

B2B 마케팅에서 콘텐츠는 고객과의 소통을 강화하고, 신뢰를 구축하며 구매 결정을 지원하는 핵심 도구다. 특히, 다양한 콘텐츠 유형을 적절히 활용하면 고객의 관심을 효과적으로 유도하고 고객 여정의 각 단계에서 필요한 정보를 제공할 수 있다. B2B 콘텐츠 마케팅에서는 블로그, 백서, 사례 연구, 웨비나, 동영상 등 다양한 콘텐츠 유형이 사용되며 각 유형은 고유의 목적과 장점을 가지고 있다.

∥ 블로그 포스트(Blog Post)

블로그 포스트는 B2B 콘텐츠 마케팅에서 가장 기본적이면서도 널리 사용되는 유형이다. 블로그는 주로 특정 주제에 대해 간결하고 핵심적인 정보를 제공하며 고객의 관심을 끌어모으고 웹사이트 방문자를 늘리는 데 효과적이다. 블로그 콘텐츠는 검색엔진최적화(SEO) 전략에 중요한 역할을 하며 기업 웹사이트의 트래픽을 증가시키는 데 필수적이다.

- **활용 방법**: 블로그 포스트는 고객이 자주 검색하는 문제 해결 방법이나 산업 트렌드를 다루는 것이 좋다. 예를 들어, '2024년 제조업 트렌드와 디지털 혁신'과 같은 블로그는 제조업 고객이 최신 기술 동향을 파악하는 데 유용할 수 있다. 또한, 고객의 관심사에 맞춘 주제는 자연스럽게 리드 생성으로 이어질 수 있다.
- **장점**: 짧은 작성 시간, SEO 개선, 광범위한 도달 가능성

백서(White Paper)

백서는 특정 주제에 대해 깊이 있는 전문적 분석과 데이터를 제공하는 콘텐츠 유형이다. B2B 마케팅에서 백서는 고객이 특정 문제를 더 깊이 이해하고, 그 문제를 해결할 수 있는 구체적인 솔루션을 제시하는 데 적합하다. 백서는 주로 고객의 신뢰를 쌓고, 리드를 육성하는 데 효과적이며, 고객이 자사의 솔루션을 진지하게 고려하도록 돕는다.

- **활용 방법**: 백서는 고객이 중요하게 여기는 주제에 대해 심층적으로 분석한 자료를 제공하는 데 적합하다. 예를 들어, 〈공급망 관리 자동화: 비용 절감과 효율성 향상 방법〉과 같은 백서는 구매 의사 결정 과정에서 고객에게 유용한 정보를 제공할 수 있다. 또한, 백서를 다운로드하려면 고객이 이메일 주소나 연락처를 남기도록 유도할 수 있어 리드 확보에도 도움이 된다.
- **장점**: 심층 분석 제공, 리드 생성 도구, 고급 정보 전달

‖ 사례 연구(Case Study)

사례 연구는 자사 제품이나 서비스를 도입한 실제 고객의 성공 사례를 다룬 콘텐츠 유형이다. 이를 통해 자사의 솔루션이 실질적인 비즈니스 성과를 어떻게 가져왔는지를 구체적으로 보여줄 수 있다. 사례 연구는 고객 신뢰를 얻는 데 매우 효과적이며, 특히 유사한 문제를 겪고 있는 다른 고객에게 자사의 제품이 효과적인 해결책이 될 수 있음을 설득할 수 있다.

- **활용 방법**: 사례 연구는 자사의 제품이 특정 문제를 어떻게 해결했는지를 보여주는 방식으로 작성된다. 예를 들어, "A사, ERP 시스템 도입 후 생산성 30% 향상"과 같은 구체적인 사례를 제시하면, 비슷한 문제를 가진 잠재 고객이 자사의 솔루션을 고려하게 만들 수 있다. 또한, 사례 연구는 B2B 판매 과정에서 구체적인 증거를 제시할 수 있어 효과적이다.
- **장점**: 신뢰성 강화, 실질적 성과 증명, 구매 결정 지원

‖ 웨비나(Webinar)

웨비나(Webinar)는 B2B 콘텐츠 마케팅에서 고객과 실시간으로 소통할 수 있는 매우 강력한 도구다. 웨비나는 특정 주제에 대해 전문가가 발표를 진행하고 참가자들이 질문을 통해 즉각적으로 상호작용 할 수 있다. 이를 통해 잠재 고객에게 심층적인 정보를 제공하고 자사 솔루션의 강점을 강조할 수 있다.

- **활용 방법**: 웨비나는 고객이 관심을 가질 만한 주제를 다루고, 해당 주제에 대한 구체적인 솔루션을 제시하는 형식으로 진행된다. 예를 들어, '디지털 전환을 위한 ERP 도입 전략'과 같은 주제를 다루는 웨비나는 디지털 전환을 준비하는 기업들에 유용한 정보를 제공할 수 있다. 또한, 웨비나 참가자는 고객 데이터를 남기기 때문에 리드 생성에도 매우 효과적이다.
- **장점**: 실시간 상호작용, 전문성 강화, 리드 생성 도구

인포그래픽(Infographic)

인포그래픽은 시각적 자료를 통해 복잡한 정보를 간결하고 쉽게 전달하는 콘텐츠 유형이다. B2B 마케팅에서 인포그래픽은 주로 데이터, 통계, 프로세스 등을 시각적으로 표현하여 고객이 내용을 빠르고 직관적으로 이해할 수 있도록 돕는다. 인포그래픽은 소셜 미디어나 웹사이트에서 쉽게 공유될 수 있어 브랜드 인지도를 높이는 데 효과적이다.

- **활용 방법**: 인포그래픽은 고객이 이해하기 어려운 데이터를 쉽게 전달하는 데 유용하다. 예를 들어, '클라우드 컴퓨팅 도입의 5단계'와 같은 인포그래픽은 클라우드 솔루션의 도입 과정과 장점을 명확히 설명할 수 있다. 또한, 인포그래픽은 시각적인 매력 덕분에 소셜 미디어에서 바이럴 콘텐츠로 활용되기도 한다.
- **장점**: 빠른 정보 전달, 시각적 매력, 소셜 미디어 공유성

∥ 동영상 콘텐츠(Video Contents)

동영상 콘텐츠는 복잡한 개념을 시각적 스토리텔링을 통해 쉽게 전달할 수 있는 매우 강력한 수단이다. B2B 마케팅에서 동영상은 제품 소개, 고객 성공 사례, 기술 시연 등 다양한 형태로 활용될 수 있다. 특히, B2B 제품이 복잡한 기술적 특성을 가지고 있을 경우 동영상을 통해 제품의 사용법이나 장점을 직관적으로 설명할 수 있다.

- **활용 방법**: 동영상 콘텐츠는 제품 데모, 고객 후기, 브랜드 스토리와 같은 다양한 형태로 제작될 수 있다. 예를 들어, 'ERP 솔루션의 주요 기능과 적용 사례'와 같은 동영상은 고객이 제품의 기능을 쉽게 이해할 수 있도록 돕는다. 또한, 동영상은 유튜브, 소셜 미디어, 웹사이트 등에 배포되어 광범위한 도달을 가능하게 한다.
- **장점**: 시각적 스토리텔링, 높은 참여도, 강력한 전달력

∥ e북(eBook)

e북은 특정 주제에 대해 심층적인 정보를 제공하는 콘텐츠로 백서와 유사하지만 보다 교육적이고 포괄적인 자료다. e북은 고객이 스스로 학습할 수 있도록 도와주며 특정 문제를 해결하는 방법을 단계별로 안내하는 데 유용하다. B2B 마케팅에서 e북은 리드를 육성하는 데 중요한 역할을 하며 잠재 고객의 관심을 끌어모으는 강력한 도구다.

- **활용 방법**: e북은 고객이 자주 겪는 문제를 해결하기 위한 가이드를 제공하는 형식으로 작성된다. 예를 들어, 〈효과적인 디지털 마

케팅 전략 수립을 위한 10단계〉와 같은 e북은 디지털 마케팅에 관심이 있는 고객에게 유용한 자료가 될 수 있다. e북은 다운로드를 위해 리드 캡처를 활용할 수 있어, 리드 생성에 효과적이다.
- **장점**: 심층 정보 제공, 리드 생성, 교육적 콘텐츠

‖ 소셜 미디어 콘텐츠(Social Media Contents)

소셜 미디어는 B2B 마케팅에서도 매우 중요한 역할을 한다. 기업은 소셜 미디어를 통해 브랜드 인지도를 강화하고, 고객과의 실시간 상호작용을 통해 신뢰를 구축할 수 있다. LinkedIn, X, Facebook, Threads 등은 B2B 고객과의 소통에 적합한 채널이며, 기업의 전문성을 보여주는 콘텐츠를 쉽게 공유할 수 있다.
- **활용 방법**: 소셜 미디어에서는 짧고 핵심적인 콘텐츠가 효과적이다. 예를 들어, 인포그래픽, 짧은 동영상 클립, 블로그 링크 등을 게시하여 고객의 관심을 유도할 수 있다. 또한, 소셜 미디어를 통해 업계 뉴스나 트렌드를 공유함으로써 기업의 전문성을 강조할 수 있다.
- **장점**: 빠른 공유성, 실시간 상호작용, 브랜드 인지도 강화

‖ 이메일 뉴스레터(Email Newsletter)

이메일 마케팅은 고객과의 지속적인 관계를 유지하고, 맞춤형 콘텐츠

를 제공하는 데 중요한 역할을 한다. 이메일 뉴스레터는 고객에게 정기적으로 유용한 정보를 제공하며 제품 업데이트, 최신 트렌드, 사례 연구 등을 공유하는 데 적합하다. B2B 마케팅에서는 이메일을 통해 리드 육성을 강화하고 고객의 참여를 유도할 수 있다.

- **활용 방법**: 이메일 뉴스레터는 고객의 관심사에 맞춰 개인화된 콘텐츠를 제공하는 것이 중요하다. 예를 들어, 〈디지털 전환 성공 사례 모음〉과 같은 뉴스레터는 디지털 혁신을 준비하는 고객에게 유용한 정보를 제공하며, 클릭을 유도할 수 있다.
- **장점**: 맞춤형 정보 제공, 리드 육성, 고객 참여 강화

팟캐스트(Podcast)

팟캐스트는 음성 콘텐츠를 통해 고객과 소통하는 방법으로 최근 B2B 마케팅에서 그 인기가 점점 높아지고 있다. 팟캐스트는 고객이 이동 중이나 업무 중에도 편하게 들을 수 있는 콘텐츠로 주로 특정 산업에 대한 전문가 인터뷰나 심층 토론을 다루며 청중에게 유용한 인사이트를 제공한다.

- **활용 방법**: 팟캐스트는 업계 전문가나 고객 인터뷰를 통해 자사 솔루션의 장점을 강조하고 시장 트렌드를 논의하는 방식으로 활용할 수 있다. 예를 들어, '디지털 전환 전문가들과의 토론'과 같은 팟캐스트는 관련 주제에 관심 있는 청중을 끌어모으고 브랜드 신뢰를 높일 수 있다.
- **장점**: 유연한 청취 가능성, 심층 토론 제공, 전문성 강화

| 콘텐츠 유형별 장단점 |

콘텐츠 유형	장점	단점
블로그 포스트	- 작성 시간이 짧고 빠른 업데이트 가능 - SEO 최적화로 웹사이트 트래픽 증가 - 광범위한 도달 가능성	- 심층적인 정보 제공이 어려움 - 트래픽을 유지하려면 꾸준한 업데이트 필요
백서	- 심층 분석과 전문적 정보 제공 - 리드 생성 도구로 활용 가능 - 고급 정보로 신뢰도와 권위성 강화	- 작성 시간이 오래 걸리고 자료 준비가 필요 - 소비자에게 부담될 수 있는 길고 복잡한 내용
사례 연구	- 신뢰성 강화 및 실질적 성과 증명 - 구매 결정 시 유사한 문제를 가진 잠재 고객에게 설득력 제공	- 구체적인 성과 데이터를 준비하는 데 시간 소요 - 제한된 사례로만 활용 가능
웨비나	- 실시간 상호작용 가능 - 전문성 강화와 질문에 즉각 대응 가능 - 참가자 정보로 리드 생성 가능	- 참가자 모집 및 사전 준비 필요 - 기술적 문제 발생 가능(스트리밍 품질 등)
인포 그래픽	- 시각적으로 복잡한 정보 전달 가능 - 짧은 시간 내에 메시지 전달 - 소셜 미디어에서 쉽게 공유 콘텐츠	- 상세한 내용 전달에 한계 - 디자인과 시각적 요소 준비에 시간과 리소스 필요
동영상 콘텐츠	- 시각적 스토리텔링으로 복잡한 내용을 쉽게 전달 - 고객 참여도와 인지도가 높음 - 유튜브, 소셜 미디어 등 다양한 채널에서 배포 가능	- 제작 비용과 시간이 많이 소요 - 장기적 사용을 위한 지속적인 관리와 업데이트 필요
e북	- 심층적이고 포괄적인 정보 제공 가능 - 리드 캡처 도구로 활용 가능 - 고객 교육을 위한 콘텐츠로 적합	- 긴 작성 시간과 전문성 요구 - 긴 자료는 일부 고객에게 부담이 될 수 있음
소셜 미디어 콘텐츠	- 빠른 공유성과 실시간 소통 가능 - 대중적 플랫폼에서 브랜드인지도 강화 - 다양한 콘텐츠 형식(영상, 이미지, 텍스트 등)으로 활용 가능	- 지속적인 콘텐츠 제작 필요 - 브랜드 전문성 강조가 부족할 수 있음
이메일 뉴스레터	- 개인화된 맞춤형 정보 제공 가능 - 고객과 지속 관계 유지 및 리드 육성 - 클릭 유도를 통한 추가 리드 생성 가능	- 스팸으로 여겨질 위험 - 높은 개봉률과 클릭률을 유지하기 위한 지속적인 관심 필요
팟캐스트	- 청취자의 유연성 제공(이동 중 청취 가능) - 심층적인 토론과 전문가 의견 제공 - 브랜드 전문성과 신뢰도 강화	- 콘텐츠 제작에 시간과 노력이 많이 소요 - 청취자의 지속적인 관심 유지를 위한 품질 높은 콘텐츠 필요

챗GPT 등 생성형 AI를 활용한 콘텐츠 생성

생성형 AI(Generative AI)는 최근 B2B 마케팅에서 혁신적인 도구로 주목받고 있다. 특히 ChatGPT와 같은 AI 기반 도구는 자동으로 텍스트, 이미지, 동영상 등 다양한 형태의 콘텐츠를 생성할 수 있어 콘텐츠 마케팅의 효율성을 극대화하고, 빠르게 변화하는 디지털 환경에서 유연하게 대응할 수 있는 강력한 솔루션을 제공한다. AI를 활용한 콘텐츠 생성은 시간과 비용을 절감하면서도 일관성 있고 맞춤형 콘텐츠를 제공하는 데 중요한 역할을 한다.

∥ 생성형 AI의 개념과 B2B 콘텐츠 마케팅에서의 역할

생성형 AI는 학습된 데이터를 바탕으로 인간의 개입 없이 자동으로 콘텐츠를 생성할 수 있는 기술이다. 이를 통해 텍스트, 이미지, 음성 등 다양한 콘텐츠를 빠르게 제작할 수 있으며, 특히 언어 모델을 기반으로 한 ChatGPT는 B2B 마케팅에서 텍스트 기반의 콘텐츠를 생성하는 데 탁월한 능력을 보여준다.

B2B 마케팅에서 생성형 AI의 역할은 다음과 같다.

- **콘텐츠 생산의 효율성 극대화**: 생성형 AI는 단순 반복적인 작업을 자동화함으로써 콘텐츠 제작 속도를 높이고 마케팅 팀이 전략적 업무에 집중할 수 있게 한다. 예를 들어, 블로그 포스트, 이메일 뉴스레터, 소셜 미디어 게시물과 같은 콘텐츠를 빠르고 정확하게 작성할 수 있다.
- **맞춤형 콘텐츠 제공**: 생성형 AI는 고객의 요구에 맞춘 맞춤형 콘텐츠를 제공하는 데 효과적이다. AI는 고객 데이터를 분석해 그들의 관심사와 문제를 기반으로 개인화된 콘텐츠를 생성할 수 있다. 이를 통해 고객 경험을 개선하고, 보다 효과적인 마케팅을 실행할 수 있다.
- **창의적 아이디어 확장**: AI는 데이터를 기반으로 하여 새롭고 창의적인 콘텐츠 아이디어를 제안할 수 있다. 이는 마케팅 팀이 콘텐츠 전략을 구상하는 과정에서 새로운 관점을 제공하고 다양한 주제와 형식의 콘텐츠를 실험하는 데 도움을 준다.

‖ ChatGPT를 활용한 블로그 콘텐츠 생성

ChatGPT는 텍스트 생성에 매우 강력한 도구로 블로그 콘텐츠를 작성하는 데 자주 사용된다. B2B 마케팅에서 블로그는 고객에게 중요한 정보를 제공하고 검색엔진최적화를 통해 웹사이트 트래픽을 유도하는 중요한 채널이다. ChatGPT는 블로그 포스트의 기초부터 완성까지 자동으로 작성할 수 있으며 기업의 요구에 맞게 세부 조정도 가능하다.

1) 키워드 기반 블로그 작성

ChatGPT는 SEO(검색엔진최적화)에 필요한 키워드를 기반으로 콘텐츠를 생성할 수 있다. 마케팅 담당자는 주요 키워드나 주제를 AI에 입력하여 해당 주제에 맞는 고품질 블로그 포스트를 빠르게 생성할 수 있다. 이는 콘텐츠 제작 시간을 줄이고 효율적으로 키워드 타기팅을 강화할 수 있는 방법이다.

2) 콘텐츠 업데이트 및 확장

기존에 작성된 콘텐츠를 ChatGPT를 활용해 업데이트하거나 새로운 데이터를 기반으로 확장할 수 있다. AI는 최신 트렌드와 데이터를 반영해 기존 콘텐츠를 개선하고 더 나은 정보와 통찰력을 제공할 수 있다. 예를 들어, '2024년 B2B 마케팅 트렌드'라는 블로그 포스트를 ChatGPT를 통해 최신 정보로 업데이트할 수 있다.

3) 다양한 콘텐츠 톤과 스타일 구현

ChatGPT는 다양한 톤과 스타일로 콘텐츠를 생성할 수 있어 특정 타깃층에 맞춘 맞춤형 블로그 포스트 작성이 가능하다. 예를 들어, 기술적인 주제를 다룬 블로그에서는 전문적이고 논리적인 문체를 사용하고, 산업 트렌드를 소개하는 블로그에서는 더 쉽게 접근할 수 있는 대화형 문체를 사용할 수 있다.

‖ ChatGPT를 활용한 유튜브 스크립트 생성

유튜브와 같은 동영상 콘텐츠는 B2B 마케팅에서 점점 더 중요한 채널로 자리 잡고 있다. 특히 복잡한 솔루션이나 기술을 설명하는 데 동영상은 매우 효과적이며 고객 참여도를 높일 수 있는 강력한 도구다. ChatGPT는 유튜브 동영상에 필요한 스크립트를 생성함으로써 콘텐츠 제작 과정을 간소화하고 빠르게 동영상을 제작할 수 있도록 도와준다.

1) 제품 소개 및 데모 스크립트 생성

ChatGPT는 B2B 제품이나 서비스를 설명하는 데모 영상 스크립트를 자동으로 생성할 수 있다. 제품의 주요 기능, 사용 방법, 장점 등을 구조화된 형식으로 작성해 기업은 이를 바탕으로 효과적인 동영상 콘텐츠를 제작할 수 있다. 이는 고객에게 명확한 정보를 전달하고 구매 결정을 지원하는 데 효과적이다.

2) 인터뷰 및 패널 토론 스크립트 생성

B2B 마케팅에서 자주 사용되는 인터뷰나 패널 토론 형식의 동영상 스크립트도 ChatGPT를 통해 손쉽게 작성할 수 있다. AI는 주제에 맞는 질문 리스트를 자동으로 생성하고, 각 패널이 다룰 내용을 구조화하여 효율적인 대화 흐름을 만들 수 있다.

3) 비주얼과 연계된 스토리보드 작성

ChatGPT는 스크립트뿐만 아니라 동영상에 사용될 비주얼 요소와의 연계성도 고려해 스토리보드 초안을 작성할 수 있다. 예를 들어, 제품 기능을 설명하는 부분에서 어떤 그래픽이나 차트를 사용할지 추천하는 방식으로 시청자가 이해하기 쉬운 동영상을 제작할 수 있도록 도와준다.

ChatGPT와 AI 도구의 장단점

생성형 AI를 활용한 콘텐츠 생성은 많은 이점을 제공하지만 동시에 몇 가지 한계도 존재한다. 이를 이해하고 적절하게 활용하는 것이 중요하다.

1) 장점
- **속도와 효율성**: ChatGPT는 콘텐츠를 빠르게 생성할 수 있어 시간과 리소스를 절약한다. 특히 반복적이거나 구조화된 콘텐츠 제작에 탁월하다.
- **맞춤형 콘텐츠 생성**: AI는 입력된 데이터를 기반으로 개인화된 콘텐츠를 생성할 수 있어 특정 타깃층에 맞춘 마케팅 활동에 적합하다.
- **데이터 분석**: AI는 고객 데이터를 분석해 데이터 기반 콘텐츠를 제작할 수 있어 보다 정확한 타기팅이 가능하다.

2) 단점
- **창의성 부족**: AI는 데이터에 기반한 콘텐츠를 생성하기 때문에 창의적인 사고나 독창적인 아이디어를 제공하는 데는 한계가 있을 수 있다. 이 때문에 완성된 콘텐츠는 종종 인간의 수정과 보완이 필요하다.

- **맥락 이해 부족**: ChatGPT는 특정한 맥락을 완벽하게 이해하지 못할 수 있어 복잡한 산업적 용어나 고도의 전문적 내용을 정확하게 표현하는 데 어려움을 겪을 수 있다.
- **윤리적 문제**: AI가 생성한 콘텐츠의 저작권이나 정보의 정확성에 대한 우려가 있다. 잘못된 정보나 사실을 바탕으로 콘텐츠를 생성할 경우 기업의 신뢰도에 부정적인 영향을 미칠 수 있다.

| ChatGPT와 AI 도구 활용의 장단점 |

구분	장점	단점
속도와 효율성	– 빠르게 콘텐츠를 생성하여 **시간과 리소스 절약** – 반복적이거나 구조화된 콘텐츠 제작에 효과적	– 빠른 생성에도 불구하고, **수정과 검토**가 필요할 수 있음
맞춤형 콘텐츠	– 입력된 데이터를 기반으로 **개인화된 콘텐츠 생성 가능** – 특정 타깃층에 맞춘 **정확한 타기팅**에 유리	– **정교한 맞춤화**가 필요한 경우, 입력 데이터의 **정확성**과 질이 매우 중요
데이터 분석	– 고객 데이터를 분석해 **데이터 기반의 콘텐츠 생성 가능** – **정확한 타기팅**과 전략적 의사결정에 유리	– **정확한 데이터 해석**에 한계가 있을 수 있으며, 데이터의 품질이 낮을 경우 **잘못된 콘텐츠 생성 가능**
창의성	– 데이터 기반 콘텐츠 생성으로 **정형화된 작업**에 강점	– **창의적 사고 부족**, 독창적 아이디어 제공에 한계가 있으며, 인간의 **수정과 보완**이 필요
맥락 이해	– **기본적인 맥락**을 바탕으로 콘텐츠 작성 가능	– 복잡한 **산업적 용어**나 **전문적 내용**을 정확하게 이해하거나 표현하는 데 어려움이 있을 수 있으며, **정확성** 부족 가능성
윤리적 문제	– 반복적이고 구조화된 정보 제공에서 **객관성** 유지	– **저작권** 문제와 **정보 정확성**에 대한 우려가 있으며, 잘못된 정보 제공 시 **기업 신뢰도**에 악영향을 미칠 수 있음

제9장

B2B SEO와 SEM 전략

B2B SEO 개요와 활용

B2B DIGITAL MARKETING BIBLE

B2B SEO(Search Engine Optimization)는 네이버, 구글 등 검색엔진에서 기업의 웹사이트를 상위에 노출시키는 최적화 전략을 통해 타깃 고객이 자연 검색 결과에서 자사 웹사이트를 더 쉽게 찾도록 하는 과정이다. B2B SEO는 일반적인 소비자 대상 마케팅(B2C)과는 달리 긴 구매 주기와 복잡한 의사결정 과정을 고려한 전략이 필요하다. B2B 구매자는 주로 문제 해결을 위한 정보를 구글, 네이버 등에서 검색하며 그 과정에서 신뢰할 수 있는 솔루션을 제공하는 기업을 찾는다. 따라서 B2B SEO는 기업이 고객의 문제와 니즈에 맞춰 정확하고 유용한 콘텐츠를 제공하여 검색엔진에서 상위 노출 되고 전환으로 이어질 수 있도록 돕는 필수적인 마케팅 전략이다.

‖ B2B SEO의 개념과 중요성

SEO는 구글, 네이버 등 검색엔진에서 더 나은 순위를 차지하기 위해 웹사이트의 구조, 콘텐츠, 외부 링크 등을 최적화하는 과정이다. B2B SEO는 고객이 구매 결정을 내리기 전, 문제 해결 방안을 찾기 위해 검색하는 과정에서 기업이 고객의 검색어에 맞는 최적의 콘텐츠를 제공하는 데 초점을 맞춘다.

1) 고객의 검색 의도에 맞춘 최적화

B2B SEO는 정보성 검색이 주요하다. 즉, 고객은 제품이나 서비스를 즉시 구매하려는 것이 아니라 먼저 문제의 해결 방법이나 해결책의 종류에 대한 정보를 탐색한다. 따라서 B2B SEO는 고객이 문제를 해결하기 위해 검색하는 키워드에 맞춘 정보 중심의 콘텐츠를 제공해야 한다. 이러한 과정에서 신뢰할 수 있는 정보를 제공한 기업은 자연스럽게 고객의 신뢰를 얻게 되며, 리드 전환 가능성도 높아진다. 특히 네이버 검색의 스마트블록의 경우 사용자의 검색 의도를 반영하고 있는 이유도 위와 같다.

2) 복잡한 구매 과정과 SEO

B2B 구매자는 대개 여러 부서와 의사결정자가 관여하는 긴 구매 주기를 가진다. 이 때문에 SEO 전략은 고객의 구매 과정 전반에 걸쳐 다양한 콘텐츠를 제공할 수 있도록 설계되어야 한다. 초기 단계에서 문제를 인식하고 중간 단계에서 솔루션을 탐색하며, 마지막 단계에서 비교 및 결정을 내리는 고객의 여정 단계별로 SEO 전략을 세분화하는 것이 중요하다.

3) 신뢰와 전문성 강화

B2B 거래는 고도의 전문성과 신뢰를 바탕으로 이루어진다. 고객은 검색을 통해 전문적인 정보를 제공하는 기업을 더 신뢰하게 되며 그 기업의 솔루션을 더 심도 있게 고려한다. 따라서 SEO를 통해 제공하는 콘텐츠는 단순한 정보 제공이 아니라 전문적이고 깊이 있는 분석을 바탕으로 해야 한다. 이를 통해 기업은 해당 분야의 리더십을 확립하고, 고객 관계를 강화할 수 있다.

‖ B2B SEO의 주요 요소

B2B SEO는 고객이 검색엔진에서 타깃 키워드로 검색할 때 자사 웹사이트가 상위에 노출되도록 하기 위한 다양한 최적화 기법으로 구성된다. 이러한 SEO 최적화에는 온페이지(On-page) 최적화, 오프페이지(Off-page) 최적화, 그리고 기술적 SEO가 포함된다.

1) 온페이지 SEO(On-page SEO)

온페이지 SEO는 웹사이트 내의 콘텐츠와 구조를 최적화하는 과정이다. B2B SEO에서는 특히 콘텐츠가 타깃 키워드에 맞게 최적화되는 것이 중요하다.

온페이지 최적화의 주요 요소는 다음과 같다.

- **키워드 전략**: B2B 고객이 검색할 가능성이 높은 키워드를 선정하고, 이를 웹페이지의 제목, 메타 태그, 본문, 해시태그 등에 적절히 배치한다. 이때, 키워드는 고객의 문제를 해결하거나 솔루션을

탐색하는 검색어를 중심으로 선정해야 한다.
- **콘텐츠 품질**: 검색엔진은 사용자에게 가장 유용한 콘텐츠를 제공하기 위해 깊이 있고 신뢰할 수 있는 정보를 제공하는 콘텐츠를 우선시한다. B2B SEO에서는 단순한 마케팅 메시지가 아닌 고객의 문제 해결에 도움이 되는 고급 정보를 담은 콘텐츠가 필요하다.
- **내부 링크 구조**: 웹사이트 내의 내부 링크를 통해 관련 콘텐츠를 연결함으로써 검색엔진이 사이트의 전체 구조를 더 쉽게 이해하고 평가할 수 있도록 한다. 이는 사용자가 웹사이트에서 다양한 페이지를 탐색할 수 있게 하여 체류 시간과 참여도를 높이는 데도 기여한다.

2) 오프페이지 SEO(Off-page SEO)

오프페이지 SEO는 웹사이트 외부에서의 평판과 링크 구축을 통해 검색엔진 순위를 높이는 방법이다. 특히 백링크(Backlink), 즉 외부 사이트에서 자사 웹사이트로 연결되는 링크는 검색엔진이 웹사이트의 신뢰성을 평가하는 중요한 요소다.

- **백링크 전략**: B2B에서는 신뢰할 수 있는 산업 매체, 파트너 사이트, 전문 블로그 등에서 자사 콘텐츠가 인용되거나 링크되는 것이 중요하다. 이를 통해 해당 산업에서 자사의 권위를 강화할 수 있다. 백링크가 많이 생성될수록 자사 웹사이트는 도메인 권위가 높아지고, 검색엔진에서의 노출 빈도가 증가한다.
- **소셜 미디어와 PR 활동**: B2B SEO에서 소셜 미디어는 간접적인 영향을 미친다. 소셜 미디어상에서 공유되는 콘텐츠는 더 많은 트래픽을 유도하고, 이는 결국 SEO 성과에도 긍정적인 영향을 미칠

수 있다. 또한, 자사 브랜드에 대한 긍정적인 평판과 PR 활동은 웹사이트의 외부 신뢰도를 높이는 데 기여할 수 있다.

3) 기술적 SEO(Technical SEO)

기술적 SEO는 웹사이트의 기술적 요소를 최적화하여 검색엔진이 웹사이트를 더 쉽게 크롤링하고 색인할 수 있도록 하는 과정이다. B2B 웹사이트는 대개 복잡한 구조를 가질 수 있으므로, 기술적 SEO는 특히 중요하다.

- **사이트 속도 최적화**: 웹사이트 속도는 검색엔진 순위에 큰 영향을 미친다. B2B 고객은 빠른 페이지 로딩 속도를 기대하며 속도가 느리면 이탈률이 증가할 수 있다. 따라서 웹페이지 로딩 속도를 최적화하고 모바일 친화성을 유지하는 것이 필수적이다.
- **모바일 최적화**: 많은 B2B 고객이 모바일 기기를 통해 정보를 탐색하므로 웹사이트가 모바일 환경에서도 원활히 작동해야 한다. 이는 검색엔진의 모바일 우선 색인화(Mobile-first Indexing) 정책과도 일치하며 모바일 친화적인 사이트는 검색 순위에서 유리한 위치를 차지할 수 있다.
- **SSL 인증서**: SSL 인증서를 통해 웹사이트의 보안성을 강화하면 검색엔진에서 더 높은 순위를 부여받을 수 있다. 보안이 중요한 B2B 거래에서 이는 필수적인 요소다.

‖ B2B SEO 활용 전략

B2B SEO는 단순한 검색엔진최적화가 아니라 타깃 고객의 요구를 충족시키는 전반적인 마케팅 전략으로 활용되어야 한다. 이를 위해 기업은 SEO를 통해 고객의 문제를 해결하고, 전문성을 입증하며, 지속적인 관계를 구축하는 데 초점을 맞춰야 한다.

1) 고객 여정과 연계된 SEO 전략

B2B 구매자는 구매 여정에서 여러 단계를 거치므로 각 단계에 맞는 콘텐츠가 SEO에 최적화되어야 한다. 예를 들어, 초기 인지 단계에서는 문제를 인식하는 고객을 위한 교육적 콘텐츠가 중요하고, 고려 단계에서는 다양한 솔루션을 비교할 수 있는 사례 연구나 백서가 필요하다. 결정 단계에서는 제품 사용 방법, 가격 정보를 포함한 구체적인 자료를 제공해야 한다.

2) 장기적인 SEO 성과 관리

SEO는 단기적인 성과를 기대하기보다는 장기적인 전략으로 접근해야 한다. 검색엔진의 알고리즘은 지속적으로 변화하므로 웹사이트의 SEO 성과를 지속적으로 분석하고 최적화하는 노력이 필요하다. 이를 위해 정기적인 SEO 감사(SEO Audit)를 통해 웹사이트의 기술적 문제를 해결하고, 콘텐츠 업데이트와 키워드 전략 조정을 통해 최신 트렌드에 맞춰 최적화를 유지해야 한다.

3) 콘텐츠 마케팅과의 통합

B2B SEO는 콘텐츠 마케팅과 긴밀히 연계되어야 한다. 고객이 원하는 정보를 제공하는 고품질의 콘텐츠는 자연스럽게 검색엔진에서의 가시성을 높이고 리드 생성과 전환으로 이어질 수 있다. SEO를 통해 더 많은 트래픽을 유도하고, 이 트래픽을 리드로 전환할 수 있는 전략적 콘텐츠가 필요하다.

고객 문제와 니즈를 반영한 키워드 전략

― B2B DIGITAL MARKETING BIBLE ―

B2B 마케팅에서 키워드 전략은 고객의 문제와 니즈를 깊이 이해하고, 이를 반영한 검색엔진최적화(SEO)의 핵심 요소다. B2B 고객은 주로 비즈니스 문제를 해결하기 위한 정보나 솔루션을 찾기 위해 검색엔진을 사용한다. 따라서 성공적인 키워드 전략은 단순히 검색량이 많은 키워드를 선택하는 것이 아니라, 고객이 검색하는 핵심 질문과 문제를 중심으로 콘텐츠를 최적화하는 데 초점을 맞춘다.

∥ 고객 중심의 키워드 전략의 중요성

B2B 고객은 일반적으로 구매 결정을 내리기 전 심층적인 정보를 탐색하며, 해결책을 찾기 위한 과정을 거친다. 이들은 단순한 제품 정보보다는 비즈니스 문제 해결에 필요한 솔루션을 원하기 때문에 키워드

전략도 고객의 구체적인 요구와 문제 해결 과정에 맞춰져야 한다.

1) 문제 인식에서 솔루션 탐색까지

고객은 검색을 통해 자신의 문제를 정의하고 그 문제를 해결할 수 있는 방법을 찾으며, 최종적으로 구매 결정을 내리기 위한 옵션을 탐색한다. 이 과정에서 고객이 사용하는 키워드는 구매 단계마다 다르다. 예를 들어, 초기 단계에서는 '디지털 전환이 필요한 이유' 같은 일반적인 질문을 검색하고, 고려 단계에서는 '효율적인 ERP 시스템 비교'와 같은 구체적인 솔루션을 탐색할 수 있다. 따라서 키워드 전략은 고객의 검색 의도에 맞춰 설계되어야 한다.

2) 고객의 문제에 대한 깊은 이해

B2B 기업이 제공하는 솔루션은 대개 특정 산업이나 비즈니스 모델에 맞춰져 있다. 따라서 고객이 직면하는 구체적인 문제를 정확히 이해하고, 그 문제를 해결하기 위한 정보를 제공하는 키워드를 선택해야 한다. 예를 들어, IT 기업이 고객의 데이터 보안 문제를 해결하려 한다면, '데이터 유출 방지 솔루션', '기업 보안 강화 방법'과 같은 키워드가 적합할 수 있다.

∥ 고객 문제와 니즈를 반영한 키워드 탐색 과정

고객의 문제와 요구를 반영한 키워드 전략을 수립하기 위해서는 구체적인 탐색 과정이 필요하다. 이는 고객이 어떤 문제를 인식하고 있으며, 이를 해결하기 위해 어떤 키워드를 검색할 가능성이 높은지를 파악하는 것이다.

1) 키워드 조사 툴을 활용한 데이터 분석

Google 키워드 플래너, 네이버 데이터랩, 그 외 키워드 도구를 활용하여 고객이 자주 검색하는 키워드를 조사할 수 있다. 이를 통해 자사 제품이나 서비스와 관련된 키워드의 검색량, 경쟁 수준, 그리고 관련 검색어를 파악할 수 있다. 이러한 데이터는 고객의 검색 습관을 이해하고, 어떤 키워드가 높은 트래픽을 유도할 수 있을지 판단하는 데 중요한 역할을 한다.

2) 고객 페르소나 기반 키워드 설정

B2B 마케팅에서 고객 페르소나(Persona)를 기반으로 키워드를 선정하는 것이 중요하다. 고객 페르소나는 대상 고객의 산업, 직무, 업무 목표와 도전 과제를 구체적으로 반영한다. 예를 들어, IT 관리자나 보안 책임자가 자주 직면하는 문제를 정의하고, 그들이 어떤 질문을 할 것인지를 예측하여 그에 맞는 키워드를 설정할 수 있다.

- **예시**: 만약 페르소나가 제조업에서 일하는 IT 관리자인 경우, 그들은 '제조업 ERP 시스템', '공장 자동화 솔루션' 같은 키워드를 검색할 가능성이 높다. 이러한 키워드를 중심으로 콘텐츠를 최적화하면 해당 페르소나가 자사 웹사이트에 방문할 확률이 높아진다.

3) 고객의 구매 여정 단계별 키워드

B2B 고객의 구매 여정은 일반적으로 인지(Awareness), 고려

(Consideration), 결정(Decision) 단계로 나뉜다. 각 단계마다 고객이 검색하는 키워드는 다르므로 이에 맞춘 키워드 전략을 수립하는 것이 중요하다.

- **인지 단계**: 이 단계에서 고객은 문제를 인식하기 시작하고, 이를 해결할 방법을 찾는다. 일반적으로 정보 탐색을 위한 질문이 많으며, '왜 ERP 시스템이 필요한가?', '디지털 전환의 이점' 같은 넓은 범위의 키워드가 사용된다.
- **고려 단계**: 이 단계에서는 고객이 다양한 솔루션을 비교하고, 더 구체적인 옵션을 검토한다. '최고의 ERP 시스템 비교', '중소기업을 위한 ERP 솔루션' 같은 키워드가 이 단계에 해당한다.
- **결정 단계**: 이 단계에서 고객은 최종적으로 구매 결정을 내리기 위해 구체적인 정보를 탐색한다. 'ERP 시스템 가격', 'ERP 솔루션 데모 요청' 같은 키워드가 사용된다.

‖ 키워드 유형별 전략

고객의 문제와 니즈를 반영한 B2B 키워드 전략은 키워드의 유형에 따라 다르게 접근할 필요가 있다. 주요 키워드 유형은 단일 키워드(Short-tail Keywords)와 긴 검색어 키워드(Long-tail Keywords)로 구분할 수 있으며, 각 유형은 다른 목적을 달성하는 데 사용된다.

1) 단일 키워드(Short-tail Keywords)

단일 키워드는 일반적으로 검색량이 많고 경쟁이 치열한 키워드로,

'ERP 시스템', '클라우드 보안'과 같은 짧고 포괄적인 키워드를 말한다. 이러한 키워드는 많은 트래픽을 유도할 수 있지만, 경쟁이 치열해 SEO에서 상위 순위를 차지하기 어려울 수 있다.

- **활용 방법**: 단일 키워드는 웹사이트의 메인 페이지나 카테고리 페이지에서 사용하기 좋다. 이를 통해 높은 트래픽을 유도할 수 있지만, 더 깊이 있는 정보를 제공하기 위해 롱테일 키워드와 병행하는 것이 효과적이다.

2) 롱테일 키워드(Long-tail Keywords)

롱테일 키워드는 검색량이 적지만 구체적인 의도를 가진 키워드를 말하며, '중소기업을 위한 ERP 도입 비용', '클라우드 보안을 강화하는 방법'과 같은 구체적인 질문형 검색어가 포함된다. 롱테일 키워드는 고객의 특정 문제나 니즈를 더 잘 반영하므로 고객 전환율이 높을 수 있다.

- **활용 방법**: 롱테일 키워드는 블로그 포스트, 백서(White Paper), 사례 연구 등의 콘텐츠 페이지에서 활용하면 효과적이다. 이를 통해 고객이 구체적인 문제를 해결하는 데 도움이 되는 심층 정보를 제공할 수 있다. 또한, 경쟁이 덜 치열하기 때문에 상위에 노출될 가능성이 높다.

| 키워드 유형별 장단점 |

구분	단일 키워드 (Short-tail Keywords)	롱테일 키워드 (Long-tail Keywords)
의미	짧고 포괄적인 키워드로, 'ERP 시스템', '클라우드 보안' 일반적이고 폭넓은 주제	구체적이고 세부적인 키워드로, '중소기업 ERP 도입 비용', '클라우드 보안 강화 방법' 질문형 검색어
장점	– 검색량이 많아 많은 트래픽 유도 메인 페이지에 적합 – 브랜드 인지도 향상에 유리	– 구체적 의도 반영으로 전환율이 높음 – 경쟁이 덜 치열하여 상위 노출 가능성 큼 – 고객의 문제 해결에 효과적
단점	– 경쟁이 치열하여 SEO 상위 노출 어려움 – 구체적 의도 부족해 전환율 낮을 가능성	– 검색량이 적어 트래픽 제한적 – 다양한 롱테일 키워드를 전략적으로 관리해야 하는 부담

‖ 키워드 전략 실행을 위한 구체적인 방법

B2B SEO에서 고객 문제와 니즈를 반영한 키워드 전략을 성공적으로 실행하기 위해서는 다음과 같은 방법을 활용할 수 있다.

1) 콘텐츠와의 일관성 유지

키워드 전략은 반드시 콘텐츠와 일관되게 연계되어야 한다. 즉, 고객이 특정 키워드로 검색할 때 기대하는 내용을 정확히 반영하는 고품질 콘텐츠를 제공해야 한다. 예를 들어, '효율적인 클라우드 관리 방법'이라는 키워드로 최적화된 페이지에서는 클라우드 관리에 대한 구체적인 해결책과 실행 가능한 조언을 제공해야 한다. 고객의 기대와 일치하는 콘텐츠는 검색 순위뿐만 아니라 전환율을 높이는 데 기여한다.

2) 키워드 성과 분석과 지속적인 최적화

SEO는 지속적인 분석과 최적화가 필요하다. Google Analytics와 같은 도구를 사용해 키워드 성과를 측정하고, 어떤 키워드가 트래픽과 전환을 유도하는지 분석해야 한다. 만약 특정 키워드가 기대만큼의 성과를 내지 못한다면 그에 맞는 콘텐츠 수정 또는 새로운 키워드 추가 전략이 필요하다.

3) 고객 피드백 반영

B2B 마케팅에서 고객의 피드백은 매우 중요하다. 고객 서비스 팀이나 세일즈 팀을 통해 고객이 자주 묻는 질문을 파악하고 이를 키워드 전략에 반영할 수 있다. 예를 들어, 많은 고객이 특정 솔루션의 비용에 대해 묻는다면 비용 관련 키워드를 콘텐츠에 반영하는 것이 효과적이다.

고객 문제와 니즈를 반영한 키워드 전략은 B2B 마케팅에서 핵심적인 SEO 요소다. 고객이 실제로 검색하는 문제를 이해하고, 그에 맞는 솔루션을 제공하는 키워드를 중심으로 콘텐츠를 최적화함으로써, 기업은 더 많은 유기적 트래픽을 유도하고 전환율을 높일 수 있다. B2B SEO에서 성공적인 키워드 전략은 문제 해결형 콘텐츠와 맞춤형 솔루션 제공을 통해 고객의 신뢰를 쌓고, 장기적인 비즈니스 성과를 창출할 수 있다.

유료 광고(PPC/CPC)와 검색엔진마케팅(SEM)

B2B DIGITAL MARKETING BIBLE

B2B 마케팅에서 검색엔진마케팅(SEM)과 유료 광고(PPC/CPC)는 고객이 검색엔진을 통해 비즈니스 문제 해결을 위한 정보를 탐색할 때 효과적으로 노출될 수 있는 전략적 도구이다. SEM은 검색엔진최적화(SEO)와 유료 광고(PPC)를 결합한 마케팅 기법으로 검색엔진에서 최적의 위치에 자사 웹사이트를 노출시켜 더 많은 트래픽을 유도하고 고객의 구매 결정을 지원하는 역할을 한다. 특히 네이버의 파워링크와 같은 유료 광고는 한국 시장에서 매우 효과적인 SEM 방식으로 적절하게 활용하면 리드 생성과 브랜드 인지도를 빠르게 높일 수 있다.

∥ 검색엔진마케팅(SEM)의 개요

검색엔진마케팅(SEM)은 검색엔진을 통해 고객이 특정 키워드로 검색할 때 자사 웹사이트가 검색 결과 상단에 노출되도록 하는 광고 전략이다. SEM은 주로 두 가지로 나뉜다. 검색엔진최적화(SEO)와 유료 광고(PPC)로 SEO는 자연 검색에서 웹사이트의 가시성을 높이는 것을 목표로 하며, PPC는 광고비를 지불해 즉각적인 트래픽을 유도하는 방식이다. 두 전략은 상호 보완적이며 함께 사용할 때 더 큰 효과를 낼 수 있다.

- SEO: 고객이 특정 키워드를 검색할 때 웹사이트가 검색 결과 상위에 노출되도록 자연 검색 순위를 최적화하는 과정
- PPC: 광고비를 지불하고 특정 키워드 검색 시 광고를 상위에 배치하여 클릭당 비용을 지불하는 방식

SEM의 핵심은 고객이 사용하는 검색엔진에서 자사 웹사이트나 광고가 눈에 잘 띄도록 하고, 그로 인해 잠재 고객을 리드로 전환하는 것이다. 한국에서는 네이버가 대표적인 검색엔진이며, 이 외에도 구글과 같은 글로벌 검색엔진이 사용된다. 네이버에서는 파워링크와 같은 유료 광고를 통해 기업이 주요 키워드로 광고를 상단에 배치할 수 있다.

‖ 유료 광고(PPC)의 개요와 특징

PPC(Pay-Per-Click) 광고는 클릭당 비용을 지불하는 방식으로, 검색엔진 상단에 광고를 게재하는 효과적인 광고 방법이다. B2B 마케팅에서 PPC는 주로 구매 의도가 높은 고객을 타깃으로 하여, 고객이 문제를 인식하고 솔루션을 찾는 과정에서 자사 웹사이트로 유도하는 역할을 한다.

1) PPC의 구조와 원리

PPC 광고는 광고주가 특정 키워드에 대해 광고 입찰을 하고 해당 키워드를 검색하는 고객이 광고를 클릭할 때마다 비용을 지불하는 방식이다. 즉, 광고가 노출되더라도 클릭되지 않으면 비용이 발생하지 않는다. 이 때문에 PPC 광고는 비용 효율적인 마케팅 도구로 평가된다.

◆ **구글 애즈(Google Ads)와 네이버 파워링크**

PPC 광고는 주로 구글 애즈와 네이버 파워링크를 통해 실행된다. 구글 애즈는 글로벌 검색엔진인 구글에서 제공하는 PPC 광고 서비스로 검색 결과 상단에 광고를 배치할 수 있다. 네이버 파워링크는 한국의 대표적인 검색엔진인 네이버에서 제공하는 유료 광고 서비스로 검색 결과와 연관된 광고를 노출시켜 클릭을 유도한다.

- **구글 애즈**: 구글 애즈는 글로벌 고객을 대상으로 PPC 광고를 실행하는 데 적합하다. 검색 네트워크 광고, 디스플레이 광고, 동영상 광고 등 다양한 형식의 광고를 지원하며, 특히 리드 생성과 글로벌 시장을 목표로 하는 B2B 마케팅에 적합하다.
- **네이버 파워링크**: 네이버 파워링크는 주로 한국 시장을 타깃으로 하는 기업들이 활용하는 광고 방식이다. 네이버 검색 결과에서 광고가 상위 노출되며 광고비를 클릭당 지불하는 방식으로 운영된다. 네이버 사용자들의 검색 패턴을 분석해 타깃 고객에게 정확히 도달할 수 있는 로컬화된 마케팅 전략으로 활용할 수 있다.

2) PPC의 장점

- **즉각적인 노출**: SEO는 장기간의 최적화 과정이 필요하지만 PPC

는 광고비를 지불하면 즉시 상단에 노출되어 **빠른 결과를 얻을 수 있다.**
- **타기팅 기능**: PPC 광고는 키워드, 지역, 시간대, 디바이스 등 다양한 기준으로 타기팅할 수 있어 구매 의도가 높은 고객에게만 광고를 노출할 수 있다.
- **성과 측정 용이**: PPC는 클릭 수, 전환율, 광고비 대비 수익률(ROAS) 등 정확한 성과 분석이 가능해 광고 효율성을 지속적으로 모니터링하고 최적화할 수 있다.

3) PPC의 단점
- **비용 부담**: PPC는 지속적인 광고비 지출이 필요하므로 예산 관리가 중요하다. 경쟁이 치열한 키워드의 경우 광고비가 급격히 증가할 수 있다.
- **단기적 효과**: 광고비를 지불하지 않으면 즉시 노출이 중단되므로 지속적인 트래픽을 유도하기 위해서는 장기적인 SEO 전략과 병행해야 한다.

‖ 네이버 파워링크의 활용 전략

네이버 파워링크는 한국에서 가장 널리 사용되는 검색엔진마케팅 도구 중 하나다. 네이버 사용자는 특정 키워드를 검색할 때 결과 상단에 노출된 파워링크 광고를 통해 관련 정보를 쉽게 접할 수 있다. 파워링크는 특히 B2B 기업이 국내 시장에서 타깃 고객을 유치하는 데 중요한 역할을 한다.

1) 키워드 선택과 입찰 전략

네이버 파워링크에서 성공적인 광고를 위해서는 적절한 키워드 선택이 필수적이다. B2B 고객이 주로 사용하는 문제 해결형 키워드나 산업용 솔루션 키워드를 중심으로 광고를 배치해야 한다. 예를 들어, '클라우드 보안 솔루션', 'ERP 시스템 도입' 등의 키워드는 B2B 고객이 많이 검색하는 주요 키워드가 될 수 있다.

- **키워드 입찰**: 네이버 파워링크는 경쟁 입찰 방식으로 운영되며 입찰가에 따라 광고 노출 순위가 결정된다. 따라서 광고 예산을 고려한 신중한 입찰 전략이 필요하다. 너무 높은 입찰가는 비용 부담이 될 수 있으며 너무 낮은 입찰가는 광고 노출이 제한될 수 있다.

2) 광고 타기팅 설정

네이버 파워링크는 세밀한 타기팅 기능을 제공한다. 타기팅은 지역, 시간대 등으로 세분화할 수 있어, 광고 효율성을 높일 수 있다. 예를 들어, 특정 지역에서 활발한 B2B 활동을 하는 기업을 대상으로 광고를 집중 배치 하거나 주로 업무 시간에 검색하는 고객을 타기팅하여 광고 노출을 극대화할 수 있다.

3) 광고 콘텐츠 최적화

네이버 파워링크 광고에서 중요한 요소는 광고 제목과 설명이다. 짧고 명확한 광고 카피는 고객의 관심을 끌고 클릭을 유도하는 데 결정적인 역할을 한다. 특히, 고객이 직면한 문제를 해결할 수 있는 구체적인 가치 제안을 포함하는 것이 중요하다. 예를 들어, '중소기업을 위한 ERP 도입 솔루션', '효율적인 데이터 보안 시스템'과 같은 카피는 고객의 요구를 명확히 반영한 메시지를 전달한다.

‖ SEM 성과 분석과 최적화

SEM 캠페인을 실행한 후에는 지속적인 성과 분석과 최적화가 필수적이다. 이를 통해 광고 예산을 효율적으로 관리하고, ROI(투자 대비 수익률)를 극대화할 수 있다.

1) 주요 성과 지표 분석

SEM 성과 분석에서 주로 사용되는 지표는 다음과 같다.

- **클릭률(CTR)**: 광고가 노출된 횟수 대비 클릭된 비율로, 광고의 매력도를 평가하는 중요한 지표다.
- **전환율(Conversion Rate)**: 광고를 통해 웹사이트에 방문한 고객이 구매 또는 문의 등의 행동을 취한 비율로, 광고의 성과를 직접적으로 보여준다.
- **광고비 대비 수익(ROAS)**: 광고에 투자한 비용 대비 얻은 수익을 평가하여 광고 효율성을 측정하는 지표다.

2) 성과 최적화를 위한 A/B 테스트

A/B 테스트는 두 가지 광고 버전을 비교하여 더 높은 성과를 내는 버전을 선택하는 방식이다. 광고 제목, 설명, 타기팅 설정, 키워드 입찰가

등을 변경하여 성과를 비교하고 가장 효과적인 전략을 지속적으로 적용할 수 있다.

3) 장기적인 SEM 전략

SEM은 단기적인 트래픽 유도에 매우 효과적이지만 장기적인 마케팅 전략과도 연계되어야 한다. 이를 위해 SEO와 콘텐츠 마케팅을 병행하여 지속적인 웹사이트 트래픽을 확보하고, SEM을 통한 즉각적인 리드 생성과 전환 극대화를 목표로 하는 통합 마케팅 전략이 필요하다.

검색엔진마케팅(SEM)을 통해 SEO와 PPC를 결합하면, 고객이 검색하는 순간 자사 솔루션이 상위 노출되어 리드 생성과 전환을 유도할 수 있다. 이를 통해 기업은 브랜드 인지도를 높이고, 잠재 고객과의 접점을 확대하여 비즈니스 성과를 극대화할 수 있다. SEM의 성공을 위해서는 정확한 키워드 선택, 타기팅, 광고 콘텐츠 최적화가 중요하며, 지속적인 성과 분석과 최적화로 ROI를 극대화해야 한다.

SEO 및 SEM 성과 분석과 개선

B2B DIGITAL MARKETING BIBLE

SEO(Search Engine Optimization)와 SEM(Search Engine Marketing)은 B2B 마케팅에서 핵심적인 트래픽 유도 및 리드 생성 전략이다. 그러나 이 두 전략의 성공 여부는 단순히 실행에 그치지 않고, 지속적인 성과 분석과 최적화를 통해 이루어진다. 성과 분석은 SEO와 SEM이 얼마나 효과적으로 트래픽을 유도하고, 전환으로 이어졌는지를 평가하며, 이를 바탕으로 개선 전략을 수립함으로써 ROI(투자 대비 수익)를 극대화하는 데 중요한 역할을 한다.

‖ SEO 성과 분석의 주요 지표

SEO는 유기적 검색 트래픽을 통해 고객이 자사 웹사이트에 방문하도록 유도하는 장기적인 전략이다. SEO 성과를 분석하기 위해서는 정량적 데이터와 정성적 평가를 모두 활용해 웹사이트가 검색엔진에서 어떻게 평가되고 있는지 파악해야 한다. 주요 성과 지표는 다음과 같다.

1) 유기적 트래픽(Organic Traffic)

유기적 트래픽은 검색엔진에서 자연 검색을 통해 웹사이트를 방문한 사용자 수를 의미한다. SEO 성과를 평가할 때 유기적 트래픽의 증가 추이와 웹사이트 방문자 수를 주기적으로 확인해야 한다. 유기적 트래픽이 증가하고 있다면 웹사이트가 타깃 키워드에 대해 검색 순위에서 상위에 노출되고 있음을 의미한다.

- **분석 방법**: Google Analytics와 같은 도구를 활용해 유기적 트래픽의 변동을 추적할 수 있다. 특정 페이지나 콘텐츠가 얼마나 많은 유기적 트래픽을 유도했는지, 어떤 키워드가 효과적인지를 분석하여, 성과가 높은 콘텐츠와 키워드를 중심으로 최적화한다.

2) 키워드 순위(Keyword Ranking)

SEO 전략에서 목표로 삼은 핵심 키워드가 검색 결과에서 어느 위치에 있는지를 파악하는 것이 중요하다. 키워드 순위는 고객이 검색할 때 자사 웹사이트가 얼마나 상위에 노출되고 있는지를 평가하는 지표다. 상위 3위 내에 위치하는 키워드는 가장 높은 클릭률(CTR)을 기록하므로 목표 키워드가 이 범위에 포함되도록 지속적인 관리가 필요하다.

- **분석 방법**: SEMrush나 Ahrefs와 같은 SEO 도구를 사용해 목표 키워드의 순위를 모니터링하고, 어떤 페이지가 특정 키워드로 상위에 노출되고 있는지 확인할 수 있다. 또한, 경쟁사의 키워드 순위를 분석해 비교 분석을 통해 전략을 보완할 수 있다.

3) 페이지 체류 시간(Time On Page) 및 이탈률(Bounce Rate)

고객이 웹사이트에 방문한 후 얼마나 오랜 시간 머무르는지, 그리고 얼마나 많은 고객이 방문 후 즉시 이탈하는지를 분석하는 지표다. 페이지에 오래 머물수록 해당 콘텐츠가 유용하다고 판단되며, 이는 SEO 성과에 긍정적인 영향을 미친다. 반면 이탈률이 높다면 콘텐츠가 고객의 기대에 부합하지 않거나, 페이지의 사용자 경험(UX)에 문제가 있을 수 있다.

- **분석 방법**: Google Analytics에서 페이지별 체류 시간과 이탈률을 확인할 수 있다. 이탈률이 높은 페이지는 콘텐츠나 페이지 구조에 문제가 있을 가능성이 있으므로, 페이지 속도 개선이나 콘텐츠 품질 향상을 통해 성과를 개선해야 한다.

4) 백링크(Backlink)

백링크는 외부 웹사이트에서 자사 웹사이트로 연결되는 링크로 검색엔진은 백링크의 수와 질을 평가하여 웹사이트의 신뢰도를 판단한다. 양질의 백링크가 많을수록 SEO 성과가 향상되며 검색엔진에서 상위에 노출될 가능성이 커진다.

- **분석 방법**: 백링크 분석 도구를 통해 웹사이트로 연결된 백링크의 수와 품질을 분석할 수 있다. 백링크의 양뿐만 아니라 링크를 제공한 웹사이트의 도메인 권위도 평가해야 한다. 신뢰할 수 있는 외부 사이트에서 링크를 얻는 것이 중요하다.

‖ SEM 성과 분석의 주요 지표

SEM은 유료 광고를 통해 즉각적인 트래픽을 유도하는 전략이므로 투자한 비용 대비 얼마나 많은 전환이 이루어졌는지에 대한 성과 분석이 필수적이다. SEM 성과는 광고 비용 대비 ROI를 극대화하는 데 중점을 두며, 주로 구글 애즈(Google Ads)와 같은 플랫폼을 통해 실행된다.

1) 클릭률(CTR, Click-Through Rate)

클릭률은 광고 노출 수 대비 광고를 클릭한 비율을 나타내는 지표로 광고의 매력도와 타기팅 정확성을 평가하는 중요한 기준이다. CTR이 높다는 것은 광고가 타깃 고객에게 잘 노출되고 있으며 고객이 광고에 흥미를 가지고 클릭했다는 의미다.

- **분석 방법**: 구글 애즈나 네이버 파워링크의 광고 대시보드에서 CTR을 확인할 수 있다. CTR이 낮다면 광고 카피나 이미지, 타기팅 설정을 수정해 광고의 매력도를 높이는 작업이 필요하다.

2) 전환율(Conversion Rate)

전환율은 광고를 클릭한 고객이 구매, 문의, 구독 등의 목표 행동을 취한 비율을 나타내는 지표다. SEM의 최종 목표는 단순히 트래픽을 유도하는 것이 아니라, 고객이 실질적인 행동을 취하게 하는 것이므로 전환율이 가장 중요한 성과 지표로 평가된다.

- **분석 방법**: 광고 플랫폼에서 제공하는 전환 추적 도구를 통해 전환율을 분석할 수 있다. 전환율이 낮다면 랜딩 페이지의 사용자 경험(UX)이나 광고의 타기팅 전략을 재검토하고 최적화해야 한다.

3) 광고비 대비 수익(ROAS, Return On Ad Spend)

ROAS는 SEM 성과를 종합적으로 평가하는 중요한 지표로 광고에 지출한 비용 대비 얻은 수익을 의미한다. ROAS가 높을수록 광고가 비용 효율적으로 운영되고 있음을 나타내며, 이는 광고 전략의 성공 여부를 판단하는 핵심 지표다.

- **분석 방법**: 광고 플랫폼에서 지출된 광고비와 생성된 수익을 비교하여 ROAS를 계산할 수 있다. ROAS가 기대에 미치지 못할 경우 광고비를 조정하거나 성과가 좋은 키워드에 집중하는 방식으로 광고 전략을 개선할 수 있다.

4) 키워드 품질 점수(Quality Score)

구글 애즈에서 제공하는 키워드 품질 점수는 특정 키워드에 대한 광고의 관련성과 품질을 평가하는 지표다. 키워드 품질 점수는 광고 비용을 결정하는 중요한 요소로 점수가 높을수록 더 낮은 비용으로 광고를 상위에 노출할 수 있다.

- **분석 방법**: 구글 애즈 대시보드에서 키워드 품질 점수를 확인하고, 관련성이 떨어지는 키워드는 광고 카피나 랜딩 페이지를 수정하여 점수를 개선할 수 있다.

‖ 성과 개선을 위한 전략

SEO와 SEM에서 성과 분석을 바탕으로 한 지속적인 개선이 핵심이다. 성과 분석을 통해 발견한 문제를 해결하고 성과를 극대화하기 위한 개선 전략을 실행해야 한다.

1) SEO 개선 전략
- **콘텐츠 최적화**: 성과가 낮은 페이지의 콘텐츠를 업데이트하거나 새로운 키워드를 반영하여 고객의 요구에 맞는 정보를 제공하도록 한다. 특히, 롱테일 키워드나 문제 해결형 키워드를 포함한 콘텐츠는 고객의 구체적인 요구를 충족시키는 데 효과적이다.
- **페이지 로딩 속도 개선**: 페이지 로딩 속도는 SEO 성과에 중요한 영향을 미친다. 웹사이트의 이미지 최적화, 캐시 사용, 서버 응답 시간 개선 등을 통해 로딩 속도를 최적화해야 한다.
- **모바일 최적화**: 모바일 사용자가 점점 증가하고 있기 때문에 웹사이트가 모바일 친화적으로 디자인되었는지 확인해야 한다. 모바일 퍼스트 인덱싱에 따라 모바일 최적화는 검색 순위에 직접적인 영향을 미친다.

2) SEM 개선 전략
- **A/B 테스트**: SEM 광고의 카피, 이미지, 랜딩 페이지 등을 다양하게 설정하여 A/B 테스트를 진행하고 성과가 좋은 요소를 중심으로 광고를 개선한다.
- **키워드 최적화**: 광고 성과가 저조한 키워드를 제거하고 성과가 높은 키워드에 예산을 집중하는 전략을 통해 광고 효율을 높인다. 또한, 신규 키워드를 지속적으로 탐색하고 트렌드 변화에 맞춰 업데이트한다.
- **리타기팅 광고**: SEM에서는 이미 웹사이트를 방문한 고객을 대상

으로 리타기팅 광고를 실행해 전환율을 높일 수 있다. 리타기팅 광고는 관심을 보인 고객에게 추가적인 설득 기회를 제공하여 구매로 이어지게 하는 데 효과적이다.

제10장

B2B 소셜 미디어 마케팅

B2B 소셜 미디어의 중요성

B2B DIGITAL MARKETING BIBLE

　B2B 마케팅에서 소셜 미디어는 더 이상 선택이 아닌 필수적인 도구가 되었다. 전통적인 마케팅 채널에 비해 소셜 미디어는 실시간 소통이 가능하며, 기업이 자신의 전문성을 보여주고 신뢰를 구축하는 데 큰 역할을 한다. 특히 LinkedIn, X와 같은 플랫폼은 B2B 기업들이 타깃 고객과 직접적으로 연결하고 브랜드 인지도를 높이는 데 중요한 역할을 한다. B2B 소셜 미디어 마케팅은 단순한 제품 홍보를 넘어 전문 지식 공유, 고객 관계 구축, 리드 생성 등을 통해 기업의 비즈니스 성과를 강화할 수 있는 강력한 수단이다.

‖ B2B 소셜 미디어의 변화와 확대

　소셜 미디어는 과거 B2C 마케팅의 영역으로 여겨졌으나, B2B 시장에서도 그 중요성이 급격히 커지고 있다. 디지털 전환과 고객 행동의 변화는 B2B 구매자들이 정보 탐색 및 의사결정 과정에서 소셜 미디어를 점점 더 많이 활용하게 만들었다. 이러한 변화는 B2B 소셜 미디어 마케팅의 중요성을 더욱 부각시키고 있다.

1) 구매자의 디지털 여정

B2B 구매자의 행동은 과거와 달리 디지털화되었으며, 이들은 구매 결정 전 다수의 정보를 수집하고 비교하는 과정을 거친다. 이 과정에서 소셜 미디어는 중요한 정보 탐색 도구로 사용된다. LinkedIn과 X와 같은 플랫폼에서 산업 전문가의 추천, 리뷰, 토론이 구매 의사결정에 큰 영향을 미친다. 실제로, B2B 구매자의 약 75%가 소셜 미디어를 통해 제품이나 서비스를 탐색하고, 이와 관련된 정보를 수집한다는 연구 결과도 있다.

2) 브랜드 신뢰와 권위 구축

B2B 소셜 미디어는 기업이 브랜드 신뢰와 권위를 구축하는 데 중요한 역할을 한다. B2B 거래는 종종 긴 의사결정 과정과 여러 이해관계자가 참여하는 복잡한 구조를 가지고 있다. 기업은 소셜 미디어를 통해 전문성을 강조하고, 타깃 고객이 필요로 하는 유용한 정보와 산업 통찰력을 제공함으로써 신뢰를 얻을 수 있다. 이러한 신뢰는 장기적으로 리드 생성 및 고객 유지에 긍정적인 영향을 미친다.

‖ B2B 소셜 미디어의 주요 역할

B2B 소셜 미디어 마케팅의 중요성은 기업이 단순히 제품이나 서비스를 홍보하는 것을 넘어, 고객과의 관계를 구축하고, 지속적으로 소통하는 플랫폼으로 활용된다는 점에 있다. B2B 기업들이 소셜 미디어를 성공적으로 활용할 경우 다음과 같은 주요 역할을 수행할 수 있다.

1) 브랜드 인지도와 도달 범위 확대

B2B 소셜 미디어는 기업의 브랜드 인지도를 높이고 더 많은 잠재 고객에게 도달하는 데 효과적이다. LinkedIn, X, Threads와 같은 플랫폼을 통해 기업은 산업 내에서 리더십을 보여주고 전문가로서의 이미지를 구축할 수 있다. 이러한 활동은 자연스럽게 브랜드 인지도를 높이고, 새로운 리드 발굴로 이어진다.

2) 전문성 공유와 사고 리더십(Thought Leadership) 구축

B2B 소셜 미디어는 기업이 자신의 전문 지식과 통찰력을 공유하는 공간이다. 블로그 게시물, 백서, 사례 연구와 같은 콘텐츠를 소셜 미디어를 통해 배포함으로써 기업은 특정 주제에 대한 Thought Leadership을 구축할 수 있다. 이는 단순히 제품 판매를 넘어서, 산업 내 영향력을 강화하고 신뢰할 수 있는 정보 제공자로 자리 잡게 하는 중요한 역할을 한다.

3) 고객과의 상호작용

B2B 소셜 미디어는 고객과의 실시간 상호작용을 가능하게 한다. 댓

글, 메시지, 토론 등을 통해 고객과의 즉각적인 소통이 가능하며, 이를 통해 고객의 피드백을 직접적으로 받을 수 있다. 이는 고객의 니즈를 더 깊이 이해하고 제품 및 서비스 개선에 실질적으로 활용할 수 있다. 또한, 고객의 문제를 빠르게 해결함으로써 고객 만족도를 높일 수 있다.

4) 리드 생성과 전환

소셜 미디어는 B2B 기업들이 리드를 생성하고, 이 리드를 고객으로 전환하는 데 강력한 도구다. LinkedIn의 InMail, 광고 플랫폼 등을 통해 타기팅된 잠재 고객에게 맞춤형 메시지를 전달할 수 있다. 또한, 웨비나, 전자책 다운로드와 같은 콘텐츠를 통해 리드를 확보하고, 이를 통해 잠재 고객과의 지속적인 관계를 형성할 수 있다.

‖ 주요 소셜 미디어 플랫폼의 B2B 마케팅 활용

B2B 마케팅에서 각 소셜 미디어 플랫폼은 서로 다른 역할과 강점을 가지고 있다. B2B 마케터는 각 플랫폼의 특징과 사용자 행동에 맞는 전략을 수립해야 한다.

1) 링크드인(LinkedIn)

링크드인은 B2B 마케팅에서 가장 중요한 소셜 미디어 플랫폼이다. 전 세계의 비즈니스 전문가들이 모인 링크드인은 B2B 기업들이 타깃 고객에게 직접적으로 도달하고 브랜드 인지도를 높이는 데 적합한 플랫폼이다. 특히, InMail 광고, LinkedIn 그룹, 기업 페이지 등을 통해 전문가들과 네트워크를 형성하고 고객과의 관계를 구축할 수 있다.

- **활용 전략**: 링크드인에서는 전문 지식과 산업 관련 통찰력을 제공하는 콘텐츠가 효과적이다. 이를 통해 사고 리더십(Thought Leadership)을 구축하고, 타깃 광고를 통해 특정 산업이나 직무에 종사하는 사람들에게 직접적으로 메시지를 전달할 수 있다.

2) X 및 Threads

X(Twitter)와 Threads는 B2B 기업들이 짧고 신속한 메시지를 통해 실시간 소통을 강화하는 데 유용한 플랫폼이다. 특히 산업 뉴스, 이벤트 홍보, 웨비나 등의 정보를 빠르게 공유할 수 있으며, 해시태그(#)를 활용한 트렌드 분석과 참여 유도도 가능하다.

- **활용 전략**: X는 브랜드와 고객 간의 즉각적인 소통이 중요하다. 실시간으로 업계 트렌드에 대한 의견을 제시하고 중요한 산업 이슈에 대해 참여하는 방식으로 전문가 이미지를 구축할 수 있다. 또한, 브랜드 해시태그를 생성하여 고객 참여를 유도할 수 있다.

3) YouTube

YouTube는 B2B 기업들이 비디오 콘텐츠를 통해 제품이나 서비스의 특징을 구체적으로 설명하고 고객 후기와 사례 연구를 시각적으로 전달하는 데 효과적이다. 특히 B2B 제품이나 서비스는 복잡한 경우가 많기 때문에 데모 영상, 튜토리얼 등을 통해 고객이 쉽게 이해할 수 있도록 돕는 것이 중요하다.

- **활용 전략**: YouTube에서는 제품 시연 영상, 성공 사례 인터뷰, 고객 후기 등이 효과적인 콘텐츠 유형이다. 비디오 콘텐츠는 고객

이 제품을 직접 사용해 보는 것과 같은 경험을 제공하므로, 고객의 구매 결정을 촉진하는 데 중요한 역할을 한다.

4) Facebook/Instagram

Facebook과 Instagram은 B2B 마케팅에서는 상대적으로 덜 사용되지만, 여전히 중요한 콘텐츠 배포 채널로 활용될 수 있다. 특히 Facebook 그룹을 통해 산업 관련 커뮤니티에 참여하거나, 타깃 광고를 통해 특정 관심사를 가진 고객을 유도할 수 있다.

- **활용 전략**: Facebook은 보다 개인화된 콘텐츠를 공유하는 데 적합하고, Instagram은 이미지나 숏폼 콘텐츠를 공유하는 데 적합하다. 고객 성공 사례나 기업 내부 소식 등을 통해 기업의 사람 중심 이미지를 강조할 수 있으며, 타깃 광고를 통해 특정 산업군을 타깃으로 한 콘텐츠 배포가 가능하다.

| 주요 소셜 미디어 플랫폼 비교 |

플랫폼	주요 특징	활용 전략	강점	약점
LinkedIn	- 비즈니스 전문가를 타깃으로 한 대표적인 B2B 플랫폼 - InMail, 그룹, 기업 페이지 등을 통한 네트워킹 및 관계 형성	- 전문 지식과 산업 통찰력을 제공하는 콘텐츠로 Thought Leadership 구축 - 타깃 광고로 특정 산업과 직무에 맞춘 메시지 전달	- 전문성 있는 콘텐츠로 신뢰 구축 - B2B 타깃에 직접 접근 가능 - 네트워크 확장에 용이	- 광고 비용이 높을 수 있음 - 콘텐츠를 꾸준히 관리해야 함
X	- 실시간 소통과 짧은 메시지로 트렌드와 산업 뉴스 공유에 적합 - 해시태그(#)로 트렌드에 쉽게 참여 가능	- 이벤트 홍보와 산업 뉴스를 신속하게 전달 - 브랜드 해시태그를 통해 고객 참여 유도 - 업계 트렌드에 대해 빠르게 대응	- 실시간 소통에 유리 - 짧고 간결한 메시지로 빠른 정보 전달 가능	- 짧은 메시지로 깊이 있는 정보 제공 어려움 - 심층 분석이나 긴 콘텐츠 전달에 부적합

플랫폼	주요 특징	활용 전략	강점	약점
Threads	- 짧은 텍스트 중심의 소셜 플랫폼 - 트렌드 참여와 브랜드 팔로잉에 적합	- 산업 관련 짧은 정보와 업계 소식 공유 - 실시간 브랜드 업데이트 및 간결한 정보 전달 - 업계 전문가 이미지 구축 가능	- 실시간 참여 유도에 용이 - 간결한 메시지로 빠른 소통 가능	- 짧은 형식으로 심층적 정보 제공 어려움 - 아직 비교적 적은 사용자층
YouTube	- 비디오 콘텐츠를 통한 시각적 스토리텔링 가능 - 제품 데모나 튜토리얼로 복잡한 제품 설명에 적합	- 제품 시연, 성공 사례 인터뷰, 고객 후기 등으로 신뢰도 구축 - 비디오 콘텐츠로 고객이 제품을 직접 경험하는 느낌 제공	- 시각적 전달력이 강력 - 복잡한 제품 설명에 유리 - 고객 후기와 사례 연구 전달에 효과적	- 콘텐츠 제작에 비용과 시간 소요 - 비디오 관리 및 지속적 업데이트 필요
Facebook	- 광범위한 사용자층을 보유한 플랫폼 - Facebook 그룹을 통해 산업 관련 커뮤니티에 참여 가능	- 타깃 광고를 통해 특정 관심사를 가진 고객을 유도 - 산업 관련 그룹에서 커뮤니티 활동 브랜드 인지도 강화	- 광범위한 도달 가능 - 커뮤니티 참여를 통해 관계 형성 - 타깃 광고로 특정 고객층 겨냥 가능	- B2C 중심의 사용자층이 많음 - B2B 전문성을 강조하기에는 다소 어려움
Instagram	- 비주얼 중심의 소셜 플랫폼 - 숏폼 콘텐츠와 이미지로 브랜드 홍보 및 인지도 강화에 유리	- 이미지 및 숏폼 콘텐츠로 고객 성공 사례와 기업 소식 홍보 - 제품 비주얼을 통해 고객의 관심을 유도 - 타깃 광고 가능	- 시각적 콘텐츠로 브랜드 인지도 강화 - 짧은 영상과 이미지로 빠른 참여 유도	- B2C 중심의 사용자층이 많음 - B2B 전문 콘텐츠 전달에 한계

‖ B2B 소셜 미디어의 ROI와 성과 측정

B2B 소셜 미디어의 ROI(투자 대비 수익)를 측정하고 성과를 분석하는 것은 마케팅 전략의 효율성을 평가하는 중요한 과정이다. 소셜 미디어의 효과를 측정하기 위해서는 정량적 데이터와 정성적 지표 모두를 고려해야 한다.

1) 성과 측정 지표

B2B 소셜 미디어 성과 측정을 위해 사용할 수 있는 주요 지표는 다음과 같다.

- **도달 범위(Reach)**: 게시물이 얼마나 많은 사람에게 노출되었는지를 나타내는 지표로 브랜드 인지도 측정에 활용된다.
- **참여율(Engagement Rate)**: 게시물에 대한 좋아요, 댓글, 공유 등 사용자 상호작용을 평가하는 지표다. 소셜 미디어가 얼마나 고객과의 관계를 형성하는지 보여준다.
- **리드 생성(Lead Generation)**: 소셜 미디어 캠페인을 통해 몇 명의 리드를 확보했는지 측정하는 지표다. 콘텐츠 다운로드, 웨비나 신청 등으로 리드 생성이 이루어질 수 있다.
- **전환율(Conversion Rate)**: 소셜 미디어를 통해 리드가 고객으로 전환된 비율을 측정하는 지표다. 이는 소셜 미디어 마케팅의 비즈니스 성과를 직접적으로 평가할 수 있는 중요한 지표다.

2) ROI 개선 전략

소셜 미디어 ROI를 극대화하기 위해서는 지속적인 성과 분석과 콘텐츠 최적화가 필요하다. 성과가 좋은 콘텐츠 유형을 파악하고, 이를 바탕으로 캠페인을 개선하는 것이 중요하다. 또한, 타깃 광고를 통해 마케팅 비용을 효율적으로 사용하고 리드 전환에 집중하는 전략을 수립해야 한다.

소셜 미디어의 중요성은 계속해서 커지고 있으며, B2B 기업이 이 플랫폼을 어떻게 활용하느냐에 따라 경쟁력을 확보할 수 있는 중요한 기회가 될 것이다.

소셜 미디어를 통한 고객 발굴과 리드 생성

B2B DIGITAL MARKETING BIBLE

B2B 마케팅에서 소셜 미디어는 단순한 브랜딩 도구를 넘어 고객 발굴(Lead Generation)과 리드 육성을 위한 필수적인 플랫폼으로 자리 잡고 있다. 특히 LinkedIn, X, Threads, Facebook, Instagram과 같은 플랫폼은 B2B 고객이 활동하는 주요 채널로 적절히 활용하면 잠재 고객을 효과적으로 발굴하고 전환으로 이끌어 낼 수 있다. 소셜 미디어를 통해 고객과의 관계를 구축하고 가치 있는 콘텐츠를 제공함으로써 신뢰를 쌓고, 궁극적으로 리드를 고객으로 전환하는 전략을 수립하는 것이 중요하다.

‖ 소셜 미디어에서의 고객 발굴의 중요성

B2B 마케팅에서 고객 발굴은 매우 중요한 과정이다. 전통적인 영업

방식에서는 콜드콜이나 이메일을 통해 리드를 찾았으나, 디지털 전환이 가속화되면서 소셜 미디어가 중요한 리드 생성 도구로 자리 잡았다. B2B 구매자는 정보 탐색과 솔루션 비교를 위해 소셜 미디어를 적극 활용하며, 이 과정에서 기업은 고객의 문제와 니즈를 파악하고 적절한 해결책을 제시함으로써 리드를 발굴할 수 있다.

1) 고객의 디지털 탐색 행동 변화

B2B 구매자는 구매 결정을 내리기 전에 다양한 디지털 채널을 통해 정보를 탐색하고 솔루션을 검토한다. 특히 소셜 미디어는 기업의 전문성을 확인하고 다른 사용자들의 피드백을 참고하는 중요한 공간이 된다. 구매자가 소셜 미디어에서 제공되는 콘텐츠를 통해 문제 해결 방법을 찾고 해당 기업의 신뢰성을 평가하기 때문에, 소셜 미디어에서 리드를 발굴하는 것은 기업의 경쟁력을 강화하는 데 필수적이다.

2) 소셜 미디어에서의 신뢰 구축

B2B 거래는 일반적으로 신뢰를 바탕으로 이루어진다. 소셜 미디어는 기업이 신뢰할 수 있는 정보를 제공하고 고객과의 소통을 통해 신뢰를 쌓는 좋은 플랫폼이다. 소셜 미디어에서 적극적으로 활동하는 기업은 브랜드 인지도를 높일 뿐만 아니라 잠재 고객이 기업을 신뢰하고 상담이나 문의를 하도록 유도할 수 있다.

‖ 소셜 미디어를 통한 리드 생성 전략

B2B 소셜 미디어에서 리드를 생성하기 위해서는 체계적인 전략이 필요하다. 소셜 미디어는 단순한 콘텐츠 배포를 넘어 타기팅, 광고 캠페인, 고객 참여 등의 다양한 요소를 통해 리드를 발굴하고 이를 전환시키는 역할을 한다. 다음은 소셜 미디어를 통해 리드를 생성하는 주요 전략이다.

1) 타기팅된 광고 캠페인

LinkedIn, Facebook, X와 같은 플랫폼은 고도화된 타기팅 기능을 제공하여 기업이 정확한 잠재 고객에게 광고를 노출할 수 있도록 돕는다. 특히 LinkedIn은 직업, 산업, 직무에 따라 매우 세밀한 타기팅이 가능해 B2B 광고 캠페인에 매우 효과적이다.

- **LinkedIn 광고**: LinkedIn은 기업이 잠재 고객에게 InMail 광고나 프로모션 포스트를 통해 다가가게 하며 고객이 해당 광고를 클릭하여 상세 페이지로 이동하거나 문의할 수 있도록 유도한다.
- **Facebook과 X 광고**: Facebook과 X는 관심사와 행동을 기반으로 한 타기팅 기능을 제공한다. B2B 마케터는 특정 관심사를 가진 고객에게 맞춤형 광고를 제공해 리드를 생성할 수 있으며, 이를 통해 리드 생성 폼을 활용하거나 웹사이트 방문을 유도할 수 있다.

2) 콘텐츠 마케팅을 통한 리드 생성

소셜 미디어에서 제공하는 콘텐츠는 리드를 발굴하고 이를 전환으로 이끄는 중요한 도구다. 특히 B2B 고객은 문제 해결을 위한 심층적인 정보와 전문 지식을 찾기 때문에 기업은 이를 충족시킬 수 있는 가치 있는 콘텐츠를 제공해야 한다.

- **가치 있는 자료 제공**: 백서(White Paper), e북(eBook), 연구 보고서와 같은 고급 콘텐츠는 잠재 고객의 문제 해결에 도움이 되는 자료로, 이러한 콘텐츠를 다운로드하기 위해 리드 정보(이메일, 이름 등)를 제공하도록 유도할 수 있다. 예를 들어, 〈2024년 제조업 디지털 트렌드 보고서〉와 같은 자료는 특정 산업의 경영진에게 유용할 수 있으며, 이를 통해 리드를 확보할 수 있다.
- **웨비나(Webinar)**: B2B 기업은 소셜 미디어를 통해 웨비나를 홍보하고 고객이 해당 세미나에 등록할 때 리드 정보를 수집할 수 있다. 웨비나는 전문성을 보여주고 고객이 직접적인 문의나 상담을 할 수 있는 기회를 제공하는 효과적인 리드 생성 도구다.
- **사례 연구와 고객 후기**: 고객의 성공 사례와 긍정적인 후기는 다른 잠재 고객에게 신뢰를 줄 수 있는 강력한 요소다. 소셜 미디어에서 성공 사례를 공유하고, 이를 통해 고객이 자사 솔루션에 대한 관심을 가지도록 유도할 수 있다.

3) 참여 유도와 고객 관계 구축

소셜 미디어에서의 참여는 리드를 발굴하는 데 중요한 역할을 한다. 고객과의 실시간 상호작용을 통해 고객의 관심사를 파악하고, 자연스럽게 기업의 솔루션을 소개할 수 있는 기회를 만들어야 한다.

- **설문조사와 퀴즈**: 소셜 미디어 플랫폼은 설문조사, 퀴즈 등의 도구를 통해 고객 참여를 유도할 수 있다. 이를 통해 고객의 요구와 선호를 파악하고 적절한 리드로 전환할 수 있다. 예를 들어, "귀사

의 디지털 전환 준비 상태는?"과 같은 설문조사를 통해 고객의 관심 분야를 파악하고, 이를 바탕으로 맞춤형 솔루션을 제안할 수 있다.
- **댓글과 메시지**: 소셜 미디어는 댓글과 메시지를 통해 고객과 즉각적으로 소통할 수 있는 장점을 가진다. 댓글을 통해 고객의 의견을 경청하고, 질문에 빠르게 답변함으로써 고객의 신뢰를 얻을 수 있다.

4) 소셜 리스닝(Social Listening)과 데이터 활용

소셜 미디어에서의 리드 생성 전략은 소셜 리스닝을 통해 강화될 수 있다. 소셜 리스닝이란 소셜 미디어에서 고객이 기업이나 제품, 관련 주제에 대해 어떻게 이야기하고 있는지를 모니터링하고, 이를 통해 고객의 요구와 문제를 파악하는 기법이다.

- **경쟁사 분석**: 소셜 리스닝 도구를 사용하면 고객이 경쟁사의 제품이나 서비스에 대해 어떤 의견을 가지고 있는지를 분석할 수 있다. 이를 통해 고객이 원하는 바를 더 명확히 이해하고 자사의 솔루션을 그들의 요구에 맞게 차별화할 수 있다.
- **고객 피드백 분석**: 소셜 리스닝은 고객이 제품이나 서비스에 대해 남긴 피드백을 분석하는 데 유용하다. 이를 통해 고객이 자주 겪는 문제를 파악하고, 그에 맞는 콘텐츠나 솔루션을 제공함으로써 리드로 전환할 수 있다.

ⅱ 리드 육성과 전환을 위한 소셜 미디어 전략

소셜 미디어에서 발굴한 리드를 고객으로 전환하는 과정은 지속적인 리드 육성과 콘텐츠 제공을 통해 이루어진다.

1) 고객 여정 단계에 맞춘 콘텐츠 제공

B2B 구매자는 구매 결정을 내리기까지 다양한 정보를 탐색하고, 여러 단계를 거친다. 따라서 소셜 미디어를 통해 제공하는 콘텐츠도 구매 여정 단계에 맞춰 설계되어야 한다.

- **인지 단계(Awareness Stage)**: 이 단계에서는 고객이 문제를 인식하고 해결책을 탐색하는 단계다. 이때는 교육적 콘텐츠를 통해 문제에 대한 인식을 높이고, 자사 솔루션이 어떤 가치를 제공하는지 설명하는 것이 중요하다.
- **고려 단계(Consideration Stage)**: 이 단계에서는 다양한 솔루션을 비교하고 평가하는 고객에게 구체적인 사례 연구나 비교 분석 자료를 제공하여 자사 제품의 장점을 부각시켜야 한다.
- **결정 단계(Decision Stage)**: 마지막으로 구매 결정을 내리기 전 단계에서는 제품 데모, 가격 정보, 고객 후기와 같은 실질적인 자료를 제공하여 구매 결정을 지원해야 한다.

2) CRM과 연계한 리드 관리

소셜 미디어에서 발굴한 리드는 CRM(Customer Relationship Management) 시스템과 연계해 관리하는 것이 중요하다. CRM을 통해 리드의 상태를 추적하고, 맞춤형 메시지를 통해 개인화된 마케팅을 실행할 수 있다.

3) 소셜 미디어 광고 리타기팅

소셜 미디어 광고에서 리타기팅 기능을 활용하면, 이미 자사 웹사이트를 방문했거나 특정 콘텐츠와 상호작용 한 고객을 대상으로 맞춤형 광고를 제공할 수 있다. 리타기팅은 전환율을 높이는 데 매우 효과적이며, 구매 의도가 있는 고객에게 추가적인 설득 기회를 제공한다.

B2B 소셜 미디어 마케팅 실행 팁과 유의사항

B2B DIGITAL MARKETING BIBLE

B2B 소셜 미디어 마케팅은 고객 발굴, 브랜드 인지도 강화, 리드 생성과 같은 중요한 목표를 달성하는 데 효과적인 도구다. 하지만 성공적인 마케팅을 위해서는 단순한 포스팅을 넘어서 전략적 접근과 체계적인 실행이 필요하다.

‖ 명확한 목표 설정

B2B 소셜 미디어 마케팅의 첫 단계는 명확한 목표를 설정하는 것이다. 마케팅 목표가 명확하지 않으면 전략의 방향성을 잃기 쉽고 성과 측정도 어려워진다. 일반적으로 B2B 소셜 미디어 마케팅의 주요 목표는 브랜드 인지도 확대, 리드 생성, 고객 관계 강화, 전문성 구축 등이 포함된다.

1) SMART 목표 설정

SMART(구체적인, 측정 가능한, 달성 가능한, 관련성 있는, 기한이 있는) 방법론을 사용해 실현 가능한 목표를 세운다. 예를 들어, "6개월 내에 LinkedIn 팔로워를 20% 증가시키고, 이를 통해 100개의 신규 리드를 창출한다"와 같은 구체적인 목표가 필요하다.

2) 성과 지표 정의

목표를 달성하기 위한 핵심 성과 지표(KPI)를 설정한다. 팔로워 수, 콘텐츠 참여율, 전환율, 리드 생성 수 등 구체적인 지표를 통해 마케팅 활동의 성과를 지속적으로 평가하고 개선할 수 있다.

‖ 고객 중심의 콘텐츠 전략 수립

B2B 마케팅에서는 고객이 문제 해결과 정보 탐색을 위해 소셜 미디어를 활용하므로 고객 중심의 콘텐츠를 제작하는 것이 중요하다. 즉, 고객이 관심을 가질 만한 주제, 그들의 문제를 해결해 줄 수 있는 정보가 담긴 콘텐츠를 제공해야 한다.

1) 고객 페르소나 기반 콘텐츠

B2B 소셜 미디어 마케팅에서는 고객 페르소나를 기반으로 한 콘텐츠가 핵심이다. 고객 페르소나는 잠재 고객의 산업, 직무, 문제점, 목표 등을 구체화한 것으로 각 페르소나에 맞는 맞춤형 콘텐츠를 제작해야 한다. 예를 들어, IT 관리자라면 기술 혁신이나 보안 솔루션과 관련된

심층 콘텐츠를 선호할 수 있다.

2) 고객 여정 단계에 맞는 콘텐츠

고객이 구매 결정을 내리기까지 여러 단계를 거치므로 구매 여정 단계에 맞는 콘텐츠를 제공해야 한다. 예를 들어, 인지 단계에서는 교육적 자료나 문제 해결 팁을, 고려 단계에서는 제품 비교 분석이나 사례 연구를 제공하고, 결정 단계에서는 제품 데모나 고객 후기와 같은 콘텐츠를 제공한다.

3) 콘텐츠 다양성 확보

블로그 포스트, 인포그래픽, 동영상, 숏폼, 웨비나 등 다양한 형식의 콘텐츠를 활용해 고객의 관심을 유도해야 한다. 특히 B2B 제품이나 서비스는 복잡한 경우가 많아 시각적 자료를 포함한 콘텐츠가 효과적일 수 있다. YouTube, 틱톡, 네이버 클립과 같은 동영상 플랫폼을 적극 활용하여 제품 데모나 고객 성공 사례를 시각적으로 보여주는 것도 좋은 전략이다.

∥ 소셜 미디어 채널별 최적화 전략

각 소셜 미디어 플랫폼은 특징과 사용자 행동이 다르기 때문에 플랫폼별 전략을 세밀하게 다듬어야 한다. 동일한 콘텐츠라도 채널별로 전달 방식과 톤을 조정하여 최적화해야 한다.

1) LinkedIn에서의 Thought Leadership 강화

LinkedIn은 B2B 마케팅의 중심이 되는 플랫폼이다. 이곳에서는 기업이 전문 지식을 공유하고 산업 내 리더십을 보여주는 콘텐츠가 효과적이다. 기사나 블로그 포스트를 통해 최신 트렌드, 산업 통찰력, 솔루션을 공유하고, LinkedIn 그룹에서 활발히 참여함으로써 신뢰를 구축할 수 있다. 기업 페이지도 꾸준히 업데이트해 전문성을 강조하는 것이 중요하다.

2) X, Threads에서의 실시간 소통과 산업 트렌드 공유

X와 Threads는 실시간 소통이 중요한 플랫폼이다. 짧고 임팩트 있는 메시지를 통해 산업 뉴스, 이벤트 홍보, 기술 업데이트 등을 공유할 수 있다. 또한, 해시태그(#)를 활용해 중요한 트렌드나 이슈에 참여하는 방식으로 브랜드 인지도를 높일 수 있다. 트렌드 분석을 통해 적합한 해시태그를 선택하고, 정기적으로 참여하는 것이 중요하다.

3) YouTube와 숏폼 시각적 콘텐츠 활용

YouTube와 숏폼(쇼츠, 틱톡, 클립, 릴스)은 비디오 콘텐츠를 통해 제품이나 서비스를 시각적으로 설명하는 데 매우 효과적이다. 특히, B2B 제품이 복잡한 경우 제품 데모, 기술 설명 영상, 고객 인터뷰 등을 제작해 고객이 솔루션을 쉽게 이해할 수 있도록 돕는다. 동영상 제목과 설명에는 키워드 최적화를 통해 검색엔진에서 상위 노출을 유도할 수 있다.

| B2B 숏폼 콘텐츠 채널별 제작 팁 및 접근 전략 |

플랫폼	콘텐츠 제작 팁	접근 전략
인스타그램 릴스	- **시각적 요소 강조**: 릴스는 시각적 콘텐츠가 중심이므로, 짧고 임팩트 있는 비디오 제작 필수 - **브랜드 스토리**나 **제품 사용법** 등을 시각적으로 표현 - **자막 추가**: 음소거 상태로 시청하는 사용자가 많기 때문에 자막 필수	- **브랜드 이미지 강화**: 짧고 강렬한 비디오를 통해 브랜드의 전문성과 신뢰성을 전달 - **제품 데모 및 고객 후기**를 통해 제품의 사용성을 강조
틱톡 (TikTok)	- **트렌디한 요소 활용**: TikTok의 트렌드에 맞는 짧고 캐주얼한 콘텐츠 제작 - **참여 유도**: 질문이나 챌린지를 통해 사용자의 참여 유도 - **간결한 메시지**: 제품 기능이나 문제 해결을 짧고 간결하게 설명	- **캐주얼한 접근**: 교육적이지만 가벼운 톤으로 접근하여 브랜드 친근감 형성 - **해시태그 및 챌린지**를 통해 관련 업계 트렌드 및 고객과의 상호작용 강화
유튜브 쇼츠 (Shorts)	- **정보성 콘텐츠**: 짧은 시간 내에 구체적인 정보 제공, 제품 설명, 기능 비교 등 - **정확한 키 메시지**: 짧은 영상에서도 제품의 핵심 장점을 명확히 전달 - **섬네일과 제목 최적화**: 영상 클릭률을 높이기 위해 매력적인 섬네일과 제목 필수	- **제품 튜토리얼 기술 설명**을 짧게 제공하여 전문성 부각 - **SEO 최적화**로 유튜브 검색 결과 상위 노출 유도 - **고객 후기 영상 활용**
네이버 클립	- **브랜드 인지도 강화**: 네이버 검색 결과와 연동되므로, 브랜딩 및 제품 설명을 집중적으로 다룸 - **SEO 최적화**: 네이버 키워드에 맞춘 콘텐츠 제작 - **고객 리뷰나 인터뷰**를 짧게 편집해 신뢰도 강화	- **네이버 검색 최적화**: 네이버 검색에서 노출될 수 있도록 키워드 중심의 콘텐츠 제작 - **브랜드 리뷰나 고객 후기**를 통해 신뢰성 강화

‖ 고객 참여 유도 및 관계 형성

B2B 소셜 미디어 마케팅의 성공을 위해서는 고객 참여를 유도하고 지속적인 관계를 형성하는 것이 중요하다. 소셜 미디어는 일방적인 정보 전달 도구가 아니라 고객과의 상호작용을 통해 신뢰를 쌓고 장기적인 관계를 구축하는 수단이다.

1) 댓글 및 메시지에 적극 대응

고객이 남긴 댓글이나 메시지에 빠르게 응답함으로써 기업의 신뢰도를 높일 수 있다. 고객이 질문하거나 피드백을 남겼을 때 즉각적인 대응을 통해 문제를 해결하고 개인화된 답변을 제공하여 고객과의 관계를 강화한다.

2) 이벤트와 캠페인

정기적인 이벤트나 캠페인을 통해 고객 참여를 유도할 수 있다. 예를 들어, 숏폼 챌린지, 웨비나 등 온라인 이벤트를 소셜 미디어에서 홍보하고, 참가자에게 특별 혜택을 제공하는 방식으로 리드를 발굴할 수 있다. 또한, 설문조사나 퀴즈를 통해 고객의 관심사와 니즈를 파악할 수 있으며, 이를 기반으로 맞춤형 솔루션을 제안할 수 있다.

‖ 성과 측정과 지속적인 최적화

B2B 소셜 미디어 마케팅의 성과를 측정하고, 이를 기반으로 지속적으로 최적화하는 과정이 중요하다. 소셜 미디어 활동을 통해 생성된 데이터를 분석하고 성공 요인과 개선점을 파악하여 전략을 업데이트해야 한다.

1) 성과 지표 분석

도달 범위(Reach), 참여율(Engagement Rate), 전환율(Conversion Rate) 등 주요 성과 지표를 지속적으로 모니터링하여 캠페인의 성과를 평가한다. 예를 들어, 특정 포스트의 참여율이 높았다면 해당 콘텐츠의 형식이나 주제를 분석하여 유사한 콘텐츠를 더 제작할 수 있다.

2) A/B 테스트를 통한 최적화

소셜 미디어에서는 다양한 A/B 테스트를 통해 광고 카피, 이미지, 타기팅 설정 등을 비교하여 가장 효과적인 요소를 파악할 수 있다. 이를 통해 더 나은 성과를 얻을 수 있는 최적의 전략을 도출할 수 있다. 예를 들어, LinkedIn 광고의 두 가지 버전을 테스트한 후 더 높은 클릭률(CTR)을 기록한 버전을 선택하여 캠페인을 개선한다.

‖ B2B 소셜 미디어 마케팅 실행 유의사항

성공적인 B2B 소셜 미디어 마케팅을 위해서는 몇 가지 주의사항을 반드시 염두에 두어야 한다.

1) 지나친 제품 홍보 지양

B2B 고객은 단순한 제품 홍보보다는 문제 해결을 위한 유용한 정보를 원한다. 지나친 제품 홍보는 고객의 반감을 살 수 있으며, 오히려 전문 지식과 가치 있는 콘텐츠를 제공하는 것이 더 효과적이다.

2) 일관된 메시지 전달

브랜드가 전달하는 메시지는 모든 소셜 미디어 채널에서 일관성을 유지해야 한다. 서로 다른 플랫폼에서 브랜드 목소리가 다르다면 고객에게 혼란을 줄 수 있다. 각 채널의 특성에 맞게 형식은 다를 수 있지만 브랜드 정체성과 핵심 메시지는 동일하게 전달해야 한다.

3) 스팸성 콘텐츠 자제

무분별한 스팸성 포스트는 고객의 신뢰를 떨어뜨릴 수 있다. 너무 빈번하게 포스팅하거나, 고객이 관심 없어 할 주제를 반복적으로 다루는 것은 오히려 부정적인 영향을 미친다. 적정한 빈도로 고객의 요구에 맞는 고품질 콘텐츠를 제공하는 것이 중요하다.

제11장

B2B 이메일과
데이터 기반 마케팅

이메일 마케팅의 효과와 활용

=== B2B DIGITAL MARKETING BIBLE ===

　이메일 마케팅은 B2B 마케팅에서 가장 효율적이고 직접적인 커뮤니케이션 채널 중 하나로 고객 맞춤형 메시지를 전달하고, 리드 육성, 전환을 유도하는 데 중요한 역할을 한다. 이메일은 고객에게 개인화된 경험을 제공할 수 있고, 이를 통해 높은 참여율과 ROI(투자 대비 수익률)를 기록하는 마케팅 수단으로 평가받고 있다. B2B 환경에서의 이메일 마케팅은 고객과의 신뢰 관계 형성, 정확한 타기팅, 데이터 기반 전략을 활용해 효과를 극대화할 수 있다.

‖ 이메일 마케팅의 주요 효과

　이메일 마케팅이 B2B 마케팅에서 중요한 이유는 타기팅 능력과 측정 가능성 때문이다. 이메일은 고객의 행동을 추적하고 정확한 성과 분석을 할 수 있어 다른 마케팅 채널보다 ROI가 높다.

1) 높은 ROI

이메일 마케팅은 상대적으로 낮은 비용으로 높은 ROI를 달성할 수 있다. DMA(Direct Marketing Association)의 보고서에 따르면 이메일 마케팅은 평균 1달러 투자당 40달러 이상의 수익을 창출할 수 있으며, 이는 다른 디지털 마케팅 채널에 비해 매우 높은 수준이다. 특히 B2B에서 이메일을 통한 고객 접점은 직접적이며 고객의 행동을 기반으로 한 맞춤형 이메일이 가능하기 때문에 전환율이 높다.

2) 개인화된 마케팅

B2B 마케팅에서 이메일은 고도로 개인화된 메시지를 고객에게 전달할 수 있다. 이메일 리스트 세분화와 데이터 기반 분석을 통해 특정 산업, 직무, 관심사에 맞는 맞춤형 콘텐츠를 제공하면 고객의 관심을 끌고 참여율을 높일 수 있다. 예를 들어, IT 담당자에게는 보안 솔루션 관련 정보를, 마케팅 책임자에게는 데이터 분석 도구를 소개하는 방식으로, 각 고객군에 적합한 콘텐츠를 제공할 수 있다.

3) 리드 육성과 전환 촉진

이메일 마케팅은 리드 육성(Lead Nurturing)에 탁월한 효과를 발휘한다. B2B에서는 구매 결정이 복잡하고 길며, 여러 단계에 걸쳐 진행되기 때문에 이메일을 통해 지속적으로 정보를 제공하고 관계를 유지하는 것이 중요하다. 자동화된 이메일 캠페인은 고객이 관심을 보인 순간부터 그들의 구매 여정 전반에 걸쳐 관련성 있는 정보를 지속적으로 전달할 수 있다. 이를 통해 잠재 고객을 실제 고객으로 전환하는 과정을 촉진할 수 있다.

4) 고객과의 직접적인 커뮤니케이션

이메일은 소셜 미디어나 검색엔진을 거치지 않고 고객에게 직접 도달할 수 있는 채널이다. 고객의 받은 편지함에 직접 메시지를 전달할 수 있기 때문에 광고 차단 프로그램이나 알고리즘에 의해 노출이 제한되지 않으며 고객의 집중도가 상대적으로 높다. 또한, 이메일은 장기적인 관계를 구축하는 데 유리하며 고객의 신뢰를 강화할 수 있는 중요한 수단이다.

∥ 이메일 마케팅의 활용 방법

이메일 마케팅을 효과적으로 활용하기 위해서는 전략적 접근이 필요하다. 특히 B2B에서는 고객의 구매 여정에 맞춘 개인화된 콘텐츠와 세분화된 타기팅이 중요하다.

1) 세분화된 이메일 리스트 구축

이메일 마케팅의 성공은 리스트 세분화에 크게 좌우된다. 모든 고객에게 동일한 메시지를 보내는 방식은 효과적이지 않으며, 고객의 관심사, 구매 단계, 행동 데이터에 맞춘 이메일을 보내야 한다. 예를 들어, 특정 제품에 관심을 보인 고객에게는 제품 데모나 성공 사례를 제공하고, 기존 고객에게는 업그레이드 제안이나 추가 서비스를 소개할 수 있다.

- **산업별 세분화**: 예를 들어, 제조업 고객에게는 자동화 솔루션에 대한 정보를, 금융업 고객에게는 보안 관련 콘텐츠를 제공하는 방식으로 고객군을 나누어야 한다.
- **구매 여정 단계별 세분화**: 인식(Awareness), 고려(Consideration), 결정(Decision) 단계에 따라 이메일 내용을 조정한다. 초기에 문제 인식 단계에 있는 고객에게는 교육적 콘텐츠를, 구매 결정 단계에 있는 고객에게는 제품 비교 자료나 가격 정보를 제공하는 식이다.

2) 자동화된 이메일 캠페인(Drip Campaign)

Drip 캠페인은 고객의 행동 데이터와 구매 여정에 맞춰 이메일을 자동으로 발송하는 마케팅 전략이다. 예를 들어, 웹사이트에서 제품 정보를 다운로드한 고객에게는 관련 제품 정보나 사용 사례를 추가로 제공하고, 데모 요청을 한 고객에게는 맞춤형 제안을 포함한 이메일을 자동으로 발송할 수 있다. 이러한 자동화된 이메일 캠페인은 리드 육성과 고객 전환을 체계적으로 지원한다.

- **웰컴 이메일 시리즈**: 고객이 처음 이메일 리스트에 가입했을 때 환영 메시지와 함께 브랜드 소개 및 핵심 제품을 소개하는 이메일을 보낸다.
- **팔로업 시리즈**: 고객이 특정 행동(예: 제품 데모 신청, 뉴스레터 구독 등)을 했을 때 자동으로 추가 정보를 제공하고, 다음 단계로 안내하는 이메일을 발송한다.

3) A/B 테스트를 통한 최적화

이메일 마케팅에서 A/B 테스트는 필수적인 최적화 도구다. 제목, 콘텐츠, CTA(Call To Action), 발송 시간 등 여러 요소를 테스트해 가장 효과적인 조합을 찾아내야 한다. 예를 들어, 제목에 고객의 이름을 포함했을 때의 오픈율(Open Rate)과 그렇지 않았을 때를 비교하거나, 긴 설명과 짧고 간결한 메시지 중 어느 것이 더 많은 클릭을 유도하는지 테스트할 수 있다.

- **제목 테스트**: 이메일의 제목은 고객이 이메일을 열지 말지 결정하는 중요한 요소다. 개인화된 제목과 직관적 메시지를 테스트하여 최적의 제목을 찾는다.
- **콘텐츠와 이미지 테스트**: 텍스트 중심의 이메일과 시각적 요소가 강조된 이메일을 비교하여 어떤 형식이 더 많은 클릭과 전환을 유도하는지 분석한다.

4) 모바일 최적화

B2B에서도 모바일 기기를 통해 이메일을 확인하는 비율이 증가하고 있다. 따라서 모든 이메일은 모바일 친화적인 디자인으로 최적화되어야 한다. 간결한 텍스트, 큰 CTA 버튼, 빠르게 로딩되는 이미지 등을 통해 모바일 환경에서도 읽기 쉬운 이메일을 구성하는 것이 중요하다.

- **반응형 디자인**: 데스크톱과 모바일에서 자동으로 최적화되는 반응형 이메일 디자인을 사용하여 모든 기기에서 원활한 사용자 경험을 제공한다.
- **모바일 전용 CTA**: 모바일 사용자에게도 명확한 행동 유도(Call To Action)가 전달될 수 있도록 버튼의 크기나 위치 등을 최적화한다.

‖ 이메일 마케팅 성과 측정

이메일 마케팅의 성과를 측정하고 이를 바탕으로 전략을 개선하는 것은 성공적인 이메일 마케팅의 필수 요소다. 오픈율, 클릭률, 전환율 등을 분석해 캠페인이 얼마나 효과적으로 작동하고 있는지 평가해야 한다.

1) 오픈율(Open Rate)

오픈율은 이메일을 받은 고객 중 실제로 이메일을 연 비율을 나타낸다. 이는 제목의 매력도와 발송 타이밍에 영향을 받는다. 오픈율이 낮다면 제목을 더욱 직관적이고 개인화된 형태로 바꾸거나, 고객이 이메일을 확인하는 최적의 시간을 분석해 발송 시간을 조정해야 한다.

2) 클릭률(CTR, Click-Through Rate)

클릭률은 이메일 내에서 링크나 CTA를 클릭한 고객의 비율이다. CTR은 이메일의 콘텐츠 품질과 행동 유도 요소가 얼마나 효과적인지를 평가하는 중요한 지표다. CTA가 명확하지 않거나 콘텐츠가 고객의 요구에 맞지 않는 경우 CTR이 낮아질 수 있으므로, 클릭을 유도하는 매력적인 CTA와 가치 있는 콘텐츠를 제공해야 한다.

3) 전환율(Conversion Rate)

전환율은 이메일을 통해 유도한 고객 중 실제 행동을 취한 비율을 나타낸다. 예를 들어, 이메일을 통해 제품 데모를 신청하거나 상담 요청을 한 고객이 전환율을 측정하는 기준이 될 수 있다. 전환율을 높이기 위해서는 고객의 구체적인 요구를 반영한 맞춤형 제안과 명확한 행동 유도가 필요하다.

4) 구독 취소율(Unsubscribe Rate)

구독 취소율은 이메일 수신을 중단하는 고객의 비율을 나타낸다. 높은 구독 취소율은 이메일 콘텐츠가 고객의 기대에 부응하지 못했거나 과도한 빈도로 발송되었을 가능성을 시사한다. 이를 줄이기 위해서는 관련성 높은 콘텐츠를 제공하고, 이메일 발송 빈도를 적절히 조정해야 한다.

맞춤형 이메일 캠페인과 생성형 AI의 활용

B2B DIGITAL MARKETING BIBLE

B2B 마케팅에서 맞춤형 이메일 캠페인은 고객 맞춤형 콘텐츠를 제공하여 높은 참여율과 전환율을 이끌어 내는 핵심 전략이다. 특히 고객의 관심사, 구매 여정 단계, 행동 데이터에 기반한 이메일을 통해 고객과의 관계를 강화하고 리드 육성을 촉진할 수 있다. 최근에는 생성형 AI 기술이 이러한 맞춤형 캠페인의 효율성과 정확성을 더욱 높이는 데 큰 역할을 하고 있다. AI를 활용한 자동화된 콘텐츠 생성과 분석은 시간과 리소스를 절약하면서도, 고객에게 개인화된 경험을 제공하는 데 중요한 도구가 되고 있다.

∥ 맞춤형 이메일 캠페인의 중요성

맞춤형 이메일 캠페인은 고객의 개별 니즈에 맞는 개인화된 메시지를 제공함으로써 더 높은 참여를 유도하고 고객 경험을 개선하는 데 초점을 맞춘다. B2B 고객은 복잡한 의사결정 과정을 거치며 구매 여정 단계마다 다른 정보와 도움을 필요로 한다. 따라서 맞춤형 이메일을 통해 이러한 요구에 부합하는 적절한 정보를 제공하면 고객의 신뢰를 얻고 구매 결정을 촉진할 수 있다.

1) 고객 세분화를 통한 타기팅

맞춤형 이메일 캠페인의 첫 단계는 고객 세분화다. B2B 마케터는 고객의 산업, 직무, 기업 규모, 구매 단계 등 다양한 요소를 기준으로 고객을 세분화할 수 있다. 예를 들어, IT 부서의 의사결정자는 기술적인 세부 사항에 관심이 많은 반면, 경영진은 비즈니스 성과에 중점을 둔 정보를 선호할 수 있다. 고객 세그먼트별로 다른 이메일 콘텐츠를 제공하여 각 그룹에 맞춘 개인화된 경험을 제공하는 것이 중요하다.

2) 구매 여정 단계에 맞춘 이메일 구성

B2B 고객의 구매 여정은 보통 인지(Awareness), 고려(Consideration), 결정(Decision)의 단계로 나뉘며, 각 단계에서 필요한 정보가 다르다. 이메일 캠페인도 이러한 구매 여정에 맞춰 구성되어야 한다.

인지 단계에서는 고객이 문제를 인식하고 해결책을 찾기 시작하는 단계이므로, 교육적 콘텐츠나 산업 트렌드를 포함한 이메일을 제공한다. 예를 들어, '디지털 전환이 비즈니스에 미치는 영향'과 같은 주제를 다룬 뉴스레터가 유용하다.

고려 단계에서는 다양한 솔루션을 비교하고 평가하는 과정이므로, 제품 비교 자료나 사례 연구를 제공하여 고객이 더 구체적으로 솔루션을 검토할 수 있도록 돕는다.

결정 단계에서는 구체적인 제품 정보와 가격 견적, 제품 데모 등을 제공하여 최종 결정을 내리도록 유도한다.

3) 개인화된 이메일 콘텐츠

고객의 이름, 회사 정보, 이전 상호작용을 기반으로 한 개인화된 이메일은 오픈율과 클릭률을 높이는 데 효과적이다. 예를 들어, '김 부장님, ERP 솔루션 데모가 준비되었습니다'와 같은 제목은 고객의 관심을 끌고 개인화된 느낌을 준다. 개인화된 콘텐츠는 고객에게 더 관련성 있는 정보를 제공할 수 있어 전환율을 높일 가능성이 크다.

‖ 생성형 AI를 활용한 이메일 캠페인

생성형 AI는 B2B 이메일 마케팅에서 콘텐츠 생성, 분석, 개인화 등의 작업을 자동화하여 맞춤형 이메일 캠페인의 효율성을 높이는 데 중요한 역할을 한다. AI 기술은 방대한 데이터를 분석하고 고객 행동 패턴을 파악해 고객에게 적합한 메시지와 콘텐츠를 자동으로 생성해 준다.

1) 콘텐츠 자동 생성

생성형 AI는 이메일 캠페인에서 사용할 콘텐츠를 자동으로 생성할 수 있다. AI는 고객의 이전 상호작용 데이터를 분석해 그들이 관심을 가질 만한 주제와 포맷을 제안하거나 직접 생성한다. 예를 들어, 고객이 이전에 사례 연구를 다운로드했다면 다음 이메일에서는 유사한 콘텐츠나 관련성 높은 백서를 자동으로 추천할 수 있다.
- **자동화된 이메일 템플릿**: AI를 활용하면 기본적인 이메일 템플릿을 만들고, 각 고객에게 맞춘 개인화 요소를 자동으로 삽입할 수 있다. 고객 이름, 기업명, 최근 구매 이력 등을 바탕으로 각 이메일을 개별화함으로써 보다 개인적인 경험을 제공할 수 있다.
- **캠페인 메시지 최적화**: AI는 이전 캠페인의 성과 데이터를 분석하여 가장 효과적인 메시지나 콘텐츠 형식을 제안할 수 있다. 이를 통해 이메일의 오픈율과 클릭률을 높이는 최적의 조합을 찾아낼 수 있다.

2) 고객 행동 기반 자동화

생성형 AI는 고객의 행동 데이터를 기반으로 자동화된 이메일을 발송하는 데 효과적이다. 고객이 특정 행동을 취할 때마다 AI는 이에 맞춘 적절한 이메일을 자동으로 생성하고 발송할 수 있다. 예를 들어, 고객이 웹사이트에서 제품 데모를 요청하면 AI는 이를 감지하고 해당 고객에게 관련된 추가 자료를 제공하는 이메일을 자동으로 보낼 수 있다.

- **트리거 기반 자동화**: 고객이 특정 행동(예: 제품 정보 다운로드, 이메일 클릭 등)을 했을 때, 이를 트리거(Trigger)로 하여 다음 이메일을 자동 발송하는 시스템을 구축할 수 있다. AI는 고객이 어떤 콘텐츠에 관심을 보였는지를 기반으로 관련성 높은 콘텐츠를 자동으로 추천하고 제공할 수 있다.

3) A/B 테스트 및 성과 분석

AI는 A/B 테스트를 자동으로 실행하고, 실시간 성과 분석을 통해 어떤 이메일 버전이 더 나은 성과를 내는지 분석할 수 있다. 이는 이메일 마케팅 캠페인의 성과를 빠르고 정확하게 최적화할 수 있는 강력한 도구다. AI는 각각의 이메일 성과를 분석하고 제목, 내용, CTA 등 여러 요소 중에서 어떤 요소가 고객 참여를 높이는지 자동으로 판단하여, 이후 캠페인에 적용할 수 있다.

- **지능형 A/B 테스트**: AI는 동시에 여러 버전의 이메일을 테스트하여 고객의 행동에 따라 실시간으로 이메일 전략을 최적화한다. 이 과정에서 얻은 데이터를 통해 캠페인을 진행하는 동안도 지속적으로 최적화된 콘텐츠를 제공할 수 있다.
- **실시간 피드백 분석**: AI는 이메일의 오픈율, 클릭률, 전환율 등을 실시간으로 분석해 각 캠페인의 성공 여부를 평가하고 즉각적인 조정을 할 수 있게 해준다. 이를 통해 마케터는 데이터에 기반한 빠른 의사결정을 내릴 수 있다.

4) 고객 여정 맞춤화

AI는 고객의 전체 구매 여정을 분석해 각 고객에게 어떤 이메일을 보낼지 자동으로 결정할 수 있다. 예를 들어, AI는 고객이 제품 평가 단계에 있는지, 결정 단계에 있는지를 파악하고, 그에 맞춘 이메일을 자동으로 생성한다. 이를 통해 고객은 적시에 적절한 정보를 제공받게 되며 자연스럽게 구매 결정으로 이어질 수 있다.

- **다이내믹 콘텐츠**: AI는 고객의 실시간 데이터를 활용하여 다이내믹 콘텐츠를 생성한다. 예를 들어, 특정 고객이 지난주에 열린 웨비나에 참석했을 경우, 그와 관련된 추가 자료나 다음 단계 제안을 자동으로 제공하는 이메일을 보낼 수 있다.

- **예측 분석 기반 맞춤화**: AI는 과거 데이터를 기반으로 고객 행동을 예측하고, 이를 바탕으로 다음 단계를 계획할 수 있다. 고객이 구매 결정을 내리기까지 어떤 정보가 필요한지를 예측하여 맞춤형 이메일을 미리 준비하고 자동 발송할 수 있다.

| 생성형 AI를 활용한 B2B 이메일 캠페인 활용 팁 및 전략 |

항목	내용	활용 팁 및 전략
이메일 콘텐츠 생성	- **개인화된 이메일**: 생성형 AI를 통해 고객의 이름, 회사명, 과거 구매 기록 등을 기반으로 맞춤형 콘텐츠 작성	- **맞춤형 인사말과 메시지**를 생성해 고객별로 개인화된 경험 제공 - AI는 고객의 구매 이력과 관심사를 분석해 **관련성 높은 콘텐츠**를 자동으로 추천 및 생성
주제와 제목 라인 작성	- AI는 고객의 관심사를 분석해 **효과적인 이메일 제목**을 생성하여 클릭률을 높임	- **A/B 테스트**를 통해 다양한 제목 라인을 자동 생성 및 테스트 - 고객 행동 데이터를 기반으로 **클릭을 유도하는 최적화된 제목**을 생성
콘텐츠 톤과 스타일 조정	- AI를 활용해 고객의 직급, 산업군에 맞춘 **전문적인 톤**과 **친근한 스타일**을 자동으로 조정	- **고객 세그먼트**에 맞춰 이메일 톤을 자동으로 조정하여 다양한 산업 및 직무별로 차별화된 메시지 전달 - **사전 학습 된 데이터**를 기반으로 적절한 콘텐츠 스타일 생성
발송 시간 최적화	- AI는 고객의 이메일 열람 패턴을 분석해 **최적의 발송 시간**을 제안 및 자동 설정	- AI 기반의 **데이터 분석**을 통해 고객이 이메일을 가장 많이 열어보는 시간을 파악 - **자동 발송 시간 최적화**로 이메일 오픈율 및 응답률 극대화
행동 유도 (CTA) 생성	- 생성형 AI는 이메일 내 **효과적인 행동 유도(Call-To-Action)** 문구를 자동으로 생성	- 고객의 과거 행동 패턴을 분석해 **가장 효과적인 CTA 문구**를 제안 - 고객이 자주 사용하는 언어를 기반으로 **높은 전환율을 유도하는** 맞춤형 문구 생성
캠페인 성과 분석 및 최적화	- AI는 이메일 캠페인의 오픈율, 클릭률, 전환율 등의 데이터를 분석해 **성과를 자동으로 평가**하고 최적화된 전략 제시	- **성과 분석 자동화**로 캠페인의 효율성을 실시간으로 모니터링 - AI가 학습된 데이터를 기반으로 **개선된 전략**을 제안, 지속적으로 이메일 성과 향상

B2B에서의 데이터 활용의 중요성

B2B DIGITAL MARKETING BIBLE

B2B 마케팅에서 데이터 활용은 마케팅 성과를 극대화하고 효율적인 의사결정을 내리는 데 핵심적인 역할을 한다. 데이터는 단순히 고객의 행동을 추적하는 것을 넘어 고객의 니즈를 예측하고 맞춤형 솔루션을 제공하는 데 필수적이다. B2B 거래는 일반적으로 긴 구매 주기와 복잡한 의사결정 과정을 거치기 때문에 데이터를 기반으로 한 마케팅 전략은 고객 관계 강화와 비즈니스 성장을 도모하는 데 중요한 요소가 된다.

∥ 데이터 기반 마케팅의 개념과 중요성

데이터 기반 마케팅(Data-driven Marketing)은 마케팅 전략을 수립하고 실행할 때 실시간 데이터를 활용하여 정확한 의사결정을 내리는 방식이다. 데이터는 고객의 행동, 구매 패턴, 관심사 등을 파악할 수 있는 중요한 자산으로, 이를 바탕으로 마케팅 전략을 최적화하고 성과를 극대화할 수 있다.

1) 고객 인사이트 확보

데이터를 활용하면 고객의 행동 패턴을 명확히 파악할 수 있다. 예를 들어, 고객이 어떤 제품에 관심을 가지고 있는지, 웹사이트에서 얼마나 많은 시간을 보내고 있는지, 이메일을 열어보는 빈도 등 세부적인 행동 정보를 분석할 수 있다. 이를 통해 마케터는 고객이 무엇을 필요로 하는지, 어떤 정보가 필요한지에 대한 깊은 이해를 바탕으로 맞춤형 마케팅을 실행할 수 있다.

2) 효율적인 타기팅과 개인화

데이터는 B2B 마케팅에서 타기팅을 정교하게 하는 데 중요한 역할을 한다. 고객을 세분화하고 각 세그먼트에 적합한 개인화된 콘텐츠와 제안을 제공함으로써 마케팅 활동의 효과성을 높일 수 있다. 예를 들어, 구매 결정 단계에 있는 고객에게는 제품 데모나 가격 정보를 제공하고, 초기 탐색 단계에 있는 고객에게는 교육적인 콘텐츠나 업계 트렌드 자료를 제공하는 식으로 정확한 타기팅이 가능해진다.

3) 리드 육성과 전환율 향상

B2B 마케팅에서 데이터는 리드 육성(Lead Nurturing)의 핵심 도구다. 리드가 구매 여정에서 어느 단계에 있는지, 어떤 정보를 필요로 하는지 파악하여 적절한 시점에 맞춤형 이메일이나 콘텐츠를 제공하면 리드를 효율적으로 전환할 수 있다. 데이터는 고객의 행동 패턴을 실시간으로

분석하여 마케터가 최적의 순간에 리드와 상호작용 할 수 있게 돕는다.

‖ B2B에서 활용할 수 있는 주요 데이터 유형

B2B 마케팅에서 활용할 수 있는 데이터는 다양한 유형으로 분류될 수 있으며, 각 유형의 데이터는 고객 이해와 전략 수립에 중요한 역할을 한다.

1) 행동 데이터(Behavioral Data)

행동 데이터는 고객이 웹사이트, 이메일, 소셜 미디어에서 어떻게 행동하는지를 보여주는 데이터다. 예를 들어, 고객이 자사 웹사이트에서 어떤 페이지를 방문했는지, 다운로드한 콘텐츠는 무엇인지, 이메일을 열어보았는지 여부를 추적할 수 있다. 이러한 데이터를 바탕으로 고객의 관심사를 파악하고, 그에 맞는 개인화된 경험을 제공할 수 있다.

- **웹사이트 트래픽 분석**: 고객이 어떤 페이지를 얼마나 오래 방문했는지를 분석하여 그들의 관심사를 파악하고 관련된 정보를 추가로 제공할 수 있다.
- **이메일 행동 분석**: 이메일의 오픈율, 클릭률, 구독 취소율을 분석하여, 콘텐츠가 얼마나 효과적으로 전달되고 있는지 평가할 수 있다.

2) 거래 데이터(Transactional Data)

거래 데이터는 고객이 구매한 제품이나 서비스, 구매 빈도와 구매 금액 등의 정보를 포함한다. 이 데이터를 통해 고객이 구매를 결정하는 패턴을 분석하고 추가 판매 기회를 도출할 수 있다.
- **구매 이력 분석**: 고객이 반복 구매를 하는지, 특정 제품군에 집중하는지를 분석해 맞춤형 제안을 보낼 수 있다.
- **업셀링(Up-selling)과 크로스셀링(Cross-selling)**: 기존 고객에게 관련 제품이나 고급형 서비스를 제안하여 업셀링 또는 크로스셀링 기회를 모색할 수 있다.

3) 고객 프로파일 데이터(Customer Profile Data)

고객 프로파일 데이터는 고객의 기업 정보, 직무, 산업군 등을 포함하며, 이를 바탕으로 정확한 타기팅을 할 수 있다. 특히 B2B 마케팅에서는 고객의 직무나 의사결정 권한을 파악하는 것이 매우 중요하다.
- **세분화 전략**: 산업, 기업 규모, 직무 등으로 고객을 세분화하여, 각 그룹에 적합한 콘텐츠와 제안을 제공할 수 있다.
- **맞춤형 마케팅**: 경영진에게는 ROI에 대한 정보를, 기술 담당자에게는 제품의 기술적 세부 사항을 제공하는 식으로 각 그룹에 맞는 마케팅 메시지를 전달할 수 있다.

4) 소셜 데이터(Social Data)

소셜 데이터는 고객이 소셜 미디어에서 남긴 피드백, 리뷰, 댓글 등을 포함한다. 이러한 데이터는 고객의 실시간 피드백을 파악하고, 고객이 자사 제품이나 서비스에 대해 어떻게 느끼는지 이해하는 데 도움을 준다.
- **소셜 리스닝**: 고객이 소셜 미디어에서 자사 제품에 대해 어떤 의견을 가지고 있는지 모니터링하고, 이를 바탕으로 고객 만족도를 향상시킬 수 있다.

- **고객 요구 파악**: 고객이 자주 언급하는 문제점이나 개선 사항을 분석해 고객의 요구를 더 잘 반영한 제품 개발이나 서비스 개선을 도모할 수 있다.

‖ 데이터 기반 마케팅의 실행 전략

B2B 마케팅에서 데이터는 단순한 정보 수집을 넘어 전략적 의사결정에 직접적인 영향을 미친다. 데이터 기반 마케팅을 성공적으로 실행하기 위해서는 데이터 수집, 분석, 실행의 세 가지 주요 단계가 필요하다.

1) 데이터 수집과 통합

효과적인 데이터 기반 마케팅을 위해서는 다양한 출처의 데이터를 통합하고, 이를 일관성 있게 관리하는 것이 중요하다. 데이터는 CRM 시스템, 마케팅 자동화 도구, 웹사이트 분석 도구 등 여러 곳에서 수집될 수 있으며, 이 데이터를 하나로 모아 종합적인 고객 인사이트를 도출해야 한다.

- **CRM(Customer Relationship Management) 시스템**: 고객 프로파일, 거래 이력, 상호작용 데이터를 통합 관리하여, 각 고객에 대한 360도 뷰를 확보할 수 있다.
- **마케팅 자동화 도구**: 이메일, 소셜 미디어, 웹사이트 방문 등의 데이터를 하나의 플랫폼에서 통합 관리 하고, 이를 바탕으로 자동화된 캠페인을 실행할 수 있다.

2) 데이터 분석과 인사이트 도출

데이터 수집이 완료되면, 이를 분석해 의미 있는 인사이트를 도출해야 한다. 데이터를 분석하여 고객의 행동 패턴을 파악하고, 추가 판매 기회를 찾거나 개선이 필요한 부분을 식별할 수 있다. 데이터 시각화 도구를 사용하면 복잡한 데이터를 쉽게 이해하고 명확한 인사이트를 도출할 수 있다.

- **예측 분석(Predictive Analytics)**: 과거 데이터를 기반으로 미래의 행동을 예측하고, 이를 바탕으로 마케팅 전략을 조정할 수 있다. 예를 들어, 특정 시점에 구매 가능성이 높은 리드를 식별하고, 이들에게 적절한 마케팅 메시지를 보낼 수 있다.
- **고객 여정 분석**: 고객이 구매 결정을 내리기까지의 전체 여정을 분석하여 어떤 지점에서 이탈이 발생하는지 파악하고, 해당 지점에서 문제를 해결할 수 있는 마케팅 전략을 수립한다.

3) 데이터 기반 실행과 최적화

데이터 분석을 통해 얻은 인사이트를 바탕으로 실행 가능한 전략을 수립하고, 이를 지속적으로 최적화해야 한다. 데이터를 기반으로 실시간 마케팅을 실행하면 고객의 행동에 즉각적으로 대응할 수 있으며, 이를 통해 높은 전환율을 기대할 수 있다.

- **개인화된 마케팅 캠페인**: 데이터를 기반으로 고객 맞춤형 이메일이나 광고를 실행하여 고객이 원하는 정보를 적시에 제공할 수 있다.
- **성과 분석과 피드백 루프**: 실행된 마케팅 캠페인의 성과를 데이터로 분석하고, 지속적인 개선으로 캠페인 효율성을 높인다.

고객 문제 해결을 위한 데이터 분석과 KPI

B2B DIGITAL MARKETING BIBLE

B2B 마케팅에서 데이터 분석은 고객의 문제를 이해하고 해결하는 데 중요한 역할을 한다. 고객은 복잡한 비즈니스 환경 속에서 특정 문제를 해결하거나 효율성을 높이는 솔루션을 찾고 있으며, 이를 위해 마케터는 데이터를 기반으로 고객의 문제와 니즈를 파악하고, 적절한 해결책을 제시해야 한다. 이 과정에서 핵심 성과 지표(KPI)를 설정하고, 이를 통해 성과를 측정하는 것이 필수적이다. 데이터 분석과 KPI는 고객과의 관계를 강화하고 비즈니스 성과를 높이는 데 중요한 도구다.

‖ 고객 문제 해결을 위한 데이터 분석의 필요성

B2B 기업은 종종 복잡한 문제를 해결해야 하는 고객을 대상으로 한다. 고객의 문제를 효과적으로 해결하기 위해서는 데이터 분석을 통해

고객의 행동 패턴, 구매 여정, 특정 니즈 등을 정확하게 파악하는 것이 중요하다. 데이터 분석은 고객의 고충을 사전에 파악하고, 맞춤형 솔루션을 제시하는 데 핵심적인 역할을 한다.

1) 고객의 니즈와 문제 파악

고객이 직면한 문제를 이해하기 위해서는 그들이 어떤 도전 과제를 가지고 있는지 파악해야 한다. 이를 위해서는 고객의 행동 데이터와 상호작용 기록을 분석하여 고객이 자주 겪는 문제를 발견하고, 이를 해결할 수 있는 방법을 찾을 수 있다.

- **웹사이트 방문 패턴 분석**: 고객이 자사 웹사이트에서 어떤 페이지를 자주 방문하고, 특정 제품에 대한 정보를 얼마나 오랫동안 탐색하는지를 분석하여 어떤 문제를 해결하려고 하는지를 유추할 수 있다.
- **고객 피드백 데이터 분석**: 이메일, 소셜 미디어, 설문조사 등을 통해 수집된 고객 피드백을 분석하여 주요 불만 사항이나 반복적으로 언급되는 문제를 식별할 수 있다.

2) 고객 세분화와 문제 해결 접근

모든 고객의 문제가 동일하지 않기 때문에 고객 세분화(Segmentation)를 통해 각 세그먼트가 직면한 고유한 문제를 이해하고 해결하는 것이 중요하다. 고객 세분화는 산업, 기업 규모, 직무, 구매 단계 등을 기준으로 이루어지며, 이를 통해 각 그룹이 당면한 문제에 맞는 맞춤형 솔루션을 제공할 수 있다.

- **산업별 문제 분석**: 각 산업이 직면한 특수한 문제를 이해하고 그

에 맞는 솔루션을 제공할 수 있다. 예를 들어, 제조업 고객은 공정 자동화나 비용 절감에 관심이 있을 수 있으며, 금융업 고객은 데이터 보안과 규제 준수 문제를 해결하고자 할 수 있다.
- **직무별 문제 해결**: 의사결정권자의 역할에 따라 요구하는 해결책이 다를 수 있다. IT 관리자에게는 기술적 세부 사항을, 경영진에게는 비즈니스 성과에 미치는 영향을 중심으로 문제 해결 방안을 제시할 수 있다.

‖ 고객 문제 해결을 위한 데이터 분석의 주요 단계

데이터 분석을 통해 고객 문제를 해결하는 과정은 데이터 수집, 분석, 솔루션 제안의 세 가지 주요 단계로 이루어진다.

1) 데이터 수집과 통합

고객의 문제를 해결하기 위한 첫 번째 단계는 적절한 데이터를 수집하는 것이다. 데이터는 다양한 소스에서 수집될 수 있으며, 이를 통합하여 고객에 대한 전체적인 관점을 파악하는 것이 중요하다. 데이터를 수집할 수 있는 주요 출처는 다음과 같다.
- **CRM(Customer Relationship Management) 시스템**: 고객과의 상호작용 기록, 구매 이력, 문의 내용 등을 통합하여 개별 고객의 문제를 파악할 수 있다.
- **웹사이트 분석 도구**: 고객의 웹사이트 탐색 기록, 다운로드 자료, 방문 빈도 등을 분석하여 현재 관심사와 해결하려는 문제를 추적

할 수 있다.
- **소셜 미디어**: 고객이 소셜 미디어에서 남긴 피드백과 리뷰는 그들이 겪고 있는 실시간 문제를 파악하는 데 중요한 단서를 제공할 수 있다.

2) 데이터 분석과 인사이트 도출

수집된 데이터를 바탕으로 고객 행동과 패턴을 분석하고, 이를 통해 고객의 문제를 정확히 파악하는 것이 중요하다. 예측 분석(Predictive Analytics)과 고객 여정 분석을 활용하면 고객이 앞으로 직면할 문제를 사전에 예측하고 적절한 솔루션을 미리 준비할 수 있다.
- **고객 여정 분석**: 고객이 자사 솔루션에 대해 어떻게 탐색하고 어떤 단계를 거쳐 구매 결정을 내리는지를 분석하여, 그 과정에서 발생하는 문제를 사전에 해결할 수 있다.
- **문제 예측 및 대응**: 과거 데이터를 기반으로 반복적인 문제나 장애 요소를 식별하고, 이에 대한 선제적 해결책을 제시할 수 있다. 예를 들어, 특정 제품 사용 후 자주 발생하는 문제를 분석해 고객 지원이나 추가 자료 제공 등의 방식으로 문제를 미리 해결할 수 있다.

3) 솔루션 제안과 실행

분석을 통해 얻은 인사이트를 바탕으로 고객의 문제를 해결하기 위한 맞춤형 솔루션을 제시하고, 이를 실행해야 한다. 여기서 중요한 것은 고객의 니즈에 맞는 적절한 시점에 적합한 솔루션을 제공하는 것이다.
- **개인화된 이메일 캠페인**: 고객이 자주 겪는 문제를 해결하는 가이

드나 제품 사용 팁을 제공하는 이메일을 자동으로 발송하여 고객이 필요로 하는 정보를 즉시 제공할 수 있다.
- **고객 지원 강화**: 문제 발생 시 즉각적으로 대응할 수 있는 실시간 지원 시스템을 구축하거나, 문제를 해결할 수 있는 자주 묻는 질문(FAQ)을 업데이트하여 고객의 문제 해결 시간을 단축할 수 있다.

∥ 문제 해결 성과를 측정하는 주요 KPI

고객 문제 해결의 성과를 측정하기 위해서는 핵심성과 지표(KPI)를 설정하고, 이를 통해 데이터 기반으로 성과를 평가해야 한다.

1) 고객 만족도(CSAT)

고객이 제공받은 솔루션에 얼마나 만족하는지를 측정하는 고객 만족도(CSAT)는 문제 해결의 성과를 평가하는 중요한 지표다. 고객 만족도는 주로 설문조사를 통해 측정되며, 고객이 제공된 해결책에 대해 긍정적인 반응을 보였는지를 파악할 수 있다.
- **실행 방법**: 고객이 문제를 해결한 후, 설문조사를 통해 응답 속도, 해결의 적절성, 추가 지원 필요 여부 등을 평가하게 한다. 고객의 피드백을 바탕으로 지속적인 서비스 개선이 가능하다.

2) 응답 시간과 해결 시간(Resolution Time)

고객이 문제를 보고한 시점부터 해결되기까지 걸린 시간을 측정하는 것은 문제 해결의 효율성을 평가하는 중요한 지표다. 응답 시간이 짧을

수록 고객은 신속한 지원을 받았다고 느끼며, 이는 만족도 향상으로 이어진다.

- **실행 방법**: 고객 지원 팀의 응답 시간과 평균 해결 시간을 정기적으로 분석하고, 이 데이터를 바탕으로 고객 지원 프로세스를 최적화한다. 실시간 지원 시스템이나 자동화 도구를 활용해 응답 시간을 단축시킬 수 있다.

3) 재발률(Reoccurrence Rate)

문제가 다시 발생하는 빈도를 측정하는 재발률은 고객 문제 해결의 지속성을 평가하는 지표다. 재발률이 낮을수록 고객의 문제를 근본적으로 해결했음을 의미하며, 재발률이 높다면 더 나은 솔루션을 제공해야 한다는 신호다.

- **실행 방법**: 문제를 해결한 후 동일한 문제가 다시 발생하는지를 추적하고, 이를 분석해 원인 분석과 지속적인 해결책을 마련한다. 고객의 피드백을 통해 해결책의 유효성을 평가하고, 재발률을 낮추기 위한 업데이트나 제품 개선을 진행한다.

4) NPS(Net Promoter Score)

순추천지수(NPS)는 고객이 자사 제품이나 서비스를 타인에게 추천할 가능성을 측정하는 지표다. 이는 고객의 충성도와 만족도를 평가하는 중요한 지표로, 고객이 문제를 효과적으로 해결했을 때 긍정적인 NPS를 기록할 수 있다.

- **실행 방법**: 고객이 문제를 해결한 후 NPS 설문조사를 진행해 고객이 자사의 서비스에 대해 얼마나 만족하는지, 그리고 이를 타인

에게 추천할 의향이 있는지 평가한다. 높은 NPS는 충성 고객을 확보했다는 의미며, 낮은 NPS는 추가적인 개선이 필요하다는 신호다.

제12장

B2B 마케팅
트렌드와 미래

인공지능(AI)과 머신러닝(ML) 활용

B2B DIGITAL MARKETING BIBLE

　인공지능(AI)과 머신러닝(ML)은 B2B 마케팅에서 효율성, 정확성, 개인화를 크게 향상시키는 핵심 기술로 자리 잡고 있다. AI와 ML은 방대한 데이터를 실시간으로 분석하고, 이를 바탕으로 고객에게 개인화된 경험을 제공할 수 있게 해준다. B2B 마케팅에서 AI와 ML은 단순한 자동화를 넘어 고객 행동 예측, 리드 관리 최적화, 마케팅 성과 개선 등 다양한 분야에서 중요한 역할을 하고 있다.

∥ AI와 ML의 B2B 마케팅에서의 역할

　AI와 ML은 B2B 마케팅의 여러 핵심 영역에서 자동화와 개인화를 가능하게 하며, 데이터 기반으로 더욱 정교한 마케팅 전략을 수립할 수 있도록 돕는다. 이러한 기술을 도입하면 마케팅 팀은 더 나은 의사결정을 내리고, 고객 관계 강화와 비즈니스 성과를 향상시킬 수 있다.

1) 고객 세분화와 개인화

AI와 ML은 데이터를 기반으로 고객을 정확하게 세분화하고, 각 세그먼트에 맞는 개인화된 마케팅 메시지를 제공하는 데 효과적이다. B2B 고객은 긴 구매 주기와 복잡한 의사결정 과정을 거치므로, 그들의 특정 니즈와 관심사에 맞춘 마케팅이 필요하다. AI는 고객의 행동 패턴을 분석해, 어떤 콘텐츠나 제안이 가장 효과적인지 자동으로 파악하고 맞춤형 메시지를 제공한다.

- **실시간 고객 세분화**: AI는 고객의 실시간 데이터를 기반으로 고객을 세분화하고, 각 세그먼트에 적합한 자동화된 캠페인을 실행한다. 예를 들어, IT 관리자에게는 기술적인 자료를, 경영진에게는 ROI 관련 정보를 맞춤 제공할 수 있다.
- **콘텐츠 개인화**: ML 알고리즘을 사용해 고객이 자주 상호작용 하는 콘텐츠나 제품을 분석하고 개인화된 콘텐츠를 제공함으로써 참여율과 전환율을 높일 수 있다.

2) 리드 예측과 관리

AI와 ML은 리드 스코어링(Lead Scoring)을 자동화하고 최적화하여 전환 가능성이 높은 리드를 우선적으로 관리할 수 있게 한다. ML 알고리즘은 과거 데이터를 분석해 리드가 어떤 행동을 취할 때 구매 가능성이 높아지는지를 예측하고, 이에 따라 효율적인 리드 관리를 가능하게 한다.

- **리드 스코어링 자동화**: AI는 리드의 웹사이트 활동, 이메일 상호작용, 소셜 미디어 참여 등을 분석해 구매 의도가 높은 리드를 자

동으로 식별하고 우선순위를 정한다. 이를 통해 마케팅 팀은 효율적인 자원 배분과 높은 전환율을 기대할 수 있다.
- **리드 육성(Lead Nurturing)**: AI 기반의 자동화된 이메일 캠페인을 통해 리드가 구매 결정 단계에 도달할 때까지 적절한 정보를 제공하고 지속적으로 관계를 강화할 수 있다. 예를 들어, 제품 데모를 요청한 리드에게 관련 사례 연구나 백서를 자동으로 보내는 방식이다.

3) 고객 행동 예측

AI와 ML은 고객의 과거 행동 데이터를 기반으로 미래의 행동을 예측할 수 있다. 이를 통해 마케팅 팀은 고객의 다음 행동을 예측하고 그에 맞는 적절한 대응을 준비할 수 있다. 예를 들어, 고객이 특정 제품을 반복적으로 검색하거나 자료를 다운로드하면 구매 가능성이 높아질 수 있음을 AI가 예측해 맞춤형 제안을 자동으로 보낼 수 있다.

- **예측 분석(Predictive Analytics)**: ML은 고객이 어떤 시점에 구매를 결심할 가능성이 높은지를 예측하고, 마케팅 팀이 그에 맞춘 타이밍 전략을 수립할 수 있게 한다. 이를 통해 마케팅 활동의 효율성이 크게 향상된다.
- **고객 이탈 예측**: 고객의 이탈 가능성을 예측해 이탈할 위험이 높은 고객에게 특별 제안을 보내거나 적극적인 고객 관리 활동을 통해 이탈을 방지할 수 있다.

인공지능(AI)과 머신러닝(ML)은 B2B 마케팅의 미래를 이끄는 중요한 기술이다. 이 기술들은 고객 세분화, 리드 관리, 콘텐츠 개인화 등 다양한 마케팅 활동을 자동화하고, 데이터 기반 의사결정을 통해 마케팅 성과를 극대화한다.

고객 경험(CX) 최적화를 위한 기술

B2B DIGITAL MARKETING BIBLE

고객 경험(CX, Customer Experience)은 B2B 마케팅에서 성공을 위한 핵심 요소로 자리 잡고 있다. 과거에는 제품의 기능이나 가격이 중요했다면 이제는 기업과 고객 간의 상호작용 전반에서 느끼는 경험이 기업의 경쟁력을 좌우한다. CX 최적화를 통해 기업은 고객과의 관계를 강화하고 고객 유지 및 충성도를 높일 수 있으며, 이를 통해 장기적인 비즈니스 성과를 도모할 수 있다. 최신 기술의 발전은 데이터 기반의 개인화된 경험 제공을 가능하게 하며, 이를 통해 기업은 고객에게 더 나은 경험을 제공할 수 있다.

‖ 고객 경험(CX) 최적화의 중요성

CX는 단순한 거래 이상의 가치를 제공하는 것으로 고객이 기업과의 모든 접점에서 느끼는 경험을 말한다. B2B 기업은 복잡한 의사결정 구조와 긴 구매 주기를 고려해야 하며, 이를 지원하는 긍정적인 경험을 제공하는 것이 매우 중요하다. CX 최적화는 고객의 만족도를 높이고, 신뢰 관계를 구축하며, 반복 구매와 장기적인 파트너십을 유도한다.

1) 고객 기대치 상승

디지털 기술의 발전으로 고객은 이제 B2B 환경에서도 개인화된 서비스와 빠른 대응을 기대한다. 고객은 다양한 채널을 통해 지속적이고 일관된 경험을 원하며 기업이 그들의 요구를 예측하고, 이에 따라 맞춤형 솔루션을 제공하기를 기대한다.

2) 경쟁 우위 확보

CX가 최적화된 기업은 차별화된 경쟁 우위를 확보할 수 있다. 제품이나 서비스 자체의 차별성이 줄어들면서 경험의 차별성이 고객을 유치하고 유지하는 데 중요한 역할을 한다. 긍정적인 고객 경험은 고객이 충성 고객이 될 가능성을 높이고, 이는 지속적인 수익으로 이어진다.

3) 고객 유지 및 충성도

CX가 중요한 이유는 기존 고객의 유지와 충성도를 높이는 데 큰 기여를 하기 때문이다. B2B에서는 새로운 고객을 확보하는 비용이 높기 때문에 기존 고객과의 장기적인 관계를 유지하는 것이 기업의 수익성에 결정적이다. CX 최적화를 통해 고객은 기업과의 상호작용에서 긍정적인 경험을 지속적으로 느끼고, 이를 통해 재구매와 추천으로 이어질 가능성이 높아진다.

옴니채널(Omnichannel) 경험 제공

B2B 고객은 여러 채널을 통해 기업과 상호작용 하므로, 일관된 옴니채널 경험이 중요하다. 고객은 이메일, 웹사이트, 소셜 미디어, 모바일 앱 등 다양한 접점을 통해 정보를 얻고 결정을 내린다. 이때 각 채널에서 동일한 경험을 제공하여 통합된 고객 여정을 지원하는 것이 필요하다.

- **통합된 데이터 관리**: CRM 시스템을 통해 각 채널에서 수집된 고객 데이터를 통합 관리 하고, 이를 기반으로 일관성 있는 커뮤니케이션을 제공할 수 있다. 예를 들어, 웹사이트에서 제품 데모를 요청한 고객에게 이메일을 통해 관련 사례 연구를 제공하는 방식으로 연계된 경험을 제공할 수 있다.
- **채널 간 연속성**: 고객이 한 채널에서 시작한 상호작용을 다른 채널에서도 끊김 없이 이어갈 수 있는 경험을 제공해야 한다. 예를 들어, 웹사이트에서 시작된 상담이 이메일로 이어지거나, 소셜 미디어에서 제기된 문의가 실시간 채팅으로 연결되는 방식이다.

고객 여정 관리(Customer Journey Mapping)

고객이 기업과 상호작용 하는 모든 접점을 분석하고 고객 여정을 시각화하는 것은 CX 최적화에 매우 중요하다. 고객여정지도를 통해 고객이 어떤 경로로 정보를 탐색하고 구매 결정을 내리는지, 그리고 그 과정에서 발생할 수 있는 문제점이나 장애물을 사전에 파악할 수 있다.

- **고객 접점 분석**: 각 접점에서 발생하는 고객 경험을 분석하고, 개

선이 필요한 지점을 식별할 수 있다. 예를 들어, 고객이 제품 정보를 찾는 과정에서 웹사이트 내 검색 기능이 불편하다면, 이를 개선하여 고객 여정을 원활하게 만들 수 있다.
- **고객 이탈 방지**: 고객 여정에서 이탈 지점을 파악하고, 이탈을 방지할 수 있는 전략을 수립할 수 있다. 예를 들어, 고객이 장바구니에 상품을 담았지만 결제를 완료하지 않는 경우, 이를 추적하여 이메일을 통해 구매 유도 메시지를 보낼 수 있다.

고객 경험(CX) 최적화를 위한 기술은 B2B 기업이 고객과의 상호작용을 개선하고 개인화된 경험을 제공하는 데 핵심적인 역할을 한다. AI, 머신러닝, 옴니채널 전략, 챗봇 등의 기술은 실시간 고객 지원과 데이터 기반 개인화를 통해 CX를 향상시킬 수 있으며, 이를 통해 기업은 고객 만족도와 충성도를 높일 수 있다.

ABM (Account-Based Marketing) 전략

B2B DIGITAL MARKETING BIBLE

'ABM(Account-Based Marketing)'은 B2B 마케팅에서 매우 중요한 전략으로 특정 고객사(Account)에 집중하여 맞춤형 마케팅 활동을 전개하는 방식이다. 기존의 대규모 타기팅 마케팅과 달리 ABM은 개별 고객사에 최적화된 솔루션과 콘텐츠를 제공하여 높은 전환율과 고객 관계 강화를 목표로 한다. 특히, 대형 고객사나 장기적인 파트너십이 중요한 B2B 기업에서 ABM은 효과적인 자원 배분과 정밀한 타기팅을 통해 더 큰 비즈니스 성과를 창출할 수 있는 전략이다.

‖ ABM의 개념과 중요성

ABM은 특정 고객사를 하나의 시장으로 간주하고, 그 고객사의 고유한 니즈와 목표에 맞춘 개인화된 마케팅 전략을 구축하는 것이다. 일반적인 대량 마케팅에서는 넓은 고객층을 대상으로 하지만 ABM은 특정 고객사에 대한 깊은 이해를 바탕으로 세밀한 타기팅과 고객 맞춤형 솔루션을 제공하는 데 중점을 둔다.

1) B2B에서 ABM의 중요성

B2B 환경에서는 구매 결정자가 여러 명인 경우가 많고, 구매 결정 과정이 길고 복잡하다. 따라서 ABM은 개별 기업의 특성에 맞는 맞춤형 접근을 통해 각 구매 결정자와의 강력한 관계를 구축하고 신뢰를 얻는 데 유리하다. 이를 통해 고객의 구매 전환율을 높이고, 고객 수명 가치(LTV)를 극대화할 수 있다.

2) 효율적인 자원 활용

ABM은 마케팅 자원을 소수의 전략적 계정에 집중하기 때문에 대규모로 퍼지는 마케팅 방식보다 자원 효율성이 높다. 또한, 중요한 고객사와의 관계를 강화하고, 그 결과 더 높은 ROI를 기대할 수 있다. ABM은 시간과 비용을 절약하면서도 고효율 마케팅 성과를 달성할 수 있는 전략이다.

3) 고객 맞춤형 마케팅

ABM은 각 고객사의 고유한 문제와 목표에 맞춰 개인화된 콘텐츠와 솔루션을 제공한다. 이를 통해 고객사는 자신들이 정확히 필요한 정보를 얻고 있다는 느낌을 받으며, 이는 구매 결정에 긍정적인 영향을 미친다. ABM은 관계 구축과 문제 해결에 중점을 둔 마케팅 활동을 통해 고객사와의 장기적인 파트너십을 강화할 수 있다.

‖ ABM의 주요 전략 요소

ABM을 성공적으로 실행하기 위해서는 정확한 타깃 계정 선정과 개인화된 마케팅 캠페인이 필수적이다. 이를 기반으로 영업 팀과 마케팅 팀 간의 긴밀한 협력이 필요하며, 각 고객사에 맞는 세밀한 전략을 수립해야 한다.

1) 타깃 계정 선정(Account Selection)

ABM의 첫 단계는 타깃 계정을 선정하는 것이다. 이를 위해서는 고객사가 자사에 가장 큰 비즈니스 가치를 제공할 수 있는지를 기준으로 선정해야 한다. 고객사의 산업, 기업 규모, 시장 위치, 성장 가능성 등을 고려하여 전략적으로 접근할 계정을 결정한다.

- **고객 가치 분석**: 타깃 계정은 단기적인 수익뿐만 아니라 장기적인 파트너십을 고려해 선정한다. 기업의 성장 가능성과 영향력을 분석하여 자사에 지속적인 비즈니스 가치를 제공할 수 있는 고객을 선정해야 한다.
- **의사결정 구조 파악**: B2B에서 구매 결정은 여러 의사결정자가 관여하는 경우가 많다. 타깃 계정을 선정한 후 주요 의사결정자를 파악하고, 이들의 고유한 니즈에 맞춘 맞춤형 메시지와 전략을 세우는 것이 중요하다.

2) 맞춤형 콘텐츠 개발

타깃 계정에 대한 맞춤형 콘텐츠는 ABM 전략의 핵심 요소다. 각 고객사의 문제와 목표에 맞춘 개인화된 콘텐츠를 개발해야 하며, 이를 통해 고객에게 가치 있는 정보를 제공하고 문제 해결에 기여해야 한다. 맞춤형 콘텐츠는 웹사이트, 이메일, 소셜 미디어 등 다양한 채널을 통해 전달될 수 있다.

- **사례 연구와 백서**: 타깃 계정과 유사한 문제를 해결한 성공 사례나 산업 분석을 포함한 백서를 통해 고객 신뢰를 구축할 수 있다. 특히, 고객사가 직면한 구체적인 문제에 대한 해결 방안을 제시하는 콘텐츠는 매우 효과적이다.
- **개인화된 제안서**: 고객사의 니즈를 정확히 반영한 맞춤형 제안서를 통해 자사의 솔루션이 고객사의 고유한 요구를 충족시킬 수 있음을 구체적으로 설명해야 한다. 이는 고객사가 자사 솔루션에 더 큰 관심을 갖게 만드는 중요한 요소다.

3) 영업과 마케팅 팀의 협력

ABM은 영업 팀과 마케팅 팀 간의 긴밀한 협력이 필수적인 전략이다. 마케팅 팀은 고객 맞춤형 콘텐츠를 개발하고 영업 팀은 이를 활용해 고객과의 상호작용을 강화한다. 또한, 영업 팀은 고객사와의 관계를 더욱 밀접하게 관리하며 고객의 피드백을 마케팅 팀에 전달해 캠페인을 최적화할 수 있다.

- **SLA(Service Level Agreement) 설정**: 영업과 마케팅 팀이 공통 목표를 공유하고 역할과 책임을 명확히 규정하는 것이 중요하다. 이를 위해 SLA를 설정해 각 팀이 타깃 계정에 대해 어떤 역할을 수행하고, 어떤 KPI를 달성할지 명확히 해야 한다.
- **성과 공유**: 영업 팀과 마케팅 팀은 캠페인의 성과 데이터를 공유하고, 이를 기반으로 전략적 조정을 할 수 있어야 한다. 정기적인

성과 리뷰를 통해 어떤 접근 방식이 효과적이었는지 분석하고 지속적인 개선을 도모한다.

| ABM 전략 실행 프로세스와 단계별 핵심 팁 |

단계	실행 프로세스	핵심 팁
1. 타깃 계정 선정	- 이상적인 고객 프로필(ICP: Ideal Customer Profile)을 기반으로 타깃 계정(기업) 목록을 선정	- **세그먼트화**: 산업, 매출 규모, 지역 등을 기준으로 고객을 세분화 - **데이터 기반 선정**: CRM, 시장 조사 데이터를 활용하여 우선 계정 선정
2. 맞춤형 메시지 개발	- 타깃 계정의 구체적인 요구와 문제를 파악하여 각 계정에 맞춘 개인화된 메시지 및 가치 제안을 개발	- **고객 맞춤형 콘텐츠**: 각 계정의 문제를 해결하는 **맞춤형 콘텐츠**와 가치 제안(Value Proposition)을 제시
3. 멀티채널 접점 구축	- 이메일, 소셜 미디어, 웹사이트 등 다양한 채널을 활용하여 타깃 계정과의 접점을 구축	- **다양한 접점 활용**: 이메일, LinkedIn, 웨비나 등 다양한 채널에서 일관된 메시지를 전달 - **LinkedIn**에서의 네트워킹 강화
4. 콘텐츠 전달 및 맞춤형 캠페인	- 타깃 계정의 관심사와 행동 패턴을 기반으로, 맞춤형 콘텐츠를 제공하여 단계별 마케팅 캠페인을 실행	- **퍼스널라이제이션**: 각 계정의 특성에 맞춘 콘텐츠 제공 - **리드 육성 콘텐츠**: 고객의 문제를 해결하는 **사례 연구, 백서** 제공
5. 세일즈와 협업	- 세일즈 팀과의 긴밀한 협업을 통해 계정 기반 전략을 구체화하고, 잠재 고객의 문제 해결을 위한 솔루션 제안	- **마케팅-세일즈 연계**: 세일즈 팀과 마케팅 팀의 목표 일치 - **실시간 정보 공유**: CRM 및 데이터 플랫폼을 통해 세일즈 팀과의 협업 강화
6. 성과 측정 및 최적화	- 타깃 계정의 반응 및 성과(리드 전환율, 매출 기여도 등)를 지속적으로 모니터링하고, 캠페인을 최적화	- **성과 기반 최적화**: 오픈율, 클릭률, 전환율 등 구체적 성과 지표를 지속적으로 분석 - **지속적 피드백**으로 전략 조정
7. 장기적 관계 구축 및 유지	- 계정과의 장기적인 관계를 유지하기 위한 지속적인 지원과 후속 마케팅 활동을 통해 재구매 및 업셀링(Up-selling) 기회를 모색	- **고객 성공 관리**: 지속적인 관계 관리와 맞춤형 지원 제공 - **업셀링 기회 모색**: 추가적인 솔루션과 서비스 제공을 통해 장기적 관계 강화

4) 성과 측정과 최적화

ABM은 데이터 기반의 성과 측정이 매우 중요하다. 타깃 계정에 대한 마케팅 활동이 얼마나 효과적이었는지, 어떤 성과를 얻었는지 평가하는 과정을 통해 ABM 전략을 최적화할 수 있다. 성과 측정을 통해 투자 대비 수익률(ROI)을 확인하고, 다음 캠페인을 위한 데이터 기반 의사결정을 내릴 수 있다.

- 계정 기반 성과 지표: 전통적인 마케팅 지표와는 달리 ABM은 특정 계정에 초점을 맞춘 KPI를 설정해야 한다. 예를 들어, 계정 참여도, 콘텐츠 소비량, 의사결정자의 상호작용 등을 평가할 수 있다.
- 정성적 평가: 계정 기반 성과 지표 외에도 고객 관계의 질적인 측면도 평가해야 한다. 고객사와의 커뮤니케이션 빈도나 피드백을 통해 관계가 얼마나 깊어졌는지, 파트너십이 장기적인 성장 가능성을 가지고 있는지를 분석할 수 있다.

ABM(Account-Based Marketing)은 B2B 마케팅에서 전략적 고객사를 대상으로 개인화된 마케팅을 실행함으로써 고객 관계를 강화하고 성과를 극대화하는 데 필수적인 전략이다. 타깃 계정 선정, 맞춤형 콘텐츠 개발, 영업과 마케팅 팀의 협력, 그리고 데이터 기반 성과 측정은 ABM 성공의 핵심 요소다. ABM을 통해 기업은 고부가가치 고객과의 관계를 강화하고 장기적인 비즈니스 성과를 창출할 수 있다.

미래의 B2B 마케팅과 트렌드

B2B DIGITAL MARKETING BIBLE

B2B 마케팅은 디지털 기술의 발전과 함께 빠르게 변화하고 있다. 특히 인공지능(AI), 머신러닝(ML), 빅데이터, 사물인터넷(IoT) 등의 신기술이 B2B 마케팅의 효율성과 정확성을 크게 향상시키고 있으며, 고객 경험과의 맞춤형 접근이 점차 중요해지고 있다. B2B 마케팅의 미래는 더 정교한 타기팅, 개인화된 고객 경험 제공, 그리고 데이터 중심 의사결정을 통해 고객과의 관계를 강화하고 비즈니스 성과를 극대화하는 방향으로 진화하고 있다.

‖ 데이터 기반 마케팅의 고도화

미래의 B2B 마케팅은 데이터 기반 마케팅(Data-driven Marketing)의 고도화로 이어질 것이다. AI와 머신러닝의 발전으로 실시간 데이터 분석과 예측 분석이 더욱 정교해지면서 마케팅 캠페인의 효율성이 크게 향상될 것이다.

1) 고객 행동 예측과 실시간 타기팅

미래의 B2B 마케팅에서는 고객의 행동 데이터를 실시간으로 분석하고, 이를 기반으로 미래의 행동을 예측하는 것이 더욱 중요해질 것이다. 머신러닝 알고리즘을 활용해 고객이 구매할 가능성을 사전에 예측하고, 그에 맞춰 개인화된 콘텐츠를 자동으로 제공하는 예측 마케팅(Predictive Marketing)이 주류를 이룰 것이다.

- **실시간 분석**: 웹사이트 방문 데이터, 소셜 미디어 상호작용, 이메일 클릭률 등 고객의 실시간 행동 데이터를 분석해 즉각적인 대응을 할 수 있게 된다. 예를 들어, 고객이 제품 정보를 탐색하는 순간, 관련 제품의 할인 정보를 제공하는 방식으로 실시간 타기팅이 가능해질 것이다.
- **고객 여정 최적화**: 고객의 전체 구매 여정을 분석해 어떤 시점에 어떤 정보를 제공해야 할지를 예측함으로써 고객 경험을 최적화할 수 있다. 이는 구매 전환율을 높이는 데 매우 효과적일 것이다.

2) 정교한 고객 세분화와 개인화

빅데이터 분석을 통해 고객을 더욱 정교하게 세분화하고, 각 세그먼트에 맞는 개인화된 마케팅을 제공하는 것이 미래의 B2B 마케팅의 핵심 전략 중 하나다. 고객 세분화는 단순히 산업이나 기업 규모를 기준으로 하지 않고 고객의 행동 패턴, 관심사, 구매 이력 등을 종합적으로 분석하여 이루어질 것이다.

- **세밀한 세그먼트 분석**: AI와 머신러닝을 통해 고객의 세그먼트를 더 세밀하게 나누고, 각 세그먼트에 맞는 개별 맞춤형 메시지와 솔루션을 제공한다. 이를 통해 고객은 자신이 정확히 필요한 정보를 얻고 있다고 느끼며 구매 의사결정에 긍정적인 영향을 받게 된다.
- **1:1 개인화 마케팅**: 단순한 세그먼트별 타기팅을 넘어 개별 고객에게 맞춘 1:1 개인화된 마케팅이 더 정교하게 이루어질 것이다. 이를 통해 고객은 더 높은 가치를 느끼며, 기업과의 장기적인 관계를 구축할 수 있다.

‖ 인공지능과 자동화의 확산

인공지능(AI)과 자동화는 B2B 마케팅의 핵심 동력으로 작용할 것이다. AI는 마케팅 과정 전반을 자동화하고 보다 효율적이고 개인화된 경험을 제공하는 데 중요한 역할을 할 것이다.

1) 마케팅 자동화의 진화

마케팅 자동화 플랫폼은 고객의 행동 데이터를 분석하여 맞춤형 캠페인을 자동으로 실행하고, 각 고객에게 가장 적절한 시점에 적합한 메시지를 전달할 수 있다. AI를 통해 자동화된 캠페인이 더욱 정교해지고 마케터의 업무 효율성도 극대화될 것이다.

- **AI 기반 콘텐츠 생성**: AI는 고객의 행동을 분석해 어떤 콘텐츠가 효과적일지를 예측하고, 그에 맞춰 자동으로 콘텐츠를 생성하는 역할을 한다. 예를 들어, 블로그 글, 이메일, 소셜 미디어 포스트

등을 자동으로 생성하고 개인화된 메시지로 제공할 수 있다.
- **자동화된 리드 관리**: AI는 리드 스코어링(Lead Scoring)을 자동으로 수행해 전환 가능성이 높은 리드를 우선적으로 처리하도록 돕는다. 이를 통해 마케터는 더 효율적으로 리드를 관리하고 고객 전환율을 높일 수 있다.

2) 챗봇과 가상 비서의 발전

챗봇과 AI 기반 가상 비서는 고객과의 실시간 상호작용을 강화하고 고객 지원을 자동화하는 데 중요한 역할을 할 것이다. 이들은 단순한 질문에 답변하는 것을 넘어 고객의 행동 데이터를 분석해 상황에 맞는 솔루션을 제공하는 지능형 시스템으로 발전할 것이다.

- **24/7 실시간 대응**: AI 기반 챗봇은 24시간 고객 지원을 제공하며 고객이 언제든지 즉각적인 답변을 받을 수 있도록 돕는다. 이는 특히 글로벌 기업에서 시간 차이를 극복하고 신속한 고객 서비스를 제공하는 데 유용할 것이다.
- **지능형 문제 해결**: 미래의 챗봇은 고객의 과거 상호작용을 분석해 고객이 제기한 문제를 자동으로 해결하거나, 복잡한 문제는 적절한 부서로 즉시 전달할 수 있는 능력을 갖추게 될 것이다.

‖ 고객 경험(CX)의 진화

B2B 마케팅에서 고객 경험(CX)은 더욱 중요해지고 있으며, 기술을 통해 개인화된 경험을 제공하는 것이 필수가 될 것이다. 고객은 다양한

디지털 채널을 통해 일관성 있고 긍정적인 경험을 기대하며, 이러한 경험을 제공하는 기업이 경쟁에서 유리한 위치를 차지할 것이다.

1) 옴니채널 마케팅의 강화

미래의 B2B 마케팅은 고객이 여러 채널에서 일관된 경험을 할 수 있도록 지원하는 옴니채널 마케팅이 더욱 중요해질 것이다. 고객은 웹사이트, 이메일, 소셜 미디어, 모바일 앱 등 다양한 접점을 통해 정보를 얻고 구매 결정을 내린다. 각 채널에서 동일한 브랜드 경험을 제공하는 것이 고객 만족도를 높이는 핵심이 될 것이다.

- **통합된 고객 데이터 관리**: 각 채널에서 수집된 고객 데이터를 통합하여 고객의 전체 여정을 추적하고 일관된 커뮤니케이션을 제공할 수 있다.
- **개인화된 옴니채널 경험**: AI를 활용해 고객이 어느 채널을 통해 접속하든지 일관성 있는 개인화된 경험을 제공할 수 있게 될 것이다. 예를 들어, 웹사이트에서 제품을 탐색한 고객이 소셜 미디어에서 해당 제품에 대한 추가 정보를 얻고, 이메일로 개인화된 제안을 받는 방식이다.

2) 고객 중심의 마케팅

미래의 마케팅은 고객 중심적으로 더 진화할 것이다. 고객의 니즈와 고통점을 사전에 파악하고, 이에 맞춘 맞춤형 솔루션을 제시하는 것이 중요해진다. 고객은 제품의 기능보다는 자신의 문제를 해결해 줄 수 있는 기업을 찾기 때문에 기업은 고객의 성공에 초점을 맞춘 경험 제공에 주력해야 한다.

- **고객 성공 관리**: 고객의 문제를 해결하고, 성공적인 결과를 제공하는 것을 목표로 하는 고객 성공 관리(Customer Success Management)가 마케팅의 중요한 부분으로 자리 잡을 것이다. 이를 통해 고객과의 장기적인 파트너십을 구축할 수 있다.
- **고객 피드백 활용**: 고객 피드백을 적극적으로 수집하고, 이를 기반으로 마케팅 전략을 조정하는 것이 중요해질 것이다. 고객의 실시간 피드백을 반영한 맞춤형 솔루션 제공이 핵심 경쟁력으로 부상할 것이다.

‖ ESG와 지속 가능한 마케팅

미래의 B2B 마케팅에서는 ESG(환경, 사회, 거버넌스) 요소가 중요한 트렌드로 부상할 것이다. 고객사와의 거래에서 지속 가능성이 중요한 가치로 자리 잡고 있으며 기업들은 친환경적이고 사회적 책임을 다하는 기업으로 인식되기 위해 노력할 것이다.

1) 지속 가능성 마케팅

많은 B2B 기업들이 지속 가능한 경영을 추구하고 있으며, 이는 마케팅 전략에도 영향을 미칠 것이다. 친환경 제품, 재생 가능 에너지를 사용하는 공급망, 사회적 책임을 다하는 비즈니스 모델을 강조한 지속 가능성 마케팅이 더 중요한 위치를 차지할 것이다.

- **투명한 커뮤니케이션**: 기업이 추구하는 지속 가능성 목표와 성과를 투명하게 공유하는 것이 중요해질 것이다. 고객사에게 친환경

적인 생산 과정이나 사회적 기여를 강조하는 콘텐츠가 주목받을 것이다.
- **ESG 인증**: ESG 관련 인증을 획득한 기업들이 더 많은 비즈니스 기회를 얻게 될 것이다. 예를 들어, 탄소 배출량을 줄이기 위한 노력이나 지역 사회와의 협력 모델이 마케팅 메시지에 포함될 수 있다.

미래의 B2B 마케팅은 데이터 중심으로 더욱 정교해지고, 인공지능과 자동화를 통해 효율성과 개인화가 극대화될 것이다. 고객 경험은 마케팅의 중심에 자리 잡을 것이며, 기업들은 지속 가능한 경영을 강조하는 ESG 마케팅을 통해 장기적인 신뢰와 비즈니스 성과를 구축할 것이다.

B2B 디지털마케팅 바이블

초판 1쇄 발행 2024. 12. 25.

지은이 김용한
펴낸이 김병호
펴낸곳 주식회사 바른북스

편집진행 김재영
디자인 양헌경

등록 2019년 4월 3일 제2019-000040호
주소 서울시 성동구 연무장5길 9-16, 301호 (성수동2가, 블루스톤타워)
대표전화 070-7857-9719 | **경영지원** 02-3409-9719 | **팩스** 070-7610-9820

•바른북스는 여러분의 다양한 아이디어와 원고 투고를 설레는 마음으로 기다리고 있습니다.

이메일 barunbooks21@naver.com | **원고투고** barunbooks21@naver.com
홈페이지 www.barunbooks.com | **공식 블로그** blog.naver.com/barunbooks7
공식 포스트 post.naver.com/barunbooks7 | **페이스북** facebook.com/barunbooks7

ⓒ 김용한, 2024
ISBN 979-11-7263-207-6 03320

•파본이나 잘못된 책은 구입하신 곳에서 교환해드립니다.
•이 책은 저작권법에 따라 보호를 받는 저작물이므로 무단전재 및 복제를 금지하며,
이 책 내용의 전부 및 일부를 이용하려면 반드시 저작권자와 도서출판 바른북스의 서면동의를 받아야 합니다.